그냥 한번 죽은
인도

유럽보다 더 쉬운 북인도 자유 여행 에세이

그냥 한번쯤은 인도

오석근 지음

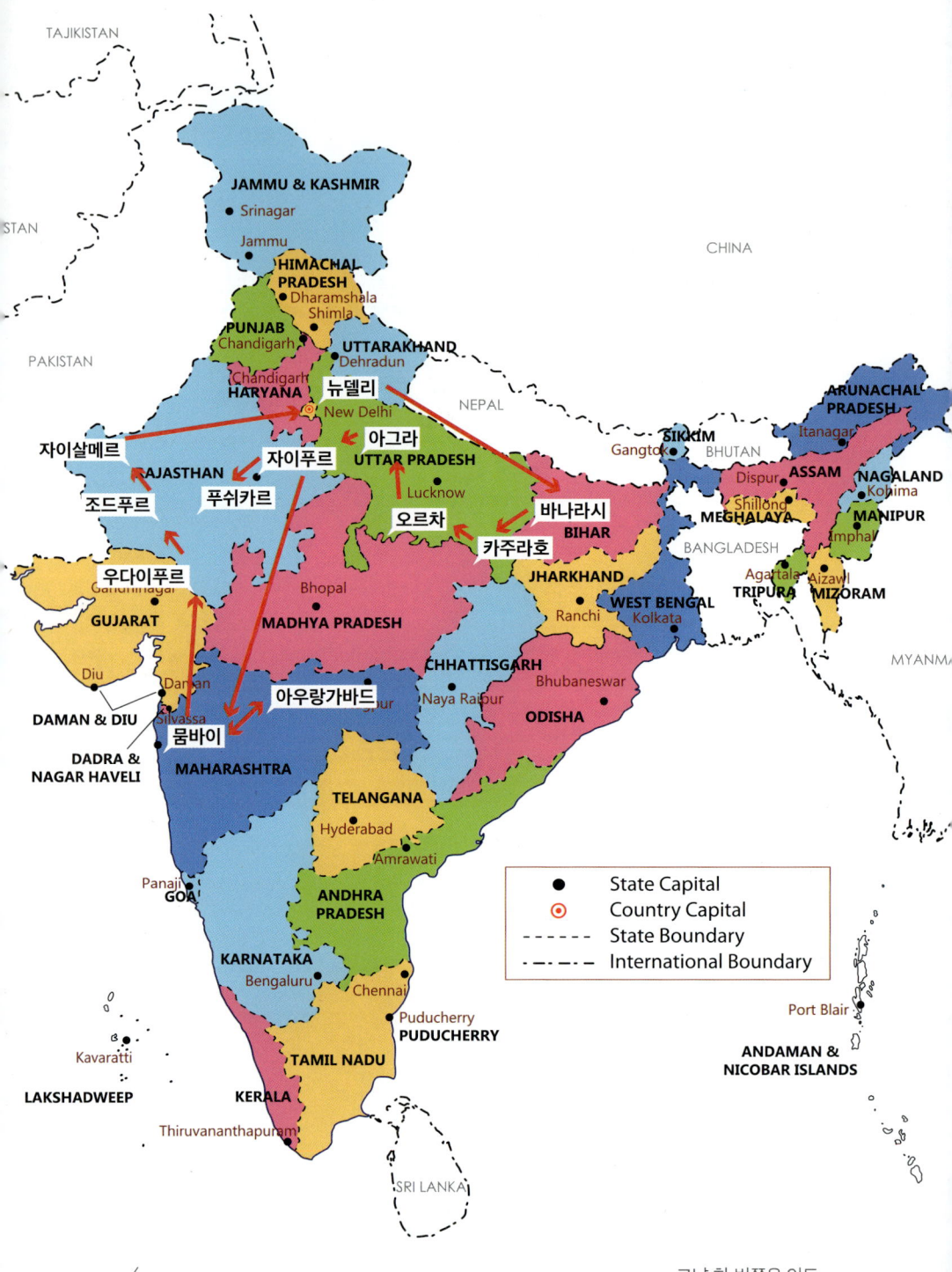

목 차

머리글: 여행을 떠나며 _ 12

제1부 인도 자유 배낭여행 일기

제1장. 치열한 삶의 도시, 뉴델리

1) Incredible India ① _ 22

2) 미세먼지 속에서 _ 26

3) 델리에서 무덤 찾기 _ 37

4) Incredible India ② _ 47

제2장. 죽으러 오는 도시, 죽음을 관광하는 도시 바라나시

1) 신은 없다! _ 52

2) 오늘이 좋다 _ 55

3) 부처와 만나다 _ 62

4) 영악한 소년 가이드, 모힛 _ 70

5) 해탈로 가는 돌계단, 가트 _ 79

6) 친절한 인도 청년, 마양크 _ 99

제3장. 해탈을 위한 쾌락, 에로틱 시티, 카주라호

1) 태극기를 게양하다 _ 106

2) 해탈하려면 즐거워야 한다 _ 114

3) 낯설지 않은 낯선 곳 _ 123

4) 더는 수업료를 내기 싫다 _ 126

제4장. 찬란했던 왕조, 숨어 있는 도시, 오르차

1) 빛바랜 영화 _ 132

2) 바오밥, 구걸하는 어린 왕자 _ 140

3) 동화 속의 고성 _ 146

제5장. 인도의 랜드마크, 타지마할의 도시, 아그라

1) 벌써 인도 스타일을 배웠습니까? _ 156

2) 역시 타지마할! _ 160

3) 샤 자한의 외로운 유배지, 아그라요새 _ 165

4) 악바르 황제의 안식처, 시칸드라 _ 171

5) 특별한 점심, 구르드와라 만지사히브 _ 175

6) 베이비 타지마할, 이트마드우드다울라 _ 177

7) 라자에게 미안하다 _ 180

제6장. 라자스탄의 관문, 핑크 시티 자이푸르

1) 고맙습니다! _ 184

2) Incredible India ③ _ 187

3) 자이푸르 관광의 시작, 시티팰리스 _ 190

4) 난공불락, 암베르요새 _ 194

5) 비둘기의 천국, 자이푸르중앙박물관 _ 199

6) 핑크시티, 자이푸르 _ 202

7) 왕비의 아파트, 나하가르요새 _ 213

제7장. Mumbai is upgrading, 최대 경제도시, 뭄바이

1) 헬프 미! _ 220

2) 19세기 유럽의 거리를 보다 _ 224

3) 슬럼독 밀리어네어 _ 235

4) 대체 신이 뭐기에… _ 241

5) 영구적인 식민지를 원했는가? _ 250

6) Incredible India ④ _ 256

제8장. 인간의 최고 걸작, 석굴 도시 아우랑가바드

1) 부처 통해 본 세상, 아잔타석굴사원 _ 260

2) 인류 최대 조각품, 엘로라석굴사원 _ 269

제9장. 호수 도시, 화이트 시티 우다이푸르

1) 방으로 들어온 피촐라호수 _ 282

2) 평화로운 호수 궁전, 시티팰리스 _ 285

3) 인도의 만리장성, 쿰발가르요새 _ 294

4) 신의 조각, 라낙푸르자이나교사원 _ 300

5) 여행 즐기는 최고 방법, 승마 사파리 _ 308

6) 아유르베딕 마사지 VS 킹피셔 _ 312

7) 적선을 안 할 수 없다 _ 315

8) 달리고 싶다 _ 318

9) 최고 선셋 뷰포인트, 암브라이가트 _ 321

제10장. 라자스탄 전사 도시, 블루시티 조드푸르

1) 여기도 인도다 _ 326

2) 잊지 못할 블루시티의 강렬한 색채 _ 328

3) 사람 사는 맛 나는 사다르바자르 _ 336

제11장. 사막 도시, 골든 시티 자이살메르

1) 과연 기차를 탈 수 있을까? _ 342

2) 사막에서의 하룻밤 _ 344

3) 황금의 성, 자이살메르 요새 _ 350

4) 스쿠터가 최선이다 _ 355

5) 사막을 달리다 _ 364

제12장. 다시 공존 도시 뉴델리

1) 인도 여행의 종착지, 파하르간지 _ 372

2) 다양한 문화의 용광로, 델리 _ 375

3) 거룩한 신의 집, 악사르담 _ 382

4) 활기찬 골목길, 산자이콜로니 _ 385

5) 얼른 집에 가고 싶다 _ 387

제2부 [부록] 인도 이해

제1장. 개요 _ 394

제2장. 역사 _ 395

제3장. 종교 _ 402

제4장. 카스트 제도 _ 413

제5장. 인물 _ 416

제6장. 음식 _ 421

제7장. 영화 _ 425

제8장. Q & A _ 429

제9장. 힌디어 여행 회화 _ 434

제10장. 여행 방법 _ 438

에필로그: 여행을 마치며 _ 444

인도 라자스탄 우다이푸르

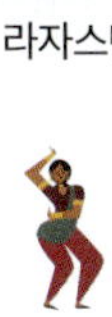

"
여행을 떠나며
"

"잘 다녀오세요."

  인도를 다녀 와도 되겠냐는 질문에 아내는 그렇게 흔쾌히 대답해 주었다. 아내는 여행할 수 있는 나를 부러워하기까지 했다. 이튿날 바로 비행기 표를 구매하면서 나의 인도 여행이 그렇게 시작되었다.

  그냥 한 번쯤은 인도에 가고 싶었다. 인도의 랜드마크 타지마할뿐만 아니라, 간혹 다큐멘터리로 보았던 갠지스강에서 목욕하는 사람들, 현란하고 자극적인 옷차림으로 독특한 종교의식을 행하는 그들의 모습을 가까이서 보고 싶었고, [슬럼독 밀리어네에]와 [행복까지 30일]에서 보았던 초롱초롱한 눈망울을 지닌, 가난하지만 해맑은 형제들이 사는 뭄바이의 빈민촌 다라비를 걷고 싶었다.

 카페와 블로그 글을 읽으며 여행에 필요한 정보를 얻기 시작했다. 가이드북과 여행에세이 책자를 사지 않아도 될 정도로 인터넷에는 많은 정보와 관련 책자들이 있었다.

 다른 사람들의 여행 기록을 읽다 보면 어느새 나조차 인도에 있는 듯한 착각에 빠져들곤 했다. 따뜻한 글들을 읽으면 같이 행복해지고, 사진 속 선해 보이는 인도인들의 얼굴에서는 친근함이 느껴지고, 찬란하고 거대한 건축물에서는 경외심이 들었다. 대개 블로그의 글은 즐거웠던 경험을 중심으로 쓰인 글이기에 인도에 대한 막연한 환상을 불러일으킬 수도 있겠지만, 여행을 준비하는 처지에서는 행복한 시간이었다.

 역사·종교·정치·도시·문화재·인물 등 다양한 것들을 읽어가면서 열린 마음으로 인도인을 알아가고자 했다. 카르마와 다르마의 의미를 알게 되면서 우리와 다른 그들의 사는 모습을 조금은 이해할 수 있었다.

 인터넷에서는 인도 여행과 인도인에 대하여 부정적인 시각도 많았다. 노골적인 욕설과 인도에 대한 비하가 난무하다. 혐오스러운 성폭력이나 우리가 이해하기 힘든 종교 행위들은 비판받을 만하지만, 인종차별로 가득 찬 화장실 욕설을 보면 화가 나기도 했다. 그런 비하들은 비용에 대해 언급할 때 유독 많았다. 사람들은 흔한 바가지조차도 사기의 범주에 넣으면서 돈에 대해 민감하게 굴었다. 현지인들과 에누리를 하여 좀 더 싸게 여행한 경험들을 일종의 무용담같이 적어 놓

왔다.

그런 글들은 여행에 참고할 만한 정보를 주기도 했지만 동시에 현지인, 특히 가난한 릭샤 왈라를 무시하는 태도가 깔려 있어 읽는 느낌이 썩 좋지 않았다.

여행 루트를 만든 한 달여 동안은 즐거웠다. 여행은 "일상에서 벗어나 삶의 여유를 느끼면서 행복해지는 과정"이라 생각하기에 여행 계획은 행복해질 수 있는 곳을 중심으로 세웠다. 그렇게 인도의 대표 도시 뉴델리와 뭄바이, 가장 인도답다는 바라나시, 타지마할처럼 유네스코 세계문화유산을 중심으로 구성된 40일 동안의 계획이 만들어졌다. 진정한 자유여행은 비행기 표만 가지고 떠나서 발길 닿는 대로 어느 곳이든 모험처럼 가보는 것이라는데, 숙소와 교통편을 모두 예약해 놓은 나의 여행은 가이드만 없을 뿐 패키지여행과 다름없는 것 같기도 하다.

하지만 나 역시 더 행복해질 수 있는 장소가 보이면 언제든지 취소 수수료에 연연하지 않고 그곳부터 찾아갈 것이다.

이렇게 여행을 떠날 수 있는 나 자신과 가족에게 고맙다. 내일은 콜럼버스가 그토록 가기를 원했던 인도에 도착해 있을 것이다.

"잘 다녀올게요."

2019년 1월 7일
저자 오석근

제1부
인도 자유 배낭여행 일기

우다이푸르의 피촐라 호수와 하늘이 어우러져 눈부시게 푸르다

제1장. 뉴델리(New Delhi)

치열한
삶의 도시,
뉴델리

- 2019년 1월 8일~1월 10일 -

델리 자마마스지드. 이슬람 돔은 평화를 상징한다

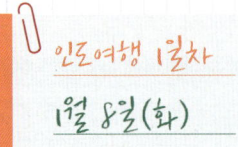

Incredible India ①

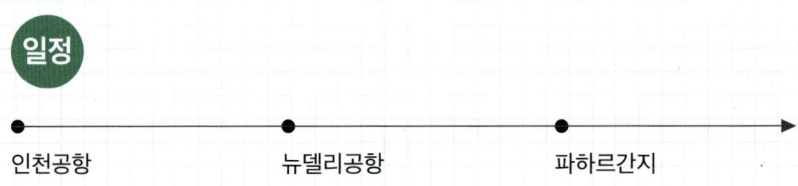

◎ **9시간의 비행, 드디어 인도**

　보통 2시간 전에 공항에 도착해야 마음이 놓이지만, 간소화된 출국 절차로 시간이 넉넉하다. 다른 여행에서는 아내에게 줄 립스틱이나 향수를 샀지만, 이번 배낭에는 자그마한 것들도 들어갈 틈이 없다. 45ℓ 배낭이 작은 것은 아닌데 이것저것 쟁여 넣다 보니 가방이 탄탄하다. 힌디어 회화책을 봐도 머리에 들어오지 않는다.
　옆에서는 스님들과 한껏 멋을 부린 20여 명의 50~60대 아주머니들이 성지 순례를 간다고 들떠 있다. 울산에서 왔다는 그분들의 목에는 "법계를 청량하게"라고 써진 이름표가 걸려있다. 두툼한 침낭이 들어 있는 쇼핑백이 보인다. 델리에서 바라나시까지는 15시간 동안 기차를 타야 하는 그분들이 걱정스럽다.

두 번의 식사와 영화, 그리고 단잠은 쉽게 델리로 옮겨주었다. 서쪽 하늘이 붉게 물들더니 내릴 때는 어느새 어두워졌다. KE481의 200여 명의 승객은 거의 한국인이다. 대부분이 단체 관광객이라 e-visa 창구에 길게 늘어서 있다. 십여 명의 한국인과 함께 도착비자 VOA 창구에 줄을 섰지만 아무리 기다려도 직원들이 오지 않는다. 직원들은 e-visa 줄이 반쯤으로 줄어들 무렵에야 왔지만 일 처리마저 더디다.

한참 기다린 끝에 차례가 되니 이번엔 여권 인식기에 문제가 생긴다. 결국, 창구를 옮겨가며 처리한 끝에 한 시간 만에 입국장을 나올 수 있었다.

5번 게이트로 나와 메트로 안내판을 따라 지하 보도를 걷다 보니 검색대가 나타난다. 60루피 토큰을 사고 들어가면 공항에서 파하르간지로 가는 뉴델리행 메트로를 탈 수 있다. 20여 분이 지나 뉴델리 역에 도착했다. 역을 나서니 릭샤 왈라가 반갑게 맞아 준다.

호객행위를 하는 이들에게 가볍게 웃으며 "No", 계속 따라오는 이에겐 "No Problem"이라 말하니 뒤로 물러난다. 초행길이라 이쪽이 맞는 길인가를 순간순간 고민하면서 거대한 규모의 철길을 가로지르는 육교에 오르니 이제야 안심이 된다.

뉴델리 공항 입국장에 들어서면 왼편으로 보이는 부처의 수인이 이색적이다.

◎ 배낭여행자의 출발지, 파하르간지(Paharganj)

드디어 인도 배낭여행자의 출발지이자 종착지라고 불리는 파하르간지의 입구 간판이 보인다. 무사히 찾아왔다고 스스로 칭찬을 해주면서 발걸음을 옮긴다.

호텔로 가는 메인 바자르 길에는 수많은 인파가 릭샤, 자동차 그리고 뿌연 먼지에 섞여 있다. 사람보다 릭샤가 더 많아 보인다. 바닥에는 온갖 오물들이 널려 있는데 그 사이에서 음식을 팔고 있다. 배가 고파도 식욕이 당기지 않는다. 서민들의 생활 모습이 담겨 있는 어릴 적 오일장에서 보았던 비슷한 광경이지만 더러워 보인다.

참 더러운 델리 거리, 파하르간지

인터넷으로만 보아왔던 낯선 거리를 혼자 걷는 즐거움과 함께 두리번거리다 보니, 어느새 메인 바자르의 끄트머리에 있는 호텔에 도착하였다. 체크인하고 나온 길에선 지린내가 강하게 코를 자극한다. 10여 년 전까지 어두운 골목에서 느낄 수 있었던 익숙한 냄새다.

아까보다 더 복잡하고 더럽지만, 시도 때도 없이 울리는 클랙슨 소리, 다양한 모습의 인도인과 여행객의 모습, 이국적인 거리 풍경 모두에 더 재미가 생긴다.

호텔 근처의 깨끗한 레스토랑(Leo's Restaurant)을 찾았다. 탄두리 치킨은 기대보다 못한 맛이다. 퍽퍽하여 맥주를 곁들이지 않았으

파하르간지의 Leo's Restaurant에서 즐기는 맥주 한잔의 여유

면 반 마리이지만 다 먹기 힘들 뻔했다. 함께 나온 난의 촉촉하고 구수한 식감이 만족스러워 맛있게 먹는 나를 본 매니저는 음식에 관해 설명하며 기뻐한다. 그가 원하는 말을 해 주니 쉽게 VIP 대접을 받을 수 있었다.

"Incredible India(놀라운 인도)!"

하지만 실은 믿기 어려울 정도로 복잡하고 더러운 델리가 놀라운 것이 아니라, 한 번쯤 오고 싶었던 인도의 한 가운데에서 맥주를 마시고 있는 나의 모습이 믿어지지 않았다. 설레는 순간들이다.

델리 '탄두리치킨 델리'

tandoori chicken

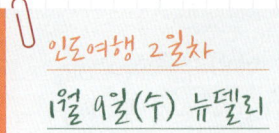

미세먼지 속에서

일정

파하르간지 — GB로드 — 찬드니초크 — 자마마스지드
코넛플레이스 — 라지가트 — 붉은 요새 복합건물 — 가도디아마켓

◎ 새벽의 파하르간지(Paharganj)

 혼탁하고 지린내가 나는 새벽 공기인데도 어제와 사뭇 다르다. 인부들이 열심히 청소하고 있고 군데군데 모아 놓은 쓰레기가 보인다. 릭샤 왈라들이 어디를 가느냐고 묻지만, 가볍게 거부 의사를 밝히니 재차 묻지 않는다.
 가게 문을 여는 상인들 그리고 짜이 행상이나 모닥불 앞에서 몸을 녹이고 있는 사람들도 있다. 거적을 둘러쓰고 있는 걸인과 눈이 마주

쳤다. 내미는 손에 20루피를 주니 사진을 찍으라고 자세를 취한다. 개보다도 못한 처지의 걸인이 안타깝다.

파하르간지 입구의 짜이 가게에 사람들이 많이 모여 있다. 짜이 맛은 어릴 때 먹었던 전지분유와 다름없다. 유리병에 든 서울우유를 먹지 못하는 대다수 사람이 따뜻한 물에 설탕과 함께 타 먹었던 바로 그 맛이다. 여행 중에 별로 즐길 것 같지 않다.

뉴델리역 광장은 사람들로 분주하다. 어디론가 일하러 가는 노동자들, 가이드의 설명을 듣고 있는 백인 여행자들, 큰 짐 보따리와 함께 순례 길을 떠나는 무리, 졸린 눈으로 엄마 손을 꼭 잡은 어린아이들이 있다. 이른 시간임에도 여행객들이 교통의 중심지인 뉴델리 역에 잔뜩 모여들고 있다.

다시 호텔로 돌아와 붉은 성을 목적지로 잡고 철길 한 편에 길게 늘어선 높다란 담벼락을 따라 4차선으로 만들어진 GB 로드를 걷기 시작했다. 왼편의 담벼락 밑에는 허술해 보이는 움막들이 곳곳에 있다.

열린 문틈 사이로 젊은 엄마가 딸을 정성스레 씻기고 있는 모습이 눈에 들어온다. 찰나의 시간이었지만 엄마의 사랑이 느껴진다. 옆집에서는 스무 살쯤의 청년이 다 떨어진 팬티만을 입고 씻고 있다. 인도영화에서 본 듯한 건장하고 멋진 얼굴을 했는데, 정작 사는 곳은 짐승 우리보다도 초라한 한 평 정도의 움막이다. 그래도 사람 사는 곳인지라 음식 노점 주변에는 많은 남자가 모여 있다. 일거리 구하는 것을 포기한 듯 힘없는 얼굴로 반대편 길을 응시하는 이들이 자주 보인다.

델리 파하르간지, 새벽부터 구걸하는 젊은 여인

델리 교통의 중심지인 뉴델리 역에 새벽부터 인파가 모여들고 있다

델리 최대의 홍등가, GB로드 풍경

오른편에는 3층 정도의 건물들이 쭉 이어져 있다. 철공소·릭샤 탑승장·곡물가게·잡화수레·옷가게·음식점 등 다양한 모습들이 낯설지 않다. 홀로 혹은 두세 명씩 모여 있는 매춘부 사이로 지나간다. "아저씨"라는 소리에 뒤를 돌아보니 궁색해 보이는 늙은 매춘부들이 손짓한다. 한국인들이 많이 다녀간 모양이다.

소, 릭샤, 오토바이가 함께 GB로드를 달린다

◎ 달빛이 비치는 곳, 찬드니초크(Chandni Chowk)

어느새 찬드니초크로드를 만난다. 참, 사람들이 많다. 많아도 정말 많다. 거기에 자동차와 릭샤도 꽉 차 있어 정신이 없을 정도지만 매우 활기가 넘친다. 인구보다 부족한 인프라에서 나오는 당연한 결과다.

한참을 가다 보면 오른편으로 올드델리의 찬드니초크가 나온다. 붉은 성이 세워질 때 형성된 이곳은 인도 서민의 소박한 일상을 볼 수 있는 재래시장이다. 매우 시끌벅적하고 걷기 힘들 정도로 복잡하며 엄청나게 넓은 시장이 미로 같은 골목길로 이어져 있다. 양편으로 상점이 가득한 폭이 두세 걸음에 불과한 골목길을 오토바이, 릭샤와 함께 걷다 보면 흥미보다는 걷는 자체가 어렵다. 마스크를 썼어도 혼탁한 공기로 입안이 불쾌하다. [EBS 극한직업]에서 보았던 하수구 청소부가 맨손으로 막힌 구멍을 뚫고 있다.

◎ 혼돈 속의 평화, 자마마스지드(Jama Masjid)

시장 한 가운데의 무슬림 사원 자마마스지드를 찾았다. 무굴 시대

'샤자한'에 의해 건축된 인도 최대의 모스크로 사각형의 높다란 담벼락에 세 개의 출입문이 있다. 주 출입구의 넓은 계단에는 두세 명씩 앉아 이야기를 나누면서 휴식을 취하고 있다. 출입구에서 신발을 맡긴 후 입장권을 끊으니 일부러 100루피를 적게 준다. 그냥 세어보지 않고 들어갈 줄 알았나 보다. 하지만 속지 않는다.

안에는 두 개의 높은 첨탑과 세 개의 둥근 돔 지붕이 있는 예배실이 있다. 돔은 이슬람의 정신인 평화를 상징하며, 첨탑은 하루 다섯 차례의 예배 시간을 알리는 곳이다. 군데군데 앉아서 코란을 읽는 이들이 있긴 하지만 예배 시간이 아니어서 이슬람 사원의 느낌이 들지 않는다.

나오는 길에 아까 나를 속이려고 했던 관리인에게 사진을 찍어 달라고 하니 미안했는지 성의 있게 찍어준다.

◎ 도시의 뒷모습, 가도디아마켓(Gadodia Market)

깔끔한 옷차림과 능숙한 영어를 쓰는 젊은 사이클 릭샤 왈라가 경관이 좋은 곳을 100루피에 안내해 줄 수 있다고 말을 걸어온다. 흔쾌히 수락하고 릭샤에 앉으니 세상이 다르게 보인다. 사람의 힘으로 움직이는 릭샤라 타고 싶지 않았지만 스치며 지나가는 삶의 모습들이 다채롭다.

1920년대의 부유한 상인 가도디아에 의해 건설되었다는 무슬림 골목에 있는 '가도니아마켓'의 루프탑에 오르니 몇 명의 관광객이 보인다. 건물의 가운데는 사각형으로 된, 축구장 만한 공간이 뚫려있다.

굳게 닫힌 창문, 난잡한 전기선으로 얽혀있는 언제 넘어질지 모르는 이 낡고 더러운 건물은 원숭이들의 놀이터이다. 상점은 앞에서는 반지르르하지만, 뒤에 감추어진 모습은 최악이다.

◎ 인도 독립 상징, 붉은 요새 복합건물(Red Fort Complex)

사이클 릭샤와의 투어는 붉은 요새 복합건물 앞에서 마무리했다. 랄킬라(Lal Quila)라고 불리는 붉은 성(Red Fort)은 무굴제국의 다섯 번째 황제 샤자한이 수도를 아그라에서 올드델리로 옮기면서 건설한 왕궁으로, '2007년 유네스코 세계문화유산'에 등재되었다.

인도 국기가 게양된 돔과 첨탑으로 되어있는 정면의 건물이 먼저 눈에 띈다. 붉은 사암으로 건설된 높고 거대한 성벽 밑에는 깊게 해자가 설치되어 있다. 1947년 인도의 초대 총리였던 네루가 붉은 요새에서 독립 기념 연설과 국기게양식을 개최하였다고 한다.

학생·연인·가족·노인 그리고 카메라를 든 여행자들이 보인다. 우람한 덩치의 경찰이 도와줄 것이 있냐고 물어온다. 인도에 관해 묻는 말에 인도의 문화와 역사가 대단하다고 하니, 인도가 철학·종교의 중심지라고 자랑한다.

네팔은 한 형제이지만 파키스탄에 대한 적대감도 여과 없이 표현한다. 호응해 주니 부하를 시켜 함께 사진을 찍게 한다.

◎ 마하트마 간디의 화장터, 라지가트(Raj Ghat)

간디 추모 공원으로 가는 길에는 공터가 쭉 이어져 있다. 인도처럼 과거 영국의 식민지였던 나라들에서 가장 인기가 많은 스포츠인 크리켓을 즐기는 중년 남자들 옆에는 꼬질꼬질한 모포를 덮고 있는 걸인들이 유심히 경기를 관람하고 있다.

야무나 강가에 있는 라지 가트는 1948년 1월 31일 간디가 힌두교 신자에게 암살당한 다음 날 만들어진 간디의 화장터이다. 국부로서 존경을 받는 그의 위상을 알려준다. 사각형의 검은 대리석 위엔 계속

이어지는 참배객의 꽃들로 덮여 있고, 정면에는 간디의 마지막 말인 "오, 라마여"라고 새겨져 있다. 의무적으로 신발을 맡겨야 하며, 보관료로 10루피를 받고 있다.

◎ 유럽풍 쇼핑 거리, 코넛플레이스(Connaught Place)

4km 떨어진 영국식민지 시절에 영국인들을 위해 지어진 코넛플레이스로 발걸음을 옮긴다.

라지가트 앞의 도로는 큰 사거리임에도 보행자를 위한 신호등이 없어 길을 건너기가 부담스럽다. 차들이 잔뜩 정차된 또 다른 사거리에서는 열 두세 살쯤 되어 보이는 땟국이 줄줄 흐르는 여자아이가 기계체조 선수처럼 텀블링을 1분 정도 하더니 운전사에게 적선을 요구한다. 위험하긴 하지만 무작정 손 내미는 것보다 노동의 대가를 요구하는 모습이 더 당당하다. 애처로운 소녀의 공연을 구경한 값으로 20루피를 주었다. 새똥으로 얼룩진 동상이 있어 구경하니 수라씽이란 거지 소년이 모하맛 앗씨 알리라고 설명해준다. 20루피를 주니 내 모습이 안 보일 때까지 손을 흔들어 주었다.

얼추 한 시간 걸려 도착한 코넛플레이스는 여행자에게 쇼핑의 거리로 유명한 곳이다. 쇼핑에 관심이 없다 보니 엄청나게 큰 국기가 걸려있는 맞은편 공원으로 발걸음이 옮겨진다. 점잖게 생긴 중년의 남자가 말을 건넨다. 내 또래인 줄 알았는데 28살이라는 그는 낼모레 약혼하러 네팔로 간다고 한다. 여행에 대해 궁금해하는 그의 말을 듣다 보니 '이것이 전형적인 사기 수법일 수 있겠구나'라는 느낌이 온다. 가볍게 맞대응하니 나를 떠나 여기저기 다른 먹잇감을 물색하는 듯이 돌아다닌다.

델리 자마마스지드로 오르는 넓은 계단에서 시민들이 잠시 찬드니초크의 혼탁함을 잊고 있다.

델리 찬드니초크의 혼탁한 거리 풍경

코넛플레이스에서 나설 때는 어느덧 어두워졌다. 어두운 낯선 길이라 부담스럽지만, 워낙 사람이 많고 큰길로만 다니다 보니 특별히 위험한 곳이 없어 보인다.

인도 친구 구글맵과 한 30분 정도를 걷다 보니 어느덧 파하르간지 메인바자르이다. 칼칼한 음식이 당겨 와우카페에 갔다. 아기자기하고 좌식으로 꾸며진 2층의 방은 오로지 한국인을 위한 공간으로 보인다. 하지만 바닥의 카펫은 언제 빨았는지 모를 정도로 더럽다. 네팔 트레킹을 다녀왔다는 옆 테이블 아가씨는 여유와 자신감이 넘친다. 250루피에 공깃밥이 곁들인 라면과 김치는 15km쯤 걷느라 지친 몸을 회복시켜 주기에 충분했다.

델리 새벽의 파하르간지

간디의 마지막 말인 "오, 라마여"라고 새겨져 있다

난의 촉촉한 식감이 일품이다

국부로서 존경을 받는 간디의 화장터

델리의 인도 독립 상징인 '붉은 성'

델리 GB로드의 소달구지

인도여행 3일차-1
1월 10일(목) 뉴델리

델리에서 무덤 찾기

일정

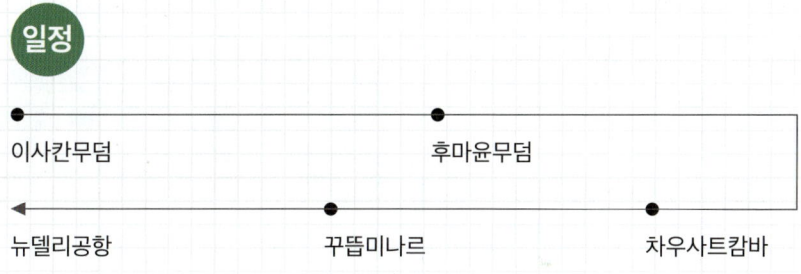

이사칸무덤   후마윤무덤

뉴델리공항   꾸뜹미나르   차우사트캄바

　한 달 뒤를 기약하고 파하르간지를 나선다. 후마윤 무덤까지 180루피를 부르는 오토릭샤와 150루피에 합의하고 미세먼지가 자욱한 길을 20여 분 달려 도착했다. 팁을 달라고 하여 싫다고 했더니 20루피만 거슬러 준다. 거스름돈으로 50루피를 요구하니 180루피에 오기로 했다고 계속 우기면서 손을 내민다. 큰돈은 아니지만, 그의 손을 잡아 주고 싶은 마음이 전혀 들지 않는다.

37

◎ 편안하고 아름다운 정원, 이사칸무덤(Isa Khan's Tomb)

600루피 입장료를 끊고 입장하고 가방 보관소를 찾으니 없다. 무거운 가방을 메고 다녀야 한다. 이곳은 무굴제국의 2대 황제 후마윤 무덤과 무굴제국에 대항했던 16세기 벵골 지역의 무슬림 지도자였던 이사 칸의 무덤으로 나누어져 있다.

이사 칸의 무덤은 15세기 로디 왕조의 건축 양식으로 벽·모스크, 그리고 관문이 손상되지 않은 8각형의 무덤이다. 편안하고 아름다운 정원 속에서 오랜 역사의 향기가 느껴진다. 복원해야 할 곳이 많아 보이지만 고풍스러운 분위기에 감탄이 절로 나온다. 한적한 담장 길을 따라 걷는 산책은 더럽고 시끄러운 델리의 일상에 지친 여행자에게 주는 최고의 선물이다. 10여 명의 학생이 멋진 턱수염을 지닌 노교수의 강의를 진지하게 듣고 있다.

편안하고 아름다운 정원, 이사 칸 무덤

◎ 최초 정원식 무덤, 후마윤무덤(Humayun's Tomb)

이사 칸의 무덤에서 나와 오른쪽으로 가면 후마윤 무덤이다. 지난해 7월 국빈 방문한 김정숙 여사가 들린 곳이다. 토큰과 함께 영수증을 검표하며, 이곳도 가방 보관소가 없다. '1993년 유네스코 세계문화유산'에 등록된 무덤은 후마윤이 죽은 후 왕비였던 하지베굼(Haji Begum)에 의해 건설된 최초의 정원식 무덤으로 무굴제국의 대표적인 건축물이다. 천상의 길로 통한다는 길게 뻗은 물길을 따라 걷다 보면 정면의 크고 경사진 계단이 나타난다.

계단을 따라 올라가면 붉은 사암과 흰 대리석을 만들어진 완전한 좌우대칭인 거대한 돔 형태의 건축물이 나타난다.

중앙 묘실에는 옆면을 아랍 문자로 장식해 놓은 후마윤의 돌널이 있다. 묘실 창에는 폭이 5cm쯤 되어 보이는 돌로 된 망사 모양의 격자가 끼워져 있다. 3개의 커다란 아치가 있는 4면은 같은 형태로 되어있다.

델리의 '미니 타지마할'이라고 불리는 이곳은 웨딩 사진 촬영지로 인기가 좋다고 한다. 전통의상을 입은 신혼부부가 사랑스러운 눈빛을 나누면서 모델의 화보 촬영하듯 자세를 취한다.

웨딩 사진 촬영지로 인기가 좋은 후마윤 무덤

◎ 정갈한 이슬람 무덤, 차우사트캄바(Chausath Khamba)

후마윤 묘 입구의 나무 그늘에서 쉬면서 인도 청년 카비어(Kabeer)와 이야기를 나누었다. 근처에 흥미로운 곳이 있냐고 물어보니 길 맞은 편에 오래된 이슬람 거리를 안내해 준다. 찾아간 곳은 무굴 시대의 위대한 시인이었던 미르자갈리브(Mirza Ghalib: 1797~1869)가 묻힌 차우사트캄바(Chausath Khamba)이다. 무덤으로 가는 상점과 노점으로 꽉꽉 채워진 좁은 길에서 활발하게 장사하는 수많은 무슬림을 볼 수 있다.

혼잡한 길에 바로 붙어 있는 무덤의 담장 안은 매우 평화롭고 조용

붉은 사암과 흰 대리석으로 만들어진 완벽한 대칭형의 후마윤 무덤

하다. 흰색 대리석으로 만들어진 내부 아치의 섬세한 구조와 그것을 지탱하고 있는 기둥들의 아름다움은 단지 왕의 무덤과 비교해 규모만 작을 뿐이다. 왕의 무덤이었다면 더 많은 사람이 찾고 보존이 잘 되어 있을 것이지만 관리인 한 명밖에 보이지 않는다. 방해받지 않고 이슬람 무덤의 건축 양식을 보고 싶다면 충분히 갈 만한 곳이다.

◎ **가장 높은 이슬람 승전탑, 꾸뜹미나르(Qutub Minar)**

10km 정도 떨어진 꾸뜹 미나르에 가기 위해 200루피에 오토릭샤를 잡았다. 구글로 검색하여 1km에 20루피를 주니 편하다.

꾸뜹미나르에 데려다준 아슬람은 보통 하루에 1,000루피를 벌어 릭샤 소유주에게 500루피를 준다고 한다. 이슬람 신자인 그는 시바·가네샤·하누만이 그려져 있는 릭샤를 유쾌하게 노래를 부르며 운전한다.

'1993년 유네스코 세계문화유산'으로 등재된 꾸뜹미나르는 대리석과 붉은 사암으로 만들어진 인도에서 가장 높은 이슬람 탑으로 이슬람 통치의 시작을 의미한다.

탑 주변의 건물들이 폐허가 되어 고풍스러운 멋을 풍기는 가운데 5층으로 만들어진 72.5m의 높다란 탑이 늠름하고 당당히 서 있다. 아름다운 꽃들로 가득한 넓은 꽃밭에서 상아색의 큰 기둥이 우뚝 솟았다고 아내가 꾼 큰딸의 태몽이 떠오른다. 800년 동안의 풍파에도 흐트러짐 없이 서 있는 저 탑처럼 딸도 자신의 이상을 성취하면서 당당하게 살아가길 기대해 본다.

형제 모임처럼 보이는 10여 명의 중년 부부들이 떠들썩하게 사진 찍는 모습들이 재미있어 쳐다보고 있으니, 한국 같으면 백구두를 신고 모양새 나게 다녔을 것 같은 멋진 콧수염을 가진 아저씨가 카우보이모자를 빌려 달라고 한다. 한참을 이 사람 저 사람과 찍더니 함께 그들과 함께하자고 한다. 엄지를 들고 "인디아 베스트!"라고 엄지손가락을 치켜드니 다들 좋아한다.

꾸뜹미나르에서 만난 중년 부부들

꾸뜹미나르의 콧수염 아저씨

fedora

혼잡한 델리에서 한적한 담장 길을 따라 걷는 산책은 최고의 선물이다

늠름하고 당당한 72.5m의 꾸뜹미나르

인도여행 3일차-2
1월 10일 (목) 뉴델리

Incredible India ②

◎ **우연한 인연, 아라댜 가족**

　아슬람에게 전화하니 그의 릭샤에는 이미 4명의 가족이 타고 있다. 같은 방향이라 함께 가자고 한다. 두 명이면 꽉 차는 릭샤에 다섯 명이 타야 하니 어이가 없다.

　하지만 뒷좌석에 트렁크의 짐짝처럼 쟁여 있는 가족들을 보고 '이것도 여행의 추억이겠지'라고 생각하면서 아슬람 옆에 앉았다. 좋은 길에서도 시속 40~60km에 불과하고, 부딪치면 어차피 어디에 타도 위험한 것은 마찬가지이다. 차라리 기사 옆에 타면 뛰어서라도 내릴 수 있겠다는 판단에 따른 것이지만 위험한 짓이었다.

　함께 탄 아라댜 언니 부부는 남한에 큰 호감을 느끼고 있다. 북한이 매우 위험한 나라라고 말하는 그들에게 남한과 북한 모두가 평화를 원하고 있으므로 크게 위험하지 않다는 생각을 밝혔더니 놀란다.

언니는 옆에 남편이 타고 있어도 인도의 성 불평등에 불만을 표시하면서 발전된 한국을 부러워한다. 남성 우월주의 힌두 사상이 존재하는 한 쉽사리 해결되지 않을 것이다.

아라댜 가족과 헤어지고 퍼블릭 트랜스포트 센터에 도착했다. 택시나 버스는 공항에 들어갈 수 있지만, 릭샤를 이용하는 여행객은 이곳에서 T3로 가는 무료 셔틀버스를 타야 한다. 국내선 공항 건물 입구에서 탑승권 검사를 한다. 출력물을 가지고 가야 한다고 해서 이를 준비했더니 모바일 표도 가능하다.

온종일 아무것도 먹지 못했더니 공항이 반갑다. 2층의 푸드코트에 올라가니 몇 개의 식당이 있지만, 맥도널드 할아버지가 제일 반긴다. 햄버거와 커피 한 잔을 즐기며 바라나시에서의 일주일을 기대해 본다.

◎ 갑자기 바뀐 공항 탑승 게이트

항공권에 쓰여 있는 31B 탑승구에 가니 십여 명의 익숙한 아줌마, 아저씨들이 보인다. 하나같이 잘 차려입고 있다. 아줌마는 작은 배낭을, 아저씨들은 허리 가방을 메고 있는 스타일로 보아 영락없이 한국인이다. 차례가 되어 항공권을 스캔하니 버저가 울린다. 바라나시가 아니라 뭄바이로 가는 탑승구다.

조금 전 공항에서 발행된 항공권에는 분명 31B라고 적혀있는데 어찌 된 영문인지 34로 바뀌어 있다.

"Incredible India!"

다급한 마음에 34 게이트로 가니 아직 탑승 전이다. 5시 54분 출발

신호가 울린다. 한국인으로 보이는 50대 2명 외에는 거의 인도인들이다. "바라나시를 보지 않았다면 인도는 본 것이 아니고, 바라나시를 보았다면 인도를 다 본 것"이라는 글을 읽어서 그런지 바라나시가 더욱 기대된다.

참 행복해 보이는 아라댜 가족

Rickshaw

제2장 바라나시(Varanasi)

죽으러 오는 도시, 죽음을 관광하는 도시, 바라나시

- 2019년 1월 10일~1월 16일 -

인도에서 가장 성스러운 바라나시의 갠지즈강

> 인도여행 3일차-3
> 1월 10일(목) 뉴델리 → 바라나시

신은 없다!

일정

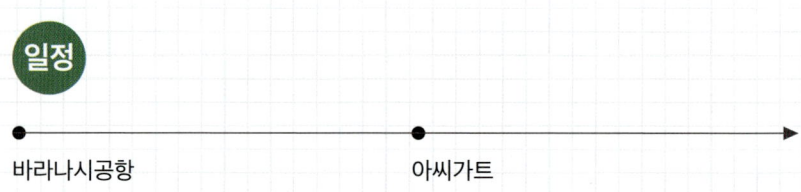

바라나시공항　　　　　아씨가트

　델리에서 기차로 18시간쯤 걸린다는 바라나시에 오는 데 항공편으로 2시간이 걸리지 않는다. 18,000원의 기차(3A) 요금과 비교하면, 42,460원의 항공권은 가성비가 좋다. 바라나시 공항에서는 '프리페이드' 택시를 찾지 않아도 그들이 먼저 찾아온다. 호텔이 있는 아씨 가트까지는 800루피다. 공항 요금소에서 기사는 50루피를 달라고 한다. 주차비로 추정되는 이 비용은 회사에서 부담해야 할 것 같지만 실랑이를 하기가 싫어 아무 말 없이 냈다.

가로등 불빛 앞으로 뿌옇게 보이는 미세먼지가 택시 안에서도 강하게 느껴진다. 인도에 왜 왔나 싶을 정도다. 앱으로 확인하니 인도 전역이 거의 200㎍/㎥를 넘는다. 마스크를 썼어도 입안이 껄끄럽고 숨이 답답하다.

인도는 원유 정제 부산물인 코크스를 미국 등에서 수입하고 있다. 원유를 정제하고 마지막에 남는 찌꺼기인 코크스는 값이 저렴하면서 석탄보다 더 많은 열량을 내기 때문에 다양한 산업 분야에서 활용되고 있다. 코크스는 미세먼지뿐만 아니라 심장과 폐를 손상할 수 있는 유황 성분도 함유한 것으로 알려져 국내에서도 석유화학 회사와 시민과의 갈등이 끊이지 않고 있는 더럽고 위험한 연료이다.

바라나시의 길은 매우 복잡하다고 들었지만, 공항에서 아씨 가트로 가는 길의 반 정도는 4차선으로 잘 뚫려있다. 8시도 되지 않았지만, 차들이 거의 없고 길이 깨끗하다. 20분 정도 지나면서 막히기 시작하지만 찬드니 초크를 이미 경험한지라 복잡하게 느껴지지 않는다. 1시간 걸려 도착한 레이크뷰호텔(Lake View Hotel)에 체크인을 하고 종업원의 안내를 받아 아씨 가트로 갔다.

파하르간지에서는 가끔 보였던 걸인들의 손이 이곳에서는 길 양쪽으로 가득하다. 높다란 사원의 계단 밑에는 얼굴조차도 구별할 수 없을 정도로 진한 때로 물든 수많은 이들이 누더기 담요를 덮고 누워 있다. 참혹하다. 사진보다 더 비참하다. 전쟁터의 난민도 이 정도는 아닐 듯싶다. 모든 신이 모여 있다는 바라나시에는 과연 이들을 보살펴 줄 신이 있는 걸까.

늦은 저녁을 먹으러 아씨 가트 입구의 그린가든레스토랑(Green Garden Restaurant)에 들어서니 입구부터 중년의 종업원이 공손하게

바라나시 아씨 가트의 흔한 풍경이 안타깝다

　손을 모으고 "나마스떼"라고 인사를 한다. 단정한 차림의 지배인이 역시 공손하게 인사를 건네며 5층 루프탑 식당으로 안내해 준다. 크리스마스트리처럼 수많은 작은 불빛으로 꾸며져 있고 천연 잔디가 깔린 루프탑에서 바라보는 갠지스의 풍광은 환상적이다.

　고급스럽게 차려입은 10여 명의 가족이 탈리를 먹고 있다. 가운데 앉은 연장자의 말을 다들 경청하고 있는 그들이 다복해 보인다. 고기를 먹고 싶었지만, 채식 전문 식당이라 매운맛을 내는 달(Dal Tadka)을 주문했다. 달은 콩으로 만든 수프로, 밥이나 난과 함께 먹는 매우 대중적인 음식이다. 강한 첫맛에 순간 움찔했으나 뱃속을 따뜻하고 부드럽게 감싸는 달의 향미는 금세 그릇의 바닥을 보이게 했다.

　20대의 젊은 종업인은 낯선 여행객이 불편할까 친절한 얼굴로 나를 걱정하며 음식에 대해 자세하게 설명해준다. 바라나시를 처음 찾는 이에게 마음에서 우러나오는 도움으로 느껴진다. 왠지 매일 올 것 같다.

콩으로 만든 수프, 달

인도여행 4일차
1월 11일(금) 바라나시

오늘이 좋다!

 일정

● —————————— ● —————————— ● ——————————→
아씨가트   판데이가트   철수씨 보트

    인도에 오기 전부터 특별한 흥미를 느꼈던 바라나시에서 처음 맞는 아침이다. 호텔 옆의 푸쉬카르 연못 가트에서 수동식 펌프로 목욕하는 이들을 바라보고 있으니, 그 옆 오두막 사원에서 사두로 보이는 이가 반가운 얼굴로 손짓을 한다.

바라나시의 그린 가든 레스토랑에서의 아침은 언제나 평화롭다

어젯밤 지나갈 때 종교의식을 하고 있어 내심 궁금했는데 잘 되었다 싶어 손짓에 응한다. 사두냐고 물으니 그보다 높은 푸자리(Pujari)라고 소개하면서 악수도 반갑게 하며 여러 번 안기도 한다. 사진 포즈에 어설픈 요가 자세를 취하기도 한다.

나가려고 하니 이마에 빈디를 찍어 주고 시바를 상징하는 링가 앞에서 힌두식 인사를 요구하며 기부하기를 은근히 기대하는 눈치이다. 첫날부터 체험비를 주고 싶지 않아 저녁에 다시 와서 의식을 보겠다고 하며 자리를 떠난다.

작은 사원의 푸자리가 은근히 기부하기를 기대하는 듯 하다

◎ **돌연 사진 촬영 포즈를 취하다**

큰길로 나왔지만 쉽게 느껴졌던 어제 그 길이 아니다. 둘러봐도 모르겠다. 더러운 냇물도 색다르게 보이는 아씨강의 다리 위에서 사진을 찍다 보니, 옆에서 초등학교 저학년쯤 되어 보이는 아이가 세수를 멈추고 쳐다보고 있음이 느껴진다. 이목구비가 뚜렷하고 깊게 팬 큰 눈이 인상적이다. 아이에게 "하이" 하고 인사하면서 움막 마루에 걸터앉았다. 그러자 초라한 행색의 어머니가 아이들을 부르더니 돌연 촬영 자세를 취한다.

'아! 이 장면이 인터넷에서 보았던 생계형 촬영이구나!'

들어보긴 한 일이지만 전혀 생각하지 못한 순간에 맞닥뜨려 당황스럽다. 간식으로 가져갔던 소시지를 나눠주고, 막내 손에 50루피를 쥐여 주었다. 뭔가 부족해 보여 폴라로이드 사진을 찍어 초등학생 이름표 뒤에 끼워주니 주변의 인도인이 "매직"이라며 다들 신기해하고,

어머니와 아이들은 좋아서 어쩔 줄 모른다. 생색내고 싶지 않아 얼른 자리를 피한다.

◎ 천진난만하고 해맑은 눈을 가진 어린이

다시 찾은 아씨 가트는 밤보다 더 참혹했다. 이미 어느 정도 알고 있었지만 설마 이 정도일 줄은 생각하지 못했다. 보리수나무 밑에서 세 살쯤 되어 보이는 아이를 안은 엄마가 손을 내민다. 20루피를 주고 셔터를 눌렀다. 이래도 되나 하는 생각이 자꾸 머릿속을 맴돈다.

세 살쯤 되어 보이는 아이를 안은 엄마

몇 명의 얼굴색과 때를 구분하기 힘든 사내아이들이 손을 내민다. 돈 달라는 뜻인 것을 뻔히 알면서도 주고 싶지 않은 마음에 그냥 아이들과 손짓을 섞어 이야기한다. 천진난만하고 해맑은 눈을 가진 어린이들과 이야기하는 것이 즐겁다. 아직도 [슬럼독 밀리어네어]의 자말과 [행복까지 30일]에서 까마귀 알을 훔쳐 먹던 카카무타이 형제의 눈빛을 기억하고 있다.

이야기에 집중하다 핸드폰을 놓아둔 것을 잠시 잊고 있었는데 큰 아이들이 서로 눈짓하는 느낌이 이상하다. '아차!' 싶어 핸드폰을 찾으려고 하니 작은 아이가 살짝 엉덩이를 들어 보인다.

큰 아이들에게서 핸드폰을 보호하려 했던 것 같다. 10루피를 주니 쳐다보면서 웃어 준다. 아씨 가트에는 몸에 묻은 때가 피부색보다 검어 보이는 거지 아이들이 많다. 우리 주변에서는 좀처럼 보기 드문 장면이라 유독 그들에게 먼저 눈길이 간다. 너무 많아서 내미는 손을 그냥 회피하고 지나가면 마음이 편하지 않다.

◎ 오늘이 놀랍고 믿기지 않는다

보리수나무 밑에서 물끄러미 갠지스강을 보고 있는 한국 청년 안을 만났다. 두 달 동안 동유럽과 동남아시아를 여행하고 며칠 전 콜카타를 통해 바라나시에 온 건실한 청년이다. 함께 보트를 타러 가기로 했다.

판데이(Pandey)가트 앞에는 철수 씨가 한국인 손님들을 기다리고 있다. 바라나시를 찾는 한국인에게 유명한 철수 씨를 만나니 인도에 있음이 다시 실감 난다. 스물다섯 명의 한국인들과 보트를 타고 건너편 모래펄로 이동하였다. 중년의 인도인들이 바르르 떨고 있으나 아이들처럼 맑게 웃으면서 목욕을 한다. 물끄러미 쳐다봐도 어색해하지 않는다. 재미있다.

검은 피부의 인도인 철수 씨의 입에서 나오는 유창한 한국말로 진행되는 해설은 힌두 풍습만큼이나 흥미롭다. 힌두교 신자는 교리에 따라 죽은 뒤 24시간 이내에 화장해야 하므로, 왕이나 부유층이 이곳에 가트와 별궁을 만들어 죽음을 기다렸으며, 지금도 화장터 뒤편의 몇 개의 호텔에는 그런 목적으로 갠지스강을 찾아온 이들이 많다고 한다.

다시 보트를 타고 본격적인 가트 탐방을 시작한다. 석양도 아름답다. 함께 디아라 불리는 작은 꽃불을 띄우며 가족들의 건강을 기원해 본다. 푸자 의식으로 유명한 화려한 조명의 다샤스와메드가트와 버닝가트라 불리는 화장터 마니카르니카가트에 제일 눈길이 간다. 관광객을 태운 십여 척의 배들이 그 앞에서 멈추어 있다.

힌두교 신자들은 갠지스강으로 그들의 업을 씻거나 죽음을 맞이하기 위해 찾아오지만, 여행자들은 그들의 일상과 죽음을 보기 위해 카메라와 함께 그들을 관광한다. 몇 번인가 TV에서 보아온 그 신비스러운 갠지스강 위에서 한가롭게 보트 놀이를 하는 오늘이 더 놀랍고 믿기지 않는다. 오늘이 좋다.

'디야'라 불리는 작은 꽃불을 띄우며 가족의 건강을 기원해본다

바라나시 갠지스강에 담그면서 어린 아이처럼 행복해하는 중년들

철수씨 보트를 기다리면서 만난 판데아가트의 예술가

바라나시가트 맞은 편의 모래톱에서 잠깐 말에 오르다

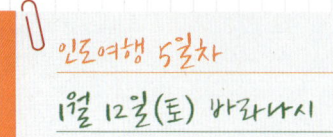

부처와 만나다

일정

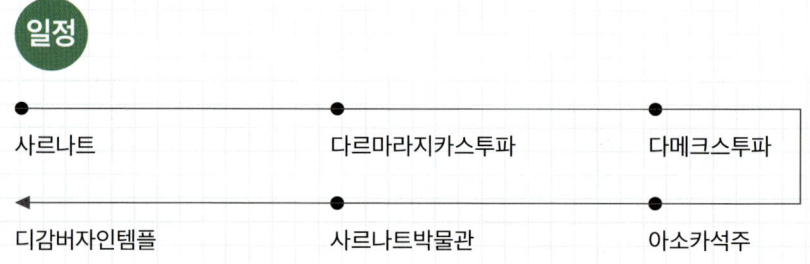

사르나트 — 다르마라지카스투파 — 다메크스투파
디감버자인템플 — 사르나트박물관 — 아소카석주

"탁, 탁, 탁, 탁!"
정체 모를 소리에 잠을 깨보니 검은 까마귀 두 마리가 창문을 쪼고 있다. 낯선 경험이다. 난간으로 나가니 건너편의 움막에서 아침을 연출하는 연기가 올라온다. 빨간 벽돌로 쌓아 올린 2평짜리 움막 옆에는 여섯 마리의 소가족이 살고 있다. 오늘도 할머니가 소젖을 짜고 있다.

바라나시의 숙소 앞 흰 소 가족

◎ 부처의 최초 설법지, 사르나트(Sarnath)

어제 만났던 안과 함께 그린 가든의 웨이터인 마얀크의 안내를 받으며 사르나트로 향했다.

사르나트는 석가모니가 태어난 네팔의 '룸비니', 부처가 깨달음을 얻은 '보드가야', 해탈하여 열반에 이른 부처의 시신을 화장한 '쿠시나가라'와 더불어 불교의 4대 성지로 일컬어진다.

현지인과 함께해서 그런지 500루피를 요구하는 릭샤 왈라와 200루피에 쉽게 합의했다. 이색적이었던 거리가 더는 새롭지 않고 한 시간 내내 먼지와 소음으로 혼란스럽다.

'사슴 동산'이라는 뜻의 사르나트(녹야원)는 부처가 전생에 사슴의 우두머리였을 때 새끼를 밴 다른 사슴이 왕의 사냥감이 되자 대신 죽겠다고 하여 왕을 감동하게 한 전생 이야기에서 비롯되었다고 한다.

사르나트는 바라나시에서 동쪽으로 250km 떨어진 보드가야(Buddhagaya)의 보리수나무 밑에서 득도한 부처가 당시 인도의 정치·사상 그리고 종교의 중심지이었던 바라나시를 찾아 다섯 명의 옛 동료에게 최초로 자신의 법륜을 펼쳤던 곳이다.

최초의 인도 배낭여행자였던 혜초(704~780)는 그의 기행문인 [왕오천축국전]에서 사르나트의 모습을 다음과 같이 표현했다고 한다.

"이곳에는 부처의 다섯 제자의 모습이 새겨진 탑이 있다. 사자가 올라타고 있는 돌기둥이 있는데 그 돌기둥은 대단히 커서 다섯 아름이나 되고 무늬가 섬세하다."

부처는 많은 종교 지도자들이 있는 인도의 중심인 바라나시에서 민심을 사로잡고 자신의 사상을 전파하려 했다. 그는 베다교의 불평등과 카스트의 굴레에서 희생당하는 민중의 현실을 타파하기 위해 그들에게 "현세의 카스트나 성별에 상관없이 수행하여 깨달음을 얻으면 누구나 끝없는 고통의 굴레에서 벗어날 수 있다"는 평등적인 종교관을 전파했던 매우 인간적인 철학자이었다. 아울러 농사를 짓는데 필요한 소를 여전히 음식과 종교 제물로 도살하는 브라만을 향해 불살생의 계율을 제시하면서 종교적 주도권을 장악하고자 하는 등 매우 영리한 정치 감각을 보여주었다.

평등과 불살생의 부처 사상은 마우리아 왕조의 아카소왕 때에 전성기를 누렸으며, 뒤이은 쿠샨 왕조의 적극적인 불교 정책으로 중국에 전파되기도 하였다.

하지만 굽타 왕조를 거쳐오면서 불교의 개혁성이 떨어지고 지배층은 소를 중요하게 여기는 민중들의 요구를 받아들이는 한편 신분제를 강화하면서 민중을 통제하는 수단으로 힌두교의 사상을 적극적으로 이용하였다. 이후 민중으로 파고 들어간 힌두교가 불교를 흡수하면서 인도에서 불교는 소수 종교로 전락하고 말았다.

◎ 부처 유해 보관되었던 다르마라지카스투파(Dharmarajika Stupa)

사르나트에 들어서면 부처의 열광적 팬이었던 아소카 왕 시절에 건설된 시바의 링가와 비슷한 형태로 우뚝 솟아있는 거대한 스투파가 보인다.

혼자라면 금방 둘러보겠지만 두 명의 젊은 친구들의 사진을 찍어주다 보니 발걸음이 늦어진다. 안의 자세는 단순하지만 마얀크는 배우인 듯 다양하게 자신을 표출하면서 인도인의 카메라 사랑을 한껏 보여준다. 잘 단장된 길 왼편의 이미 무너져 버린 다르마라지카 스투파의 널따란 둥근 기단들 앞에는 소풍을 나온 학생들이 교사의 설명

![사르나트 다메크스투파]

바라나시의 사르나트, 시바의 링가처럼 생긴 다메크스투파는 진리의 수레바퀴를 굴리는 곳이다

을 들으며 찬란했던 불교를 공부하고 있다.

아소카 왕이 창건하고 후대에 증축해서 지름이 33m에 달했다는 이 스투파에서 부처의 유골로 추정되는 뼈가 있는 상자가 발견되었다. 그러나 1794년에 바라나시의 지방 장관이었던 자갓싱(Jagat Singh)이 스투파를 파괴하고 뼈를 갠지스강에 버렸다고 한다. 자신의 집 건축에 사용될 벽돌을 구하기 위해 탑을 허물어버린 그의 행동은 맥락을 모르면 비난할 만한 모습으로 보일지도 모른다.

그러나 경복궁을 막고 있었던 조선총독부 건물을 부숴 독립기념관

의 바닥에 깔았던 우리 민족의 심정을 생각하면 이해가 간다. 힌두교는 부처를 비슈누의 여덟 번째 아바타로 만들어 불교조차도 힌두화시켰지만, 불교 사상과 스투파의 존재를 인정하기 싫어했다.

자갓 싱이 부처의 유골을 버리지 않았다면 부처는 수천 년 후에도 자연으로 되돌아가지 못했으리라. 상자 안에 계속 갇혀 있을 것을 생각하면 그는 부처에게 고마운 사람으로 기억될 수도 있다.

◎ **진리 수레바퀴 굴리는, 다메크스투파(Dhamek Stupa)**

다메크 스투파는 아소카 왕 때 세워지고 굽타 왕조 시대에 증축된 거대한 원통형 전탑으로, 법이라는 진리의 수레바퀴를 굴리는 곳이다.

다르마라지카스투파에서 약 150m 정도 떨어진 곳에 힌두교의 박해에도 불구하고 당당하게 서 있다. 상부가 일부가 붕괴하여 있지만, 현재 높이는 32m이고, 하부 지름은 26m이다. 스투파 겉면에는 직선을 이용한 기하학적인 문양과 여러 가지 덩굴이 꼬이며 뻗어 나가는 모양의 무늬가 부조되어 있고 8개의 창문 모양 불감이 만들어져 있다.

스투파의 주변에는 정화수가 들어있는 투명한 수십 개의 플라스틱이 나란히 줄을 맞춰 놓여 있다.

네팔에서 온 가족들이 합장하고 스투파를 돌고 있으며, 젊은 여인은 스투파를 향해 오체투지를 하고 있다. 우리나라에서 흔히 볼 수 있는 탑 형태가 아니므로 절을 하는 모습이 불교 의식인지 힌두교 의식인지 구분이 안 된다.

몇몇 사람들이 불감에 동전을 던지며 그들의 행운을 시험하고 있어, '안'과 마얀크도 시도해봤지만, 번번이 실패다. 하지만, 나의 동전은 한 번에 불감에 안착했다. 행운이 나에게 올 모양이다.

◎ 인도의 상징, 아소카석주(Asokan Pillar)

출구로 나오면서 아소카 왕의 석주에 들렀다. 통일 전쟁을 마친 마우리아 왕조 아소카 왕이 전쟁의 참상에 대한 후회와 반성으로 불교에 귀의하고 불교를 통치기반으로 삼으면서 영토의 각지에 자비와 선행 등 불교의 가르침을 석주에 새겨 놓았다.

처음에는 30개나 있었으나 지금은 10개만 남아 있다고 한다. 사암으로 만들어진 둥근 기둥의 석주는 원래 높이가 12.2m이고 지름이 0.7m이었다.

하지만 무슬림에 의해 파괴되어 지금은 석주의 밑 부분만 남고, 네 마리의 사자상은 박물관에서 전시되고 있다.

◎ 네 마리 사자상, 사르나트박물관(Sarnath Museum)

아소카 왕의 석주 사자상을 보기 위하여 스투파 맞은편의 사르나트박물관(Sarnath Museum)으로 갔다.

이곳에는 BC 3세기부터 AD 12세기까지 불교 미술과 힌두교의 신상을 비롯한 다양한 고대 유물들을 소장하고 있다. 아쉽게도 촬영 비용을 낸 카메라 외에는 스마트폰을 가지고 입장을 할 수 없다.

박물관 입구에는 아소카 왕의 석주 윗부분인 사자상이 서 있다. 부처의 화신인 네 마리

아소카왕의 석주 사자상

사자가 등을 맞대고 있는 조각 밑에는 불법을 상징하는 법륜(Dharma wheels)과 동서남북을 수호하는 동물인 코끼리·황소·말·사자가 종 모양의 연꽃 위 둥근 기둥 위에 부조되어 있다. 이는 부처의 사상이 온 세상을 지배하고 있는 것을 의미하는 것이다.

사자상은 인도의 국장(National Emblem)으로 사용하고 있으며, 간디와 함께 인도 지폐에 인쇄되어 있다. 아울러 법륜은 인도 국기의 중앙에서 볼 수 있다.

◎ 자이나교도 순례지, 디감버자인템플(Digamber Jain Temple)

박물관을 나온 우리는 황금색 첨탑이 솟아있는 사원에 들어갔다. 다메크 스투파 근처라 당연히 불교 사원이라 생각했지만, 사원을 둘러본 후에 1824년에 지어진 자이나교 사원인 것을 알 수 있었다.

자이나교의 제11대 지나로 알려진 슈레이산나스(Shreyanshnath)의 큰 석상이 있어 슈레이산나스자이나교사원(Shreyanshnath Jain Temple)라고도 불린다.

잔디밭과 정원은 잘 관리되어 있고, 자이나교 종교의 실질적인 창시자인 마하비라(Bhagwan Mahavir)의 삶을 묘사한 매력적인 프레스코 벽이 있다. 사르나트는 슈레이산나스가 태어난 싱푸르(Singhpur)에서 1km 정도 떨어진 곳이라 자이나교의 중요한 순례지이기도 하다.

사원 관리인이 한국지폐가 있으면 교환하자고 제안한다. 한국에서는 신용카드를 사용하다 보니 더는 지폐가 필요하지 않다는 나의 대답을 이해하면서 자신이 가진 스무 장 정도의 다양한 나라의 지폐를 보여준다. 천 원짜리 한국지폐도 보인다. 최근에 동남아와 유럽을 여행한 안은 매우 흥미로워하며 관리인의 지폐를 떠들썩하게 구경한다.

바라나시의 디감버자인템플, 예전 소풍이 생각난다

    주변의 사람들이 모여들면서 관심을 보이니 그는 매우 즐거워한다. 외국인을 자주 만날 수 있는 그가 즐길 수 있는 취미인 듯싶다.
    사르나트에서는 단체로 순례하러 온 부탄 승려들이 많다. 식당에서 눈이 마주치자 수줍게 웃던 까까머리의 소녀 승려가 생각난다. 아름다움을 추구하는 것은 인간의 본성인데 행복지수 1위라는 부탄에서 온 소녀 승려 눈에는 화려한 옷에 긴 머리 휘날리는 또래 소녀들의 모습이 어떻게 비칠지 궁금하다.
    원효는 '일체유심조(一切唯心造)' 즉, "마음이 모든 것을 마음먹기에 달려 있다"고 강조했다. 하지만 종교로 인하여 어린 나이의 순수함과 자유로움을 만끽하지 못하는 부탄 소녀가 이방인의 눈에는 안타까워 보인다.

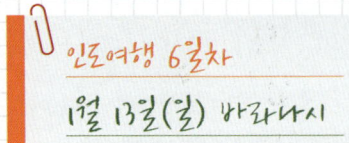 

영악한 소년 가이드,
모힛

```
●─────────────●─────────────●
브라만학교      힌두대학(BHU)    하누만사원
◀─────────────●─────────────●
비슈와나트사원   두르가사원       마나스사원
```

◎ 모힛과의 운명적 만남

사르나트를 다녀온 후 안과 헤어지고 호텔 앞 푸쉬카르 가트에서 연 날리는 소년들을 구경하다 모힛과 만났다. 12살의 모힛은 상당히 유창한 영어를 사용하고 한국을 알고 있는 매우 적극적인 성격의 아이다. 매우 정확하게 의사 표현을 하며, 집이 어디냐고 물어보니 호텔 뒤의 자신의 집으로 초대한다.

모힛의 집에 들어서니 저녁을 만들던 어머니가 반갑게 맞아 준다.

어색했지만 아이는 대수롭지 않게 여기면서 2층의 자신의 방으로 안내한다.

크리켓 선수가 되고 싶다면서 크리켓 타격 자세를 알려준다. 야구와 비슷한 규칙을 가지고 있는 크리켓은 영국과 과거 영국식민지였던 국가들을 중심으로 활성화되어 있는 구기 종목으로 인도에서는 그 인기가 매우 높다.

모힛은 500루피짜리 크리켓 배트를 사고 싶다면서 바라나시의 사원과 가트를 450루피에 안내해 주겠다고 한다. 흔쾌히 동의하는 사이에 어머니가 짜이를 가져온다. 파하르간지의 짜이는 전지분유 맛이라 그동안 마시지 않았지만, 이번 짜이는 진한 쑥 향기의 풍미가 느껴진다.

모힛은 형이 입원하고 있는 바라나시힌두대학(Banaras Hindu University) 병원에 가자고 한다. 어떻게 해서든지 친절을 보여 나의 투어가이드를 하고 싶은 욕심이라는 것을 알고 있고, 나 역시 힌두 대학이 궁금했던 터라 함께 병원에 가기로 하였다.

가는 길에 브라만학교(Brahma Veda Vidyalaya)로 안내를 한다. 자신은 브라만이고, 토요일은 외부인도 들어갈 수 있다며 당당하게 앞장을 선다. 호텔 길목에 있어 궁금했던 차에 냉큼 따라 들어갔다.

널따란 마루에는 초등학생에서 고등학생쯤 되어 보이는 20여 명이 앉아 경전을 공부하고 있다. 정수리 부분에 꽁지머리를 남겨두고 모두 짧게 밀어 버린 머리 스타일과 이마에 그려진 시바의 삼지창이 매우 독특하다.

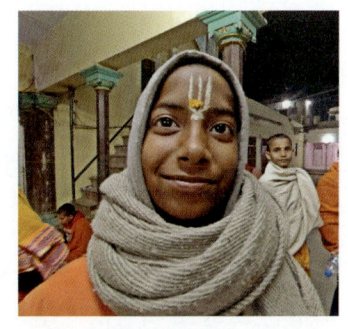

바라나시의 브라만스쿨에서 만난 학생의 이마에 시바의 삼지창이 그려져 있다

71

마루에 앉으라고 하는 아이들의 손짓에 따라 어색함을 숨기고 그들 곁에 앉으니 이것저것을 물어보며 사진을 찍어달라고 한다. 브라만 아이들과 단체 사진을 찍고 이미 어둠이 짙게 깔린 길을 나섰다.

낮보다도 훨씬 혼잡하다. 비슈와네트사원(Kashi Vishwanath Temple)으로 유명한 힌두 대학(BHU)의 넓이는 여의도의 1.8배에 달한다. 30,000명이 넘는 학생들이 캠퍼스에 거주하는 아시아에서 가장 큰 주거 대학교라고 알려져 있고, 자체 경찰·병원·우체국·은행·ATM·주유소와 학생들을 위한 버스 시설 등이 있다.

2층으로 올라가서 양쪽으로 15개의 침대가 있는 복도 형태의 매우 크고 긴 방을 몇 개 지나니 모힛의 형이 입원하고 있는 침대를 찾을 수 있었다. 이미 그의 부모님이 와서 음식을 주고 있었다. 형의 병세가 호전되고 있어 며칠 뒤에 퇴원한다고 한다. 모힛의 아버지는 브라만학교에서 산스크리트어를 가르치는 교사로 매우 점잖은 분이다. 모힛은 아직 어린이라서 그런지 자신의 브라만 계급이라는 것을 무척 자랑스러워한다.

생각하지 못했던 특별한 인도 경험을 만들어 준 모힛이 매우 고마워 함께 치킨커리로 저녁을 함께했다.

◎ 결국에 예상치 못한 반전이 시작되다!

고마운 것은 딱 어제까지였다. 반전이 있을 것이라고는 예상하지 못했다.

아침부터 왓츠앱(WhatsApp)으로 보내진 여러 차례의 메시지와 전화벨은 오늘도 어김없이 창문을 두드리는 까마귀와 함께 평화로운 아침을 깨고 있었다.

호텔 앞에서 만난 모힛은 내가 1시간에 500루피의 투어가이드 비용을 준다고 약속했다는 놀라운 이야기를 꺼냈다. 열심히 노력하는 아이에게 용돈을 주겠다는 마음에서 "1 Day, 450루피"로 어느 정도 도움을 주려고 한 것인데 실망스럽다.

노동자들의 일당이 300루피 정도인 것을 생각할 때 큰돈이다. 어제 한 약속을 기억 못 할 정도가 아닌 나에게 장난질을 하는 모힛이 괘씸하다. 단호하게 450루피가 아니면 가라고 하니 따라나선다. 쫓아 보내고 싶기도 했지만, 투어가이드 내용을 노트에 꼼꼼히 정리해 온 성의를 봐서 사원 투어를 시작했다.

◎ 충성심 상징, 하누만사원(Sankat Mochan Hanuman Temple)

처음으로 찾은 곳은 하누만 사원이다.

'몽키 템플'이라고 불리는 이곳은 람차르트마나스(Ramadaritamanasa)의 저자인 툴시다스(Tulsidas)가 16세기 초에 하누만과 라마를 숭배하기 위해 설립되었다.

하누만은 인간이 원하는 것을 빨리 얻게 한다고 믿기에 대중적인 인기가 높은 원숭이 형상의 신이다. 매우 강력한 시바의 아바타로서 비슈누의 7번째 아바타인 라마를 헌신적으로 도와 충성심의 상징이 되었기에 사람들은 악을 막아주는 보호자로 믿고 있다.

사원은 보안상의 이유로 휴대 전화나 가방을 가지고 들어갈 수 없다. 2006년 바라나시에서 무슬림에 의해 자행되어 23명이 죽은 폭탄 테러 장소 중 한 곳이지만, 50여 미터 떨어진 본당까지 가는 길에는 커다란 나무들과 원숭이들이 많아 평화로운 푸른 숲속을 산책하는 기분이다.

신발을 맡기고 맨발로 본당의 신상을 구경하면서 그들의 경배 방식을 구경하는 것도 재미있다.

대개 오른손을 자신의 이마와 가슴에 대며 무엇인가를 중얼거린다. 하누만은 매우 자극적이며 화려한 노랑, 주황, 흰색의 메리골드 꽃 화환으로 장식되어 있다. '반드시 오고야 말 행복'이라는 꽃말처럼 정성을 다하는 그들에게 행복이 꼭 함께하길 기원해본다.

모힛은 하누만을 제일 좋아한다. 히말라야의 산으로 날아가서 통째로 약초의 산을 옮겨와 라마의 군사들을 치료해주고, 인도와 스리랑카 해협을 한 번의 도약으로 건너기도 한 하누만의 무용담을 매우 진지하게 설명한다. 근두운을 타고 여의봉을 휘두르면서 요괴를 무찔렀던 손오공의 활약상이 재미있어 여러 번 서유기를 읽었던 어릴 때 추억을 생각하면 왜 모힛이 하누만을 좋아하는지 이해할 수 있다.

하지만 나에게 손오공은 도술을 마음껏 부리는 소설 속의 원숭이이지만, 모힛에게 하누만은 신성한 시바의 화신이다.

◎ 진리 신 라마, 마나스사원(Tulsi Manas Mandir)

다음으로 찾은 곳은 하누만이 충성을 다했던 라마에게 헌정된 마나스사원이다.

흰색 대리석의 건물과 잘 꾸며진 정원으로 평화롭고 차분한 분위기이다. 코살라 왕국의 장남으로 태어난 라마는 종교적 가치와 의무인 다르마를 지킨 인물로 존경받으며 비슈누의 일곱 번째 아바타로 알려져 있다. 자신의 아내인 시타(락슈미)가 악신으로 일컬어지는 아수라에게 납치당하자 하누만이 이끄는 원숭이 부대와 함께 싸워 이기고 왕이 된다.

이 사원은 16세기 힌두 시인이자 철학자 툴시다스의 라마 일대기를 그린 서사시 람차리트마나스가 1층의 벽면에 쓰여 있어서 역사적·문화적 의미가 크다. 2층에는 라마의 이야기를 관객들이 이해하기 쉽게 움직이는 인형으로 표현하고 있는 코너들로 가득하다. 라마에 관해 읽은 적이 있어 이야기의 전개 과정을 대충 이해할 수 있지만, 힌두교의 세계관을 전혀 인정할 수 없고 기계적인 장치들이 헛웃음을 일으킬 정도로 유치하여 대충 지나가는 정도이다.

하지만, 라마를 대하는 태도가 상상할 수 없을 정도로 공손하고 정성스러운 인도인들에게 눈길이 간다.

◎ 전쟁 여신, 두르가사원(Durga Temple)

근처에 있는 두르가 사원은 붉은 색조의 건물들로 이목을 끈다. 두르가는 시바의 아내 파르바티(Parvati)의 화신이다. 붉은색의 옷을 입고 손에는 신들의 무기를 들고 호랑이를 타고 있는 전쟁의 여신으로 묘사된다. 부정적인 것을 파괴하고 어려움과 위험에 처했을 때 도와주기 때문에 대중적인 인기도가 높다.

붉은 색조의 바라나시 두르가사원

18세기에 지어진 이 사원의 안마당은 최고의 핵심적인 성소로서 포탄 형태의 뾰족한 탑인 시카라(Shikhara)가 사각형 회랑 형태의 건물들로 둘러싸인 가운데 우뚝 솟아있다.

건물들이 모두 두르가를 상징하는 붉은색으로 칠해져 있는 모습이 꽤 독특하고 인상적이다. 두르가 여신상이 있는 시카라 앞에서 신자들이 기도문을 외우고 봉헌을 하는 모습들도 흥미롭다. 두르가 여신상은 인간이 만든 것이 아니라 사원을 건립한 후 스스로 나타났으며, 사원에 머물면서 힌두교 성지 바라나시를 악으로부터 보호했다고 전설이 내려온다. 하누만 사원처럼 입장료가 없으나 사진을 찍을 수 없다는 점이 아쉬웠지만, 매우 인도다운 사원을 구경한 것만으로도 만족할 수 있었다.

◎ 해탈 염원 비슈와나트사원(Kashi Vishwanath Temple)

바라나시에 가장 유명한 사원인 '골든 템플' 또는 '시바 템플'이라고 부르는 비슈와나트사원으로 향했다.

가는 도중에 릭샤 왈라의 소개로 500루피(7,500원)짜리 인도 의상인 구루마를 사게 되었다. 두 배 정도의 가격이라는 생각이 들었지만, 디자인과 재질이 마음에 들어 구매했다. 하지만, 무려 다섯 배의 바가지를 썼다는 것을 그와 헤어진 뒤 10여 분 뒤에 알게 되었다. 어이가 없다. 상점을 찾아가 환불을 요청하려고 하다가 '거래는 거래일 뿐' 신중하지 못했던 나의 잘못이 크다는 생각에 그냥 시바 사원으로 향했다.

1780년, 화장터인 마니카르니카가트 근처에 세워진 비슈와나트사원은 시바에게 바쳐진 곳으로, 사원을 방문하고 갠지스강에서 몸을 씻는 일은 모크샤(해탈)로 이르는 중요한 단계라고 알려져 인도 전역에서 힌두교 순례자들이 모여든다. 그래서인지 비가 내리는 좁은 길목에는 사원에 들어가려는 수백 명의 신자가 길게 늘어서서 차례를 기다리고 있다. 아무리 갈 볼만한 곳이라고 해도 도저히 들어갈 엄두가 나지 않는다.

모힛의 얼굴을 보니 긴장된 표정이다. 뭔가 감이 좋지 않아 라면이라도 같이 먹을까 했던 생각을 접고 다샤스와메드가트까지 왔다. 나의 눈치를 보던 끝에 시계를 보더니 이미 약속한 반나절이 끝났고 다시 반나절의 투어가이드를 원하면 500루피를 더 줘야 한다고 한다. 어린아이라 순수할 줄 알았는데 착각이었다.

모힛에게 다시 "원 데이, 450루피"라고 상기시키면서 500루피를 주면서 집에 가라고 했다. 점심을 함께하고 보낼 생각이었는데 씁쓸하다. 모힛은 겸연쩍어하면서도 집에 가는 데 걸리는 시간만큼 보수를 더 달라고 한다. 웃으면서 그냥 가라고 손짓하고 철수카페로 향했다. 크리켓 배트를 사고 싶은 어린아이에게 선물을 주고 싶었던 마음에서 시작된 가이드투어는 이렇게 좋지 않게 마무리되었다.

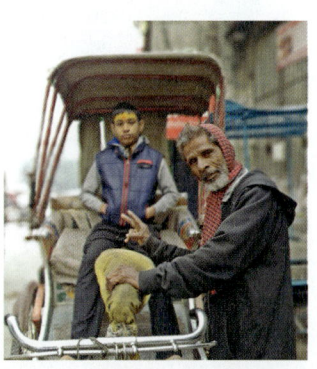

영악한 소년 투어가이드 모힛과 사이클릭샤

어제부터 모힛에게 1,000루피 정도 지출되었으나 아깝지는 않다. 관광객이 쉽게 가볼 수 없는 브라만학교와 힌두 대학 병원 입원실을 경험할 수 있었으며, 무엇보다도 함께 해서 심심하지 않았다.

하지만 모힛은 순수함을 잃어버린 영악하고 맹랑한 인도 소년으로 기억될 것이다.

사이클릭샤는 타는 것이 미안하지만 그들은 고마워한다

바라나시 다사스와메드가트, 한국여행자들이 어려워하는 집요한 마사지 호객꾼

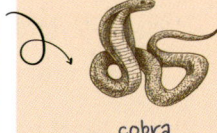

바라나시 코브라와 아메뜨낫

인도여행 7일차
1월 14일 (월) 바라나시

해탈로 가는 돌계단,
가트(Ghat)

일정

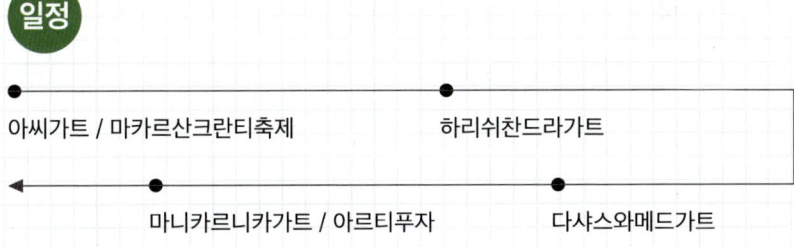

아씨가트 / 마카르산크란티축제   하리쉬찬드라가트

　　　　마니카르니카가트 / 아르티푸자   다샤스와메드가트

어젯밤도 추워서 숙면하지 못했던 터라 일어나기가 귀찮다. 침낭이나 전기장판이 생각난다. 6박을 묵고 있는 레이크뷰호텔은 하루 1,200루피로 메인 가트의 게스트하우스들보다 비싼 편이다. 가장 좋다는 킹룸 발코니이지만 방의 상태나 서비스의 수준이 매우 낮은 편이다. 체크인, 이것으로 끝이다. 룸서비스는 기대할 수도 없다. 시트와 화장실은 깨끗하지 않지만, 안의 500루피 숙소에 비하면 1,200루피가 아깝지 않을 정도로 상태가 좋은 편이다.

소가 길을 막고 있는 골목길의 스트레스, 여행객들의 소음으로 방해받지 않으면서 바라나시에서 지내고 싶으면 충분히 좋은 위치다. 아씨가트는 다샤스와메드가트처럼 사람들이 많이 모이는 매우 유명한 곳으로, 호텔에서 걸어서 5분이면 충분하다. 바라나시 가트의 시작점이기에 메인 가트 쪽으로 걸어가면서 사람들을 보는 재미도 쏠쏠하다.

◎ 새로운 시작, 마카르산크란티축제(Makar Sakranti)

14일인 오늘부터 이틀 동안 인도에서 매우 중요한 축제인 마카르산크란티(Makar sakranti)라는 새로운 시작을 알리는 축제가 열린다.

힌두교도들이 성스럽고 신성하게 여기는 그들의 어머니의 강 갠지스강(Ganges River)에서 목욕하고 연을 날리며 이날을 축하한다. 추석처럼 수확이 완료된 것을 축하하는 농민의 축제이기 때문에 오늘부터 겨울이다.

축제를 볼 수 있다는 기쁨에 아침을 거른 채 아씨가트로 갔다. 두르가 여신이 악마 슘바(Shumbha)를 죽인 뒤 강에 칼을 던졌다는 장소가 갠지스강과 아씨강이 합쳐지는 아씨가트라고 한다.

아씨가트는 바라나시에서 가장 남쪽에 있는 가트로서 근처의 힌두대학 때문에 찾아오는 사람은 대부분이 장기 체류자 유학생·연구자·관광객인 것으로 알려져 있다.

바라나시의 아씨가트로 가는 길, 더러운 인도지만 새벽부터 청소하는 사람들이 있다

아씨가트에 가면 제일 먼저 보이는 것이 보리수나무이다. 올 때마

아씨가트의 보리수나무 시바의 남근상에서 치성을 드리는 여인

아씨가트에서 돌락을 연주하며 구슬프게 노래하는 눈먼 이

다 여인들은 시바의 남근상이 있는 커다란 이 나무 밑에서 치성을 드린다. 오늘도 역시 형형색색의 사리를 입은 여인들이 나무를 둘러싸고 있다. 보리수나무 뒤편에는 눈먼 장애인이 인도 드럼인 돌락(Dholak)을 연주하며 구슬프게 노래하고 있다. 안타까움에 전율이 인다.

[슬럼독 밀리어네어]에서 강제로 폭력조직에 의해 눈에 쇳물이 부어져 눈을 멀게 된 채 앵벌이를 해야만 했던 소년 알빈드가 생각난다. 자말처럼 벤자민이 그려진 100달러를 주지 않았지만, 간디가 그려진 100루피와 몇 개의 동전을 그의 깡통에 넣어 주었다.

바라나시에는 인도의 모든 걸인이 모여 있는 것처럼 많다.

작년 12월 딸의 결혼식으로 천억을 사용한 것으로 추정되는 갑부 암바니의 경우를 생각해보면 인도에서 빈곤층의 많은 이유는 부의 불평등에서 기인한다고 본다. 그러다 보니 인도의 부자들은 오늘의 마카르산크란티축제처럼 특별한 날이 되면 음식이나 돈을 나누어준다. 조금 전부터 바나라스하벨리호텔(Hotel Banaras Haveli)의 사장 판데이(Pandey)씨가 직원들과 함께 그의 호텔부터 아씨가트까지 양쪽으로 펼쳐져 있는 수십 명의 걸인에게 음식을 나누어주고 있다. 인도에서나 볼 수 있는 흔치 않은 광경이다.

아씨가트는 다른 곳보다 넓으며 가트도 강의 모양처럼 휘어져 있고 넓은 모래밭에는 사람들로 가득 차 있다. 인도에 오면 호객꾼이 많다고 하지만 최소한 오늘의 여기는 아니다. 이방인과 친해지고 싶은 이들이 말을 걸지만 아무도 내 주머니의 루피를 노리지는 않는다. 오늘은 다른 날보다 사람들이 많다. 성스러운 날이기 때문에 추운 날씨임에도 어린아이들조차 갠지스에 몸을 담그고 태양의 기를 많이 받으려고 한다.

머리를 빡빡 밀은 형제, 윗옷을 입지 않은 채 아빠 옷을 먼저 챙기는 열 살쯤 되어 보이는 여자아이, 단체로 목욕하는 중년들, 사진 찍어 달라고 재촉하는 개구쟁이 형제들도 모두 따뜻한 얼굴로 나를 맞이한다. 날씨는 비록 춥지만, 갠지스에 몸을 담그는 것이 그들에게는 행복인 듯 보인다. 보고 있는 나도 마음이 훈훈하다.

　아씨가트는 갠지스 보트 투어의 시작이라 그런지 많은 배가 모여 있다. 다큐멘터리 TV 프로그램처럼 노 젓는 노인의 배를 탔다고 생각했지만, 노인은 끈을 당겨 모터의 시동을 건다. 관광객을 실은 호화로운 배들이 여러 척 보이고, 여기저기에서 사람들이 갠지스강에 몸을 담그고 있는 평화롭고 흥미로운 아침이다.

　다샤스와메드가트 앞에서 배를 돌려 아씨가트로 돌아오는 내내 조금도 변화가 없는 노인의 표정에서 아침의 갠지스강 분위기가 좀 더 진지해 보인다. 내린 다음에 알게 된 노인의 나이는 93세로 이곳에서 가장 오래된 뱃사공 벳나쓰만지라고 한다. 반백 년도 훨씬 넘었을 경력의 베테랑 사공에게 낸 돈은 단지 500루피이었다.

바라나시에서 가장 오래된 뱃사공 벳나쓰만지

◉ 천국으로 가는 길, 바라나시가트(Varanasi Ghat)

　5,000년 전 인더스 문명을 꽃피웠던 아리아인은 2,700년 전에 바라나시로 옮겨와서 강과 태양이 빛난다는 뜻인 '카시'로 불렀으며, BC 6

바라나시의 마카르산크란티축제, 날씨는 비록 춥지만, 갠지스에 몸을 담그는 것이 그들의 일상이다

바라나시의 마카르산크란티축제,
아빠 옷을 먼저 챙기는 여자 아이가
대견스럽다

그냥 한 번쯤은 인도

세기경에 카시 왕국의 수도로 번성하였다. 11세기부터 이슬람의 지배로 힌두사원이 많이 파괴되었지만, 연간 100만 명의 순례자들이 전생과 이생에 쌓은 업이 씻겨 내려가길 기원하기 위해 죽어서라도 찾는 곳이다.

바라나시가트는 갠지스강 서쪽 6km에 걸쳐 만들어진 85개의 돌계단으로, 대부분 마라타왕국(1674~1818)이 통치하던 시기에 왕들에 의해 건설되었다.

힌디어 시인인 문시(Munshi Premchand)의 이름을 딴 문시가트, 람차르트마나스의 저자 툴시다스(Tulsidas)의 이름을 딴 툴시가트처럼 바라나시에서 유명한 인물의 이름으로 가트를 이름을 짓기도 했다.

하지만 흔히 가트 이름은 바라나시의 전설과 관련이 있다고 한다. 그중에서도 인도인들은 바라나시에서 꼭 보아야 할 오래되고 중요한 가트는 아씨가트와 함께 하리쉬찬드라(harishchandra)가트, 다샤스와메드(Dashashwamedh)가트, 마니카르니카(Manikarnika)가트라고 한다.

그들의 성스러운 어머니의 강 강가(갠지스)에서 목욕하면 모든 업이 씻겨나가고, 강물에 유해를 흘려보내면 윤회를 끊고 극락에 갈 수 있다고 믿기 때문에 살아서는 목욕을 하고, 죽어서는 화장을 한다. 그래서 가트는 목욕하는 장소, 또는 화장터를 의미한다.

사두라 불리는 주황색 옷을 입은 수행자, 목욕하는 힌두교 신자, 코브라꾼, 노래하는 남매, 까이(연)를 파는 거지 아이들, 마리화나를 권유하는 젊은 남자들, 빨래하고 설거지하고 소들을 목욕시키는 이들이 이곳의 터줏대감이다.

사진을 찍었더니 돈을 요구해서 기분이 나빴다는 여행 후기도 있

85

지만, 이미 그들이 돈을 위해 카메라 앞에 섰다는 것을 알기에 상황에 따라 20~50루피를 지급하며 바라나시의 좋은 기억을 스마트폰에 담으려고 했다. 모델료를 주는 것이 타당하다.

◎ 진실·자선의 상징, 하리쉬찬드라가트(Harishchandra Ghat)

하리쉬찬드라가트는 진실과 자선의 상징으로 많은 영화의 대상이 되어 온 신화 속의 하리쉬 찬드라 왕에게 경의를 표하기 위해 지어졌다고 한다. 정직한 왕이었던 그는 현자 비슈와미트라(Vishwamitra)의 명상을 방해한 죄책감으로 그에게 세 가지를 약속했다.

첫 번째 요구로 왕국을 포기하고 바라나시에 왔고, 두 번째 요구로 아내와 아들을 팔았으며, 세 번째 요구로 화장터의 노예가 되었다.

아내는 뱀에게 물려 죽은 아들을 화장하려 했지만, 그는 요금을 지급하지 않으면 화장할 수 없다고 말하며 아들의 화장을 거부한다. 이런 진실성으로 그는 천국에 갈 수 있었으며, 나중에 이를 알게 된 브라흐마(Brahma)가 그의 결심, 의로움과 진실성을 위해 잃어버린 왕좌와 죽은 아들을 회복시켰다고 전해진다. 그래서 하리쉬찬드라가트에서 화장하면 신에게 구원을 받을 수 있다고 믿어지기 때문에 힌두교인에게 이곳은 인생의 최종 목적지가 되는 것이다.

하리쉬찬드라가트는 시신을 화장하는 버닝가트(Burning Ghat)로서, 약 25구 정도의 시신을 화장하는 마니카르니카가트보다 작은 편이다. 위쪽에는 갠지스강의 오염을 막기 위해 전기 화장터를 만들었지만 사용하는 이는 거의 없다고 한다. 오늘은 예닐곱 구의 시신이 타고 있다. 어제도 왔던 곳이라 그냥 스쳐 지나가다 멀찍한 곳에서 쳐다보고 있으니 한 인도인이 버닝가트의 사진을 찍어준다며 돈을 요구한다. 어이가 없지만, 그의 처지에서는 정신보다도 물질이 더 중요한 듯 싶다. 사진이 필요치 않다고 말하며 또 다른 버닝가트인 마니카르니카가트로 발길을 잡았다.

◎ 가트의 중심, 다샤스와메드가트(Dashashwamedh Ghat)

다샤스와메드가트는 매일 밤 어두워지면 많은 순례자와 관광객이 모인 가운데 '파괴의 신' 시바(Shiva), '갠지스강 여신' 강가마(Ganga Ma), '태양의 신' 수리아(Surya), '불의 신' 아그니(Agni)와 '우주를 경배하는 의식'인 아르티푸자(Arti Puja·Agni Pooja)가 열리는 종교적인 장소이다.

브라흐마가 시바를 위해 가트를 만들면서 열 마리를 말을 희생시켰다는 전설이 있다. 다샤스와메드는 '희생된 10마리 말(dash: 10·ashwa: 말·medh: 희생)'을 의미한다.

메인가트라고 불리듯이 다른 곳과 비교해 관광객과 장사꾼이 많고 강변에는 보트들로 가득하다. 신을 경배하고 소원을 빌기 위해 디아를 사는 사람, 일생의 잘못을 씻기 위해 목욕하는 사람, 양치하는 사람, 설거지하는 사람, 빨래하는 사람, 그리고 그들을 카메라에 담는 관광객들이 보인다.

갠지스의 물을 마시면 수년간 쌓아온 나쁜 업이 사라진다고 하여 집으로 강물을 가지고 갈 물통을 팔고 있고, 거지들은 동냥을 원하고 뱃사공들은 치열하게 호객행위를 한다.

덩치 좋은 마사지 꾼이 악수를 청하며 마사지를 권유한다. 마사지를 좋아하기는 하지만 사람들이 많은 곳에서 시선을 받으면서 받고 싶은 생각이 전혀 없어 뿌리치려고 하니 손을 놓아주지 않는다. 인터넷을 통해 이미 마사지 꾼들이 많다는 것을 알고 왔지만, 그의 행동에 기분이 나빠 손목을 비틀어 그의 손에서 빠져 나왔다. 손목을 안으로 비틀어 돌려 상대방의 팔목을 잡고 시계방향으로 다시 돌리면 공격하는 형태를 취하기 때문에 쉽게 해결할 수 있다. 다시 잡은 손에서 또 쉽게 빠져나오니 어쩔 수 없이 포기한다. 푸자를 보기 위해 다시 올 생각에 바로 마니카르니카가트로 발걸음을 옮겼다.

◎ 해탈 향한 버닝 가트, 마니카르니카가트(Manikarnika Ghat)

마니카르니카가트는 힌두인들만 화장할 수 있는 가장 성스러운 장소이다.

이곳에는 비슈누가 파놓은 구덩이에 시바의 귀걸이가 빠졌다는 전설이 깃들어 있다. 시바의 부인 파르바티가 귀걸이를 숨기고 시바에게 찾아달라고 했다. 그러자 땅을 파며 찾으면 시바의 땀이 흘러 고인 곳이 가트 위쪽에 있는 우물인데 이곳이 바로 '마니카르니카쿤드(Manikarnika Kund)'라고 한다. 시바와 관련이 있다 보니 인도인들은 여기에서 화장하는 사람은 해탈할 수 있다고 믿는다. 참고로 불교와 힌두교에서는 '번뇌로 가득 찬 세상에 다시 태어나지 않은 것'을 해탈이라고 한다.

인부들은 들것을 만들어 천에 싸인 시신을 들고, "람람싸데헤(Ram nam satya hai)!"를 반복적으로 외치며 좁은 골목길을 지나 이곳 화장터까지 옮긴다. 그들은 라마의 이름이 낭송될 때 영혼은 윤회의 바퀴에서 벗어난다고 믿기에, 죽은 자를 위해 '유일한 진리가 다름 아닌 라마 신'이라는 뜻의 "람람 싸데헤"를 외치면서 명복을 빈다. 라마는 모든 것을 알고 있으므로 살아 있는 동안 항상 서로 도와야 하며 아무에게도 나쁜 짓을 해서는 안 된다고 믿는다.

15구 정도의 시신들이 이곳저곳에서 불타고 있다. 화장터는 뜨거운 열기와 매캐한 연기로 가득 차 있지만, 시신이 타는 불쾌한 냄새는 느껴지지 않는다. 유족들은 애처로운 눈빛으로 아무 말 없이 시선을 고정한 채 불타는 시신을 쳐다보고 있다.

그러나 관광객들은 모든 게 신기하다는 눈빛으로 여기저기를 기웃거린다. 시신을 덮었던 노란색·주황색, 그리고 현란한 천들과 망가진 버린 알록달록한 꽃들, 타버린 재와 쌓인 장작더미, 버려진 대나무들이 어지럽게 흩어진 사이로 인부들은 바삐 움직인다. 몇 마리 소들은 사람들 사이에서 어슬렁거리고, 개들은 타다 남은 시신을 뜯어 먹기 위해 사람들의 눈치를 살짝살짝 보면서 바삐 돌아다닌다. 작대기로 힘껏 패서 쫓아내고 싶지만 아무도 개들에게 신경을 쓰지 않는다.

가트 앞 유람선에는 카메라를 들고 있는 관광객들이 많이 보인다. 육신의 영혼이 빠져나올 수 없으므로 화장터에서 사진을 찍으면 안 된다는 말을 여러 차례 들어왔다. 이방인들이 자기의 아버지·어머니가 불타는 모습을 찍으려고 자꾸 카메라를 들이댄다면 어느 가족이 그것을 용납할 수 있을까.

하지만, 돈을 주면 사진을 찍어주겠다는 인도인도 만났고, 통제하기 어려운 유람선에서는 마음껏 사진을 찍을 수 있는 것으로 보아, 육지의 관광객에게만 해당하는 규정인 듯하다. 하지만, 망자를 위한 예의를 표하고자 사진을 찍지 않고 그 순간의 느낌을 마음으로만 담아 가고자 유심히 그 광경을 살펴본다.

방금 들어온 주황색의 화려한 천으로 덮여 있는 시신이 강변으로 옮겨지고 머리와 가슴에 갠지스 물이 뿌려진다. 흰옷을 입고 동전 크기의 뒷머리만 조금 남기고 머리를 승려처럼 깨끗이 면도한 장남이 강에서 몸을 씻는다. 업을 머리카락에 담고 있으므로 머리를 밀어야 하지만, 완전히 업을 없앨 수는 없으므로 조금 남겨야 한다. 시신을 덮었던 천을 벗겨내고 흰색 수의에 싸여 있는 시신을 장작더미에 올린 후에 아들은 화장터 위에 있는 3,000년 이상 꺼지지 않았다는 조드리 가문의 신성한 불씨 '아그니(Agni)'를 사 와서 지핀다.

하얀 연기가 장작불 위로 피어오른다. 영혼은 연기 속으로 윤회의 고리에서 벗어나 천국으로 올라간다. 불타는 장작더미에서 검게 타고 있는 육신이 보이지만 사진에서 봐왔듯이 참혹하거나 혐오스럽지 않다. 그저 덤덤하고 씁쓸할 뿐이다. 한쪽에서는 인부가 작대기로 불타는 장작을 뒤적거린다. 다른 한쪽에서는 잿더미를 갠지스강에 흘려보내고 있다. 그들의 소원대로 윤회의 수레바퀴를 끊고 해탈하기를 기원해본다.

힌두교 신자라면 누구나 이곳에서 화장되기를 바라지만, 수행자·아이·임산부·뱀에 물린 자와 병든 자는 화장하지 않는다고 한다.

수행자는 돌볼 가족이 없고, 아이와 임산부의 시신은 영혼이 순수하며, 시바의 상징이 뱀이기에 뱀에게 물린 자는 시바에게 선택된 것이고, 병든 자는 타는 냄새가 역하므로 그들은 그냥 갠지스에 수장한다고 한다.

화장터에서는 관광객 외에는 여자는 볼 수 없다. 며칠 전 들었던 철수 씨의 설명에 따르면 망자를 기쁜 마음으로 보내야 하는데 여자들의 슬픈 울음이 방해된다고 한다. 어려서부터 우리나라 전통 장례를 보아 왔기에 상황이 이해되지만, 여자가 참석할 수 없는 가장 큰 이유는 인도에 만연해 있는 '남존여비(男尊女卑)'의 사상일 것이라 짐작해본다.

화장을 지켜보려면 돈을 내야 한다고 협박하거나 가난한 이들을 위해 기부를 강요하는 이들이 있다는 말이 있어 호기심에 내심 그들과 만나고 싶었다. 그러나 내게 말을 건네는 이는 마리화나가 필요하냐고 물어보는 건방진 젊은이들뿐이다. 인도에 오기 전에는 바라나시 화장터 문화가 가장 독특해 호기심이 떠나지 않았으나 몇 번을 오다 보니 힌두교 신자가 된 듯 그저 일상처럼 느껴진다.

　가트 위 건물에서 꺼지지 않는 불씨 아그니를 본 후 파르바티의 숨겨진 귀걸이를 찾으려 마니카르니카쿤드 쪽으로 발걸음을 옮겼다. 길 양쪽에는 두꺼운 장작들이 2층 이상의 건물 높이로 쌓여있고 상인들은 커다란 저울에 장작을 올리며 손님들과 거래를 하고 있다. 나무가 어찌나 두껍고 단단한지 도끼가 아닌 쇠정과 큰 망치를 이용하여 빠개고 있는 노동자가 힘겹게 보인다. 먹고 살기 바빠서 그런지 쿤드는 이름만 성지일 뿐 바짝 마른 더러운 계단식의 연못에 불과하다.

바라나시 마니카르니카가트에서 쇠정과 큰 망치를 이용하여 장작을 빠개고 있는 노동자

◎ 가장 신성하고 존경받는 갠지스강(Ganges River)

　신디아(Scindia)가트에서 수행자에게 살짝 20루피를 건네주고 근처에 앉으니 가까이 와서 모닥불을 쬐라고 손짓을 한다. 마리화나를 피는 그의 옆에 앉아 가만히 함께 갠지스를 바라본다.

신디아가트에서 목욕하는 중년 남성들, 바라나시의 갠지스강에서 목욕은 그들의 삶의 일부이다

바라나시 가트에는 힌두교 사제라는 주황색 옷을 입은 사두라고 불리는 이들이 많이 보이는데, 대부분은 현란한 옷차림으로 관광객에게 사진값을 요구한다. 일부는 그들을 가짜 사두라고 하지만 가트에 앉아 있는 그 자체가 누구나 쉽게 도전할 수 없는 고행으로 보인다.

팬티만을 입은 채 몸을 씻고 있는 예닐곱 명의 중년 남자를 바라보면서 무슨 연고로 저들이 갠지스의 강물로 이끌리는지를 생각해본다.

갠지스강은 세계에서 가장 신성하고 존경받는 자연이다. 거대한 히말라야산맥에서 출발한 이 강물은 벵골만에 이르기까지 수천만 사람들의 삶을 풍부하게 해주기에 '어머니의 강'으로 불릴 만하다. 시바 신화처럼 다양한 이야기들이 그 강줄기에 깃들어 있다.

하지만 그들이 목욕하는 갠지스강은 생활하수·유독성 폐기물과 타다만 시체 등 온갖 더러운 물질들이 섞여 있는 세계에서 가장 더러운 강으로 알려져 있다. 수천 년의 시간 속에서 변하지 않고 계속되는 그들의 행위는 우리의 눈으로 재단할 수 없는 독특한 그들의 삶의 일부라는 것을 이해할 수는 있으나, 그들의 사상에 도저히 동의할 수 없고 그 신의 존재가 믿기지도 않는다.

하지만 기독교에서도 성수란 이름의 물로 사람을 축복하고 세례를 하는 것을 보면 이들의 행위는 단지 신을 믿는 방법의 차이일 뿐이다.

참을성 있는 어머니처럼 갠지스강은 마음·몸·영혼에 의해 저질러진 모든 죄를 흡수한다고 믿는 그들에게는 눈에 보이는 더러움보다는 강을 숭배함으로써 얻을 수 있는 정신적 이익이 훨씬 더 크다고 보는 듯하다. 그래서 그들은 매일 아침이면 갠지스강에 몸을 담근다.

난 그들의 삶이 옳은지 그른지를 판단할 수 없고 그럴 필요도 없다. 단지 여행자로서 오랜 세월 동안 이어지고 있는 독특한 삶의 문화를 지닌 바라나시의 매력을 즐기는 것으로 충분하다.

출출하다. 아르티푸자를 보기 전에 라씨와 저녁을 먹겠다는 생각에 가트 안쪽으로 들어갔다. 가끔 소들로 막혀 있는 바라나시의 골목길은 미로처럼 복잡하고 놀랍도록 구불구불하다. 방심하면 물컹한 지뢰를 밟을 수도 있다. 비록 어제는 구글의 도움으로 탈출했지만, 오늘은 두 번째라 길 찾기가 좀 쉬울 줄 알았는데 목적지를 찾을 수 없다.

그렇게 겨우 찾아간 바바라씨는 영업이 끝났다고 한다. 한국인에게 매우 유명하여 그 맛을 보기 위해 어제보다도 좀 이른 시간에 왔지만 먹을 수 없어 아쉽다. 한국인 청년들이 바바라씨에서 마약이 들어 있는 노란색 '방라씨'를 먹는다는 이야기가 귀동냥으로 들린다. 단순히 호기심이겠지만 바라나시는 그러한 일탈의 공간이 아니다.

다샤스와메드카트 앞에서 아르티푸자에 참여하는 힌두인과 관광객들이 진지하다

◎ 신을 위한 불(火) 의식, 아르티푸자(Arti Puja·Agni Pooja)

　다시 찾은 다샤스와메드가트는 우리의 굿판처럼 혼을 놓게 할 것 같은 반복되는 단순한 리듬의 종소리가 끊임없이 울려 퍼진다. 인도 버터 '기(Ghee)'로 밝혀지는 놋쇠 램프 앞에서 부르는 젊은 힌두교 사제의 노래에 맞춰 수백 명의 남녀노소가 호응하는 매우 매력적인 불의 의식 '아르티(아그니)푸자'가 한창이다.
　가트의 관람석은 이미 발 디딜 틈 없이 꽉 차 있고, 강변의 보트에도 먼 곳에서 순례를 온 듯한 신자와 관광객으로 가득하다. 강렬하고

다샤스와메트가트의 관람석은 이미 발 디딜 틈 없이 꽉 차 있다

이색적인 모습에 외국인의 카메라 플래시가 연신 터진다. 사제들은 등불을 켜며 매우 정형화된 동작과 함께 노래를 부르고, 관중들은 노래에 맞춰 손뼉을 치며 함께 신을 경배한다.

아르티(아그니·불)가 제공될 때마다 신을 찬양하는 노래를 부르는 의식을 통해 힌두교 신자들은 영적으로 하나가 된다.

의식이 끝나면 관중들은 신상에 경배하고 작은 불꽃 디아에 소원을 담아 갠지스에 흘려보낸다. 커다란 욕심을 바라지 않고 일상적인 현실에 행복해한다. 집단 최면 같은 의식이 내게는 눈요기나 사진 촬

디아에 소원을 담아 본다

영웅에 불과하지만, 옆에 앉은 가족의 진지한 표정을 보면 그런 생각들이 부끄러워진다. 마지막 의식을 마치고 사제에게 받아먹은 흰색의 작은 조각들은 인도의 디저트, 설탕이었다. 신을 경배하는 것은 달콤한 것인가.

호텔로 갈 시간이다. 가트를 따라 30여 분 걸어가도 되지만 바라나시 골목길을 다시 보고 싶어 다시 미로 속으로 들어간다. 깃발을 앞세우고 중국인 관광객이 지나간다. 원하지는 않았지만 좁은 골목길이라 중국인이 되어버린다. 중국인으로 오해받기 싫어 시끄러운 타악기 소리가 울려 퍼지는 시바 사원 앞에서 잠시 멈췄다.

골목길에서는 갈색 제복의 경찰들을 쉽게 볼 수 있다. 2006년 3월, 이슬람의 폭탄테러 이후 사람들이 많이 모이는 중요한 사원 앞에는 경찰들이 24시간 경계한다. 사원 앞에도 여섯 명의 경찰이 장총을 소지한 채 앉아 있다. 사원의 입구를 기웃거리는 나에게 그들은 의자를 권하며 쉬라고 한다. 아무런 조건이 없다. 그냥 이방인에게 친절을 베푸는 것뿐이었다.

긴 하루다. "바라나시를 보았다면 인도를 다 보았다"는 말처럼 가장 인도적인 풍경을 담고 있는 이곳에서 본 것도 많고, 들은 것도 많고, 느낀 것은 조금 더 많은 하루였다. 여기는 삶과 죽음이 공존하는 힌두교의 성지, 바라나시이다.

마니카르니카가트에서 마니카르니카쿤드 쪽으로 가는 골목 풍경

다샤스와메트가트의 아르티푸자에서 사제들은 등불을 켜며 정형화된 동작과 함께 노래를 부른다

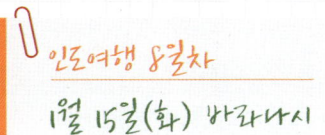

친절한 인도 청년,
마양크

일정

아씨가트 — 람나가르요새 — 아씨가트

벌써 엿새를 머무르다 보니 이제는 바라나시에 대한 흥미가 떨어져 일찌감치 호텔 밖으로 나가기 싫다. 24시간 울려 퍼지는 힌두교 사원의 노래를 들으며 내일 카주라호를 가기 위해 느긋하게 몇 가지 빨래를 한다. 다이소에서 구입한 천 원짜리 빨랫줄이 요긴하다. 1m의 꽈배기처럼 꼬아져 있는 고무줄 사이로 가벼운 빨래를 끼워 넣을 수 있다.

전화벨이 울린다. 단골로 가는 레스토랑의 웨이터 마양크다. 바라나시에 오던 첫날부터 알게 된 그와 매일 만나는 사이가 되었다. 어제 마사지숍을 알려달라고 했는데 그것 때문에 전화한 모양이다.
그가 기다리는 아씨 가트에 가니 오늘도 마카르산크란티 축제 기간이라 혼잡하다. 한국인 아저씨들이 여럿이 지난다. 모자를 눌러쓰고 마스크 위에 눈만 보이는 60대 부부도 틀림없이 한국인이다. 낯선 곳에서 서로를 의지하며 여기저기를 탐색하는 모습이 얼마 뒤의 나의 데자뷔로 보인다. 그때도 거울 속의 모습만 달라져 있을 뿐 이곳은 변해 있지 않을 것 같다.
마양크는 출근 시간 전에 여유가 있어 아씨 가트 주변을 안내해 주고 싶어 전화했다고 한다. 노점에서 짜이를 한 잔 건넨다. 토기에 담겨 있는 짜이가 은근히 맛있다. 파하르간지의 그 맛과 확연히 다르다.

◎ 다시 만난 모힛과 무례한 이스라엘인

짜이를 마시다가 모힛을 우연히 만났다. 두 명의 이스라엘 남자를 안내하기 위해 기다리던 중이라고 한다. 커다란 망원렌즈가 달린 DSLR 카메라를 두 개씩이나 들고 있는 큰 키에 덩치가 엄청나게 좋은 30대와 40대 남자이다.
모힛은 며칠 전 밤에 방문하였던 브라만학교를 다시 방문하고 싶다는 내 부탁을 기억하고 그곳으로 이들과 함께 가자고 한다.
마양크에게 기다려 달라고 부탁하고 그들과 브라만학교까지 동행했다. 이스라엘인에게 안내비를 물어보니 100루피라고 한다. 고작 100루피로 어린 노동력을 사려는 거다. 20일을 사진 찍으러 왔다는 그들의 태도는 매우 고압적이다. 덩치가 커서 그냥 말해도 무서울 텐데 어린 가이드에게 인상을 쓰며 명령을 한다. 구걸하는 걸인은 외면하면서 사냥감을 찾는 하이에나처럼 그들의 카메라는 포획하고 싶은 먹이만을 노린다. 그들은 브라만학교에 가던 중에 힌두교 사원에 들어갔다. 무례할까 조심스러워 밖에서 기다리는 데 그들은 사원의 사람들이 싫다고 분명하게 의사를 밝히는 데도 계속하여 얼굴을 향해 그 큰 카메라를 들이댄다. 그들과 생활방식이 좀 다를 뿐인데 인도인이 기념품으로 전락하고 있는 광경에 작은 분노가 솟구친다.

 나 역시 스마트폰에 흥미로운 사진을 담았지만, 이는 서로 합의하고 적절한 값을 모델료로 낸 결과물이다. 더는 그들과 짧은 시간이라도 함께 하고 싶지 않아 마양크가 기다리는 아씨 가트로 발을 돌렸다. 이스라엘에 박해받고 학살당하는 팔레스타인의 무고한 사람들이 떠오른다.

◎ 아름다운 강변 고성, 람나가르요새(Ramnagar Fort)

마양크가 방문하기를 추천하는 갠지스강 건너편에 있는 람나가르요새를 향해 릭샤를 탔다. 자신의 오토바이로 가자고 했으나 지금은 웨이터가 아니라 친구이기에 그럴 수 없다고 말하는 내 뜻을 이해했다. 릭샤 왈라는 외국인에게 300루피부터 호객하지만, 현지인과 함께하니 120루피에 갈 수 있었다.

바라나시의 람나가르요새는 입장료가 아깝지 않다

30분쯤 걸려 도착한 람나가르요새 앞에서 마양크는 맛집이라며 라

101

바라나시의 갠지스 강변 람나가르요새

씨를 사준다. 30루피자리 라씨는 그가 일하는 레스토랑의 100루피짜리보다 더 맛있다고 하니 그도 인정한다.

람나가르요새는 1750년 갠지스강 옆에 만들어진 궁전이다. 요새는 낡았지만, 사암으로 만들어진 무굴 시대의 섬세한 건축물은 흡사 나무로 정밀하게 가공된 듯하다. 박물관으로 사용되고 있는 건물 일부분에는 총포류·자동차와 마하라자(왕)들의 초상화와 시계 등이 전시되어 있다. 특히 정교하게 만들어진 구식 총에 새겨진 섬세한 문양은 국립박물관에 전시해도 될 만큼 훌륭한 예술품이다.

지금은 1971년에 왕권이 폐지된 바라나시왕이 비공개된 구역에서 살고 있다고 한다. 200루피 입장료가 아깝지 않은 훌륭하고 아름다운 성채이다. 바라나시를 찾는 이들이 이곳도 한 번 오기를 바라는 마음이다. 내가 운이 좋은 모양이다.

◎ 다시 만난 아이, 이라싸우

30루피에 지나가는 릭샤를 타고 아씨 가트에 왔다. 하늘에는 아침보다도 까이(연)가 더 많아 보인다.

마양크는 좋아하는 음식이라며 사모사(Samosa)와 알루파코다(Aulu Pakoda)를 사서 권하지만 내키지 않는다. 인증 사진을 찍고 버릴까 하다 며칠 전에 보았던 귀여운 아이가 생각났다.

아씨 가트의 보리수나무 밑에서 두리번거리니 맨발로 뛰어다니면서 떨어지는 연을 줍는 아이가 보였다. 주운 연을 관광객들에게 10루피에 팔 수 있으므로 남자아이들은 치열하게 쟁탈전을 벌인다. 나를 알아본 이라싸우는 웃으며 다가온다. 음식을 꺼내 물과 함께 주니 입과 눈이 커다랗게 변한다. 더러운 손을 쪽쪽 빨아가면서 친구들과 정말 맛있게 먹는다. 요란하게 준 것이 아님에도 여럿이 이 장면을 보고 있었다는 것을 나만 모르고 있었다. 몇몇 행상들과 눈이 마주치자 그들은 따뜻한 미소를 내게 주고, 옆에 앉아 있던 인도 아가씨들이 말을 걸어오며, 뒤에 앉아 있던 수행자는 어디에서 왔냐고 물어본다. 갑자기 착한 사람이 되어버렸다.

바라나시 아씨가트 강변의 팔자 좋은 우공들

이것이 천 원의 행복인가.

제3장 카주라호 Khajuraho

해탈을 위한 쾌락, 에로틱 시티
카주라호

- 2019년 1월 16일~1월 18일 -

그냥 한 번쯤은 인도

카일라스산을 표현한 칸다리야 마하데바사원(왼쪽)과 자가담비사원(오른쪽)

인도여행 9일차
1월 16일(수) 카주라호

태극기를 게양하다

일정

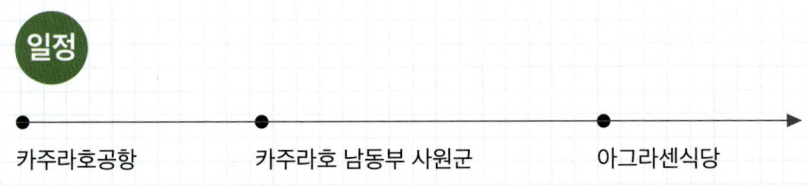

카주라호공항 — 카주라호 남동부 사원군 — 아그라센식당

특별히 한 것도 없는데도 일주일이 금방 지나갔다. 바라나시는 죽으러 오는 도시, 그 죽음을 구경하러 오는 매우 흥미로운 도시였다.

올라를 타고 약 1시간 걸려 바라나시 공항에 도착하였다. 국제공항이라고 하지만 규모가 작아 탑승 수속이 오래 걸리지 않는다. 카주라호로 가는 60대 초반의 패키지 관광팀을 만났다. 고맙게도 우리나라의 어학원에서 공부했다는 투어가이드가 만든 8가지 한식 반찬이 딸린 완두콩밥 도시락을 주었다. 맛있다. 스님들의 공양 그릇처럼 순식간에 싹싹 비웠다. 밥 다운 밥을 오랜만에 먹었다.

　두 달 전에 구매한 45,000원짜리 비행기 표 덕분에 12시간 기차를 타지 않고 카주라호에 편하게 올 수 있었다. 고작 35분 비행이다. 시내로 들어가는 길은 매우 한산하다. 델리나 바라나시의 더러움이나 복잡함은 찾을 수 없고 바람도 상쾌하다.

　호텔에서 150루피에 제공하는 릭샤 픽업 서비스를 이용하여 10여 분에 만에 도착한 마블호텔(Marble Hotel)은 매우 맘에 드는 숙소이다. 하루 1,100루피에 불과하지만, 손님을 대하는 태도와 숙소의 정갈함은 델리의 3성급 호텔보다 훌륭하다. 바닥과 탁자는 흰 대리석이며 가구는 고풍스럽다. 삶의 연륜이 느껴지는 백발의 노인이 카운터에서 겸손하게 맞이하면서 자세하게 방을 설명하고 숙박부를 함께 작성한다. 바라나시에서는 추웠는데 담요가 하나 더 필요하냐는 질문이 고맙다.

　300루피에 남동부 사원군을 안내받기로 하고 나라얀(Narayan)이 먹는 점심이 궁금하여 따라나선다.

　숙소에서 50m 정도 떨어진 2층에 자리 잡은 아그라센(Agrasen Restaurant)이라는 로컬 식당이다. 낡아 보이지만 나름 깨끗하며, 직원들은 성실해 보이고 얼굴에는 미소가 많다. 맥주를 한 잔 마시면서 투어 가이드 나라얀이 먹는 파파덤(papadum)을 먹어 본다. 쌀로 만들어 화덕에 굽거나 기름에 튀기는 얇고 둥근 음식이다. 맥주 안주로 충분하다. 공갈빵처럼 부풀다가 납작해지는 짜파티는

카주라호의 짜파티

따뜻하다.

식당 테라스에 나오니 한쪽에 걸려 있는 일장기가 눈에 거슬린다. 태극기는 어디 있냐는 질문에 태극기에 대해 알려 달라고 한다. 인터넷으로 확인시켜 주니 저녁에 오면 그때까지 만들어서 게양해 놓겠다고 하며 흔치 않은 한국인 손님의 방문을 고마워한다. 저녁까지 만들어 놓지 않으면 한 병에 300루피 되는 두 병의 맥주를 무료로 제공하겠다는 약속을 듣고 투어 가이드의 스쿠터 뒤에 타고 사원으로 출발했다.

파파덤은 맥주 안주로 충분하다

◎ 자이나교와 힌두교 사원, 카주라호 남동부 사원군

남동부 사원군은 자이나교 사원과 힌두교 사원으로 구성되어 있다. 먼저 방문한 자이나교 사원(Bhagwan Parshwanath Jain Mandir) 조각들은 실로 굉장하다. 엄청나게 섬세하고 예술적이라 글로 표현하기 어렵다.

눈으로 보고 가슴으로만 느껴야지, 사진이나 타인의 글로는 이해할 수 없다. 사원에 대해 안내해 주겠다는 청년들을 가볍게 따돌리고 자이나교 사원에 들어서니 노인이 100루피에 사원을 설명해주겠다고 한다. 50루피에 합의하고

카주라호의 '불살생(不殺生)' 원칙은 자이나교의 핵심이라 벗고 다닌다

그냥 한 번쯤은 인도

카주라호 남동부 사원군의 자이나교사원

잠깐 설명을 듣는다. 그냥 불쌍해 보여 응했을 뿐 돈이 아깝고 설명이 필요 없다.

입구의 노인은 돈을 더 내면 사원 전체를 찍을 수 있는 통제구역에 입장하게 해 주겠다고 한다. 지난날 사진작가가 500루피를 주겠다고 했어도 허가하지 않았다고 강조한다.

사진보다 가슴의 느낌이 더 중요하다고 말하면서 그와 잠시 대화한다. 흰 수염과 백발로 일흔이 넘은 줄 알았는데 고작 52살이며 이름은 아뚜다다이다. 왠지 그는 사무실 몰래 2~3분을 줄 테니 얼른 통제구역 옥상에서 사진을 찍고 오라고 한다. 옥상에 본 맞은편 자이나교 사원의 지붕들은 꽤 웅장하다. 비록 스마트폰이지만 아름답고 놀라운 모습을 충분히 담을 수 있었다.

카주라호 자이나교사원의 문지기, 52살의 아뚜다다

109

카주라호 남동부 사원군의 바하나사원

　힌두교 사원인 바마하사원(Vamaha Temple)으로 갔다. 관리인이 따라오며 설명한다. 무슨 의도인지 안다. 잠깐의 설명으로 팁을 요구하는 것이다. 사진을 찍어줄 사람이 필요하여 아무 말 없이 자연스럽게 받아들인다. 그는 수많은 조각상 사이로 미투나를 플래시로 비춰준다. 재미있다.
　인도인들은 정말 사진을 못 찍는다. 더 찍어주겠다고 하지만 거절한다. 50루피를 주니 100루피를 달라고 한다. 그럴 수는 없다. 그의 도움이 없었다면 사원을 관람하는 재미가 없었을 테니 잠깐 서비스하고

카주라호 자이나교사원의 스카이라인은 경이롭다

푼돈을 요구하는 그들의 태도를 굳이 욕할 필요가 없을 듯하다. 다섯 개의 손가락이 다 다르듯 사람들도 서로 다르다고 여기는 그들의 문화일 뿐이다. 나중에 투어가이드 나라얀에게 들으니 이들은 정부로부터 매우 좋은 임금을 받기 때문에 전혀 돈을 줄 필요가 없다고 한다. 만약 돈을 요구하면 "I will call to your office in Delhi"라고 말하라고 한다.

  나라얀은 몇 개의 사원을 더 안내한 후에 그의 집에서 짜이를 대접하겠다고 한다. 문 앞에서 만난 부모님은 다정하다. 바라나시 모힛의

카주라호의 아그라센 식당에 태극기를 게양하다

어머니가 준 짜이보다 못하나 형수가 만든 짜이는 꽤 괜찮았다. 28살의 총각인 그는 결혼하고 싶지만, 돈이 없어 여태껏 연애도 하지 못한 '모태 솔로'라고 한다. 한국도 마찬가지지만 돈이 결혼의 필수요건이라는 것이 그가 쓸쓸해 보이는 눈빛만큼 안타깝다.

집 앞의 조그만 가게에서 그의 친구에게 무엇인가 건네받는다. 라면 수프처럼 생긴 마살라인 줄 알고 어깨너머 쳐다보니 그가 안 된다고 한다. 마리화나이다. 달라는 줄로 오해하고 한 번에 쓰러질 수 있는 위험한 것이라 하며 얼른 감춘다. 줘도 경험해 볼 생각이 전혀 없다. 마약을 사라고 자꾸 권하던 바라나시 청년들의 뻔뻔한 모습이 스쳐 간다.

◎ 어, 태극기가 걸려있네!

저녁에 아그라센식당에 다시 갔다. 사장이 친구들과 함께 낯선 이방인을 반긴다. 자리에 앉아 식당 안을 둘러보는데 바로 눈에 들어오는 것이 있다.

'어, 태극기가 걸려있네.'

반갑다. 세 시간에 걸쳐 만든 태극기는 재료비만 1,000루피 들었다고 한다. 돈을 요구하는 줄 알았는데 이것은 나에 관한 호의라고 했다. 식당에 많은 한국인이 방문하길 원한다고 하면서, 한 편에 걸려있던 일장기를 내렸다. 함께 옥상 가운데의 태극기 앞에서 촬영하는 그의 맑은 웃음에서 순박한 인도인의 마음이 느껴졌다.

사장은 한국인이 많이 찾기를 바라면서 식당 소개 리뷰를 써 달라고 했다. 일장기를 내리고 태극기를 게양했는데 당연히 하겠다며 그가 정성스럽게 만든 치킨 마살라와 로티를 맛보았다. 배가 고프지는 않았지만 다 먹을 수 있었다. 주방을 보니 우리나라 중국집의 주방보다 더 낫다. 그렇다고 우리 식의 깔끔함을 기대할 순 없다. 그 음식을 먹고 아직 나의 뱃속에는 이상이 없으니, 크게 걱정을 안 해도 될 듯하다.

인도 음식을 먹고 싶으면 아그라센을 방문하여 즐기면서 옥상에 걸려있는 태극기와 기념 촬영하는 것도 색다른 추억이 되리라. 한국인들이 많이 방문하여 일장기 대신 태극기가 계속 걸려있기를 희망해 본다.

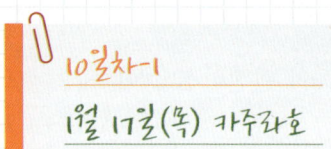

해탈하려면 즐거워야 한다

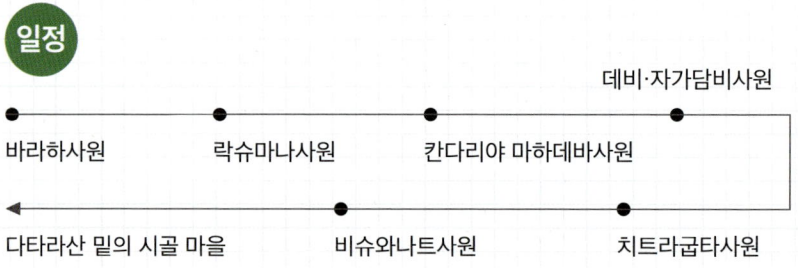

호텔에서 걸어서 5분 거리이기에 느긋하게 빨래를 하고 서부 사원군(Western Group of Temples)으로 향했다. 예술성과 보존성이 높아 여행자에게 인기가 있는 이 사원군에는 락슈마나·칸다리야 마하데바·자가담비·치트라굽타·비슈와나트 사원 등 포탄 형태의 뾰족한 사원들이 있다.

10세기 초부터 찬델라(Chandelas) 왕조의 수도로서 번성한 카주라호에는 한때 85개의 사원이 있었으나 16세기경부터 인도 역사에서 중요한 역할을 하지 못해 많은 것이 파괴되어 현재는 약 25개를 보존하는 중이라고 한다.

대부분 사원은 화강암과 사암으로 지어졌다. 에로틱한 조각 작품으로 인해 유명하지만, 거대한 건축물과 섬세한 조각의 예술성을 인정받아 '1986년 유네스코 세계문화유산'으로 등재되었다. 원형 또는 사각으로 지어진 사원의 내부와 외부에는 매우 정교한 조각품이 가득 차 있다. 이는 힌두교의 사상인 다르마(Darma·의무)·아르타(Artha·성공)·카마(Kama·즐거움)·모크샤(Noksha·해탈)를 형상화한 거다.

◎ 락슈마나 사원 지키는 바라하사원(Varaha Temple)

매표소를 거쳐 제일 먼저 찾은 바라하 사원 안에는 비슈누의 3번째 화신인 멧돼지 바라하의 석상이 있다.

악마 히라냐크샤(Hiranyaksha)가 지구를 우주 바다의 밑바닥까지 끌고 갔으나, 비슈누는 멧돼지 모습으로 천 년 동안 싸운 끝에 악마를 죽이고 어금니로 바다에서 지구를 끌어올렸다고 한다. 주둥이와 코가 상당히 크게 표현되고 온몸에 수많은 신과 여신들이 복잡하게 조각되어 있다. 바라하는 비슈누가 가끔 기대어 휴식을 취한다는 다리 사이에 있는 뱀 세샤(Sesha)와 함께 당당하게 서쪽의 락슈마나 사원을 지키고 있다. 바라하의 왼발 앞에는 그의 아내 프리트비(Prithvi)가 서 있었다고 하는데 지금은 발만 남아 있다.

◎ 비슈누 기리는 락슈마나사원(Lakshmana Temple)

찬델라 왕조 시대의 930년~950년에 세워져 비슈누에게 바쳐진 락슈마나사원은 주 건물을 중심으로 네 개의 작은 신전이 배치된 형태다. 거대한 위용이 느껴지는 계단 앞에서 사원 관리인이 자신을 따라오라고 한다.

계단에서 시계방향으로 돌아가면 나타나는 좁은 통로를 따라 어깨 높이의 아디슈타나(adhishthana)라 불리는 기단 부분에 왕실 행렬이 묘사된 흥미로운 조각들이 약 25m 정도 펼쳐져 있다. 10여 커플의 적나라하고 다양한 체위의 미투나를 시작으로 말과 코끼리를 타고 행군하는 병사들, 그 옆의 멧돼지와 염소들, 말과 수간하는 남자, 여자들로 둘러싸인 건장한 체격의 남자, 무예를 겨루는 남자들, 시녀에게 부채질을 받는 왕, 호위무사, 왕 앞에서 춤을 추는 아이, 연주하는 음악가, 낙타 등 다양한 형태의 조각들이 눈앞에서 스크롤 되고 있다. 여행사 투어가이드의 설명을 듣는 서양인들이 낄낄거린다.

사원의 외벽에는 600개가 넘는 신상이 조각되어 있다고 한다. 사원의 하단부에는 무거운 돌 무게를 안정적으로 지탱하게 하는 것처럼 보이도록 수많은 코끼리가 늘어서 있고 코끼리들 사이에는 병사들이 보초를 서고 있다. 사랑스럽게 춤을 추는 가네샤가 중간중간 보이고, 남성신 옆에는 풍만한 여성들이 교태를 부리고 있으며, 북쪽에는 화려한 여신들이 관능미를 뽐낸다.

특히, 북쪽에는 재미있는 코끼리 상이 있다. 네 마리의 코끼리가 사원을 받치고 있는데 그중 한 마리는 얼굴을 돌려 인간의 '사랑'을 쳐다보고 있다. 짐승의 눈에도 흥미로운가 보다.

강화도 전등사의 처마 밑, 그다지 사실적으로 조각되지 않은 자그마한 벌거벗은 여인상도 큰 이야깃거리가 되는 한국인으로서는 노골적이고 다양한 체위의 '성애' 장면을 곳곳에서 볼 수 있다는 게 그저 놀랍기만 하다. 다양한 체위의 '미투나'가 곳곳에 숨겨져 있다. 다른 관광객들은 그냥 벽면의 조각들을 훑어보고 가지만, 관리인 덕분에 흥미로운 시간을 가질 수 있었다.

힌두교 신자의 삶을 따르기 위해 찬드라 왕은 관능적인 성행위를 사원에 표현했다고 한다. 다르마(의무)·아르타(성공)·카마(즐거움)를 따라야만 모크샤(해탈)를 할 수 있다는 것이다. 예술과 외설을 떠나 종교가 만든 큰 힘이지만, 수간·그룹 성교, 또는 요가를 배운 자만이 할 수 있는 변태적인 체위가 묘사된 것으로 보아 당시 성문화가 매우 퇴폐적이었으리라 의심해본다.

젊은 부부가 미투나를 보며 재미있어한다. 키스하는 그들이 이곳 분위기를 더욱 즐겁게 한다. 관리인에게 재미있게 본 것이 고마워 사례하려고 하자 호의라고 한다. 오늘도 좋은 사람을 만났다.

카주라호의 락슈마나사원 앞에서 키스하는 부부

◎ 시바의 칸다리야 마하데바사원(Kandariya Mahadeva Temple)

락슈미나 사원의 서쪽에 있는 쌍둥이처럼 보이는 칸다리야 마하데바 사원으로 향했다.

비디아다라(Vidyadhara·1003~1035)의 통치 기간에 이슬람왕조 가즈나비드(Ghaznavid)의 침략에 맞서 찬델라 왕조를 지킨 것을 기념해 지어진 카주라호에서 가장 큰 사원이다. 우아하고 섬세한 조각으로 찬델라 건축 예술의 최고봉으로 여겨진다.

반원형·계단형 그리고 피라미드형의 외부 형태는 시바의 카일라사(Kailasa)산 모양과 비슷하게 표현된 것이라고 한다. 31m의 높이의 거대한 사원에는 870개가 넘는 조각상이 있다고 하지만 훼손된 곳이 많아 복원보다는 메우는 형태로 보수한 곳이 많다. 역시 미투나를 찾아

카주라호의 칸다리야 마하데바 사원은 카일라스산을 표현했다

본다. 여성 두 명의 도움을 받으면서 사랑을 나누는 고난도의 성애 장면이 보인다. 최고의 탄트라 요가이다.

성소에는 남성의 상징 시바의 링가(Linga)가 여성의 상징 요니(Yoni) 위에 올려져 있다. 성소는 빛이 거의 없으므로 사원의 외부 부분과 완전히 대비되는 석굴 같은 분위기를 만들어내는데, 시바가 히말라야 카일라사(카일라스)의 석굴에서 명상으로 깨달음을 얻은 위대한 신이기 때문이다. '칸다리야'는 석굴, '마하데바'는 위대한 신을 뜻한다.

사원 곳곳에는 비슈누의 4번째 아바타인 사자, 나라심하(Narasimha)로 보이는 사자 사르둘라(Sardula)가 소녀와 교감을 나누는 석상이 여러 개가 보인다. 우스꽝스러운 괴물 모습이지만 우리나라의 해치처럼 표정이 부드럽다.

◎ 데비, 자가담비사원(Devi Jagadamba·Jagdambi Temple)

힌두교의 여신 자가담바의 이름을 딴 사원은 칸다리야마하데바사원 바로 옆에 비슷한 형태로 세워져 있다. '데비'는 '자가담바'와 동일하게 여겨진다. 여신의 대명사로 우주 전체의 어머니로 알려져 있으며, 시바의 아내로서 다양한 모습으로 변신한다.

여성적인 성격의 사티와 파르바티, 난폭한 성격의 두르가와 칼리도 데비의 아바타이다. 앞의 사원군에 비해 성애 장면을 찾기도 어렵고 적나라하지도 않다.

◎ 태양신 수리아 치트라굽타사원(Chitragupta Temple)

다른 것보다 단출한 북쪽의 치트라굽타 사원으로 향했다. 1000년~1025년 사이에 지어진 이 사원은 태양신 수리아(surya) 사원으로 카주라호에서 유일하다고 한다. 내부 벽면에는 수라순다이(surasundari)의 아름다운 조각과 에로틱한 자세의 커플을 볼 수 있다. 성소 안에는 7마리의 말들이 끄는 전차를 타고 있는 수리아와 비슈누 신상이 있다.

외벽은 아름다운 에로틱 커플뿐만 아니라 11개의 머리를 가진 비슈누 신상과 사냥·왕실 행렬·무용 공연 및 코끼리들이 흥미롭게 조각되어 있다.

◎ 시바에게 헌정된 비슈와나트사원(Vishwanath Temple)

마지막으로 찾아간 곳은 입구의 가까운 곳에 있는 비슈와나트사원이다.

찬델라 왕조에 의해 1002년에 축조된 이 사원은 시바에게 헌정된 전형적인 나가라(Nagara) 형식의 사원이다.

나가라는 입구 아르다·만다파(ardha·mandapa), 작은 홀 만다파(mandapa), 큰 홀 마하·마다파(maha·mandapa), 성소 입구 안타랄라(Antarala), 자궁을 의미하는 성소 가르바그리하(garbha griha)가 포탄 모양의 탑 시카라(shikhara) 형태로 지어진 인도의 사원 건축 형식을 말한다.

두 마리 코끼리가 지키고 있는 사원의 계단을 오르면, 비슈와나트사원과 난디 사원이 마주 보고 있다. 비슈와나트 사원의 하단부에는 시바의 분노 때문에 창조된 비라바드라(Virabhadra), 코끼리 머리를 가진 춤추는 가네샤(Ganesa), 그리고 일곱 명의 어머니 여신들 마트리카스(Matrikas)의 조각상이 있다.

위로는 천상의 아름다움을 가진 압사라(Apsara)라고도 불리는 젊은 여인 수라순다이(surasundari)가 여성의 아름다움과 우아한 관능을 표현하고 있다. 사랑하는 부부의 모습, 에로틱한 성애 장면을 조각한 미투나가 종종 보인다. 시바 사원이다 보니 성소 가운데에는 시바의 링가가 세워져 있다.

입구의 동쪽에는 난디사원 (Nandi Temple)이 있다. 사방

얼마나 많은 사람이 만졌는지 난디가 반질반질하다.

이 뚫려 있는 정자 형태 사원의 가운데에는 묵직해 보이는 황소가 비슈와나트 사원을 지키고 있다.

비슈누는 태양의 새 가루다(Garuda), 브라흐마는 거위 함사(hamsa)를 타듯이 황소 난디(Nandi)는 시바가 타는 바하나(Vahana)로서 비슈와나트 사원의 문지기 역할을 하는 것이다. 노인이 정성스레 난디를 어루만진다. 얼마나 많은 사람이 만졌는지 사암으로 만들어졌음에도 반질반질하여 금속인 듯 보인다.

카마수트라(Kamasutra)는 BC 4세기부터 수정, 보완되면서 600년에 걸쳐 만들어진 성관계를 포함한 고대 인도의 성적 습관을 담고 있는 책이다.

카마는 성적(심리적) 즐거움, 수트라는 경전(설명서)을 뜻한다. 세상은 남녀의 성적에너지가 결합하여 만들어졌으며, 세상의 모든 것이 남성의 원리와 여성의 원리로 나뉜다는 힌두교 우주관을 반영한다. 이런 관점에서 카주라호의 사원들은 인간이 살아가면서 추구해야 하

는 최종 목표인 해탈을 위해 다르마·아르타·카마를 예술로 표현한다. 하지만 서부 사원군을 나오면서도 짐승과의 수간도 해탈을 위한 방법일까에 대해 의심스럽다는 생각이 뇌리에서 떠나지 않았다. 카주라호의 사원들은 꼭 한 번 구경할만한 매우 독특한 곳임은 분명하다.

카주라호의 치트라굽타사원

인도여행 10일차-2
1월 17일(목) 카주라호

낯설지 않은 낯선 곳

◎ **카주라호공항 길목 호텔 옆 한 짜이 가게**

나라얀이 호텔에서 기다리고 있다. 스쿠터를 빌리러 가기 전에 짜이가 맛있다는 노점으로 데리고 간다. 노점에는 여러 명의 노인이 담소를 나누고 있으며 주인은 정성스레 짜이를 만들고 있다.

글을 쓰는 것을 본 적이 있는 나

카주라호의 정직한 가이드, 나라얀

라얀이 나를 여행 작가라고 소개하니 다들 반긴다. 사진을 찍으라고 자세를 잡고 꼭 카주라호공항 길에 들어서 있는 로터스인디아(Lotus

123

India)호텔 옆의 짜이 가게라고 써 달라면서 짜이를 대접한다. 졸지에 여행 작가가 되었으나 기분은 좋다.

◎ 이방인에게도 낯설지 않은 시골 마을 사람들

스쿠터를 빌리는 가격은 하루에 500루피이다. 해 질 녘까지는 3시간도 채 되지 않아 깎아 달라고 했지만 어림없다.

나라얀과 함께 간 곳은 시내에서 저 멀리 보이는 다타라(Datala) 산 밑의 작은 시골 마을이다. 돌산 때문에 아내를 잃은 슬픔으로 22년간 돌산을 부순 사나이에 관한 인도영화 [마운틴맨]에서 보았던 수준은 아니지만 커다란 돌산을 깎은 길목을 지나야 한다.

카주라호 다타라산 밑의 작은 시골 마을의 아이들

집들은 대개 붉은 흙벽돌에 나무 지붕으로 지어졌지만, 군데군데 담벼락이 무너져 있어 살림집인지 축사인지 구별하기 힘든 곳도 있다. 흙벽 사이로 난 좁은 길의 바닥은 거칠고 집에서 나오는 하수로 질퍽거리며 곳곳에 두엄이 쌓여있다. 소들은 먹이를 찾느라 기웃거리고, 마을 사람들은 함께 모여서 시간을 보내고 있다.

남자들은 커다란 나무 둘레에 만들어진 시멘트 평상에서 공무원으로 보이는 듯한 이의 설명을 진지하게 듣고 있고, 그 옆 건물의 계단에서 소년들이 장난치며 한가롭게 놀고 있다가 내게 손을 흔들며 사진 찍기를 원한다. 일 나간 엄마를 기다리며 어린 동생을 돌보고 있는 누나도 보인다.

카주라호 시내를 조금 벗어나면 염소를 몰고 가는 이들이 많이 보인다

    햇볕 잘 드는 담벼락에 기대앉아 마리화나를 피우는 노인들도 사진을 찍으라고 연기를 내뿜으며 자세를 취한다. 비록 짧은 시간이었지만 그들은 낯선 이가 낯선 곳을 낯설지 않게끔 편하게 맞아 주었다.
    예전 신작로처럼 시내까지 아스팔트 포장이 된 외길이라 나라얀을 먼저 보내고 스쿠터로 늦은 오후의 한가로움을 즐기기로 했다. 메마른 토지의 잡목 사이로 염소를 몰고 가는 이들이 많다. 잠시 스쿠터를 멈추고 초로의 노인 아루짤라와 대화를 하면서 염소를 함께 쳐다본다. 서로 알아듣지 못한 말로 대화를 했지만 무슨 뜻인지 알 수 있다. 그는 다시 행복한 얼굴로 30여 마리의 염소를 몰고 가며, "짤로, 짤로"라고 소리 지른다.

인도여행 10일차-3
1월 17일(목) 카주라호

더는 수업료를 내기 싫다

스쿠터를 반납하고 한국 식당을 찾으러 가는 중 짜이 노점 앞에서 유쾌하게 사진 찍고 있는 단정한 옷차림의 중년 사내들을 보고 잠시 걸음을 멈췄다. 나에게 함께 사진 찍기를 제의하는 인도인들은 분명 사진 찍는 것을 좋아하는 듯하다.

대학교수들이라는 그들은 짜이를 권하고, 마침 그곳을 지나던 한국인 청년들도 함께 어울렸다. 친절한 인도인들과 함께 한 유쾌한 경험이었다.

분명히 이 근처 같은데 '전라도식당'을 못 찾겠다. 호객하는 이에게 물으니 바로 앞이다. 시브사가르호수(ShivSagar Lake) 앞 2층에 있는 전라도식당은 창고 같다. 한국 음식점만 아니었으면 앉지 않았으리

라. 한국 청년이 추천한 닭볶음탕과 맥주를 주문하고 나니 식당을 안내해 주었던 인도 청년이 다시 와서 맥주를 사달라고 한다.

릭샤 왈라가 하루 버는 돈이 300루피 남짓인 거로 아는데 잠깐 도와준 값으로 250루피의 맥주를 사 달라는 청년이 매우 건방지다. 한 잔은 주겠다고 앉게 했는데 닭볶음탕을 혼자만 먹을 수는 없다.

음식과 맥주를 나눠주고 먹는데 그의 친구가 오더니 그냥 자리에 앉고 술을 사 달라고 했다. 어이가 없었지만, 인도를 배우는 수업료라는 심정으로 250루피짜리 인도 럼 2병을 주문하고 음식을 나누어주니, 내 손을 자신의 이마에 대고 손에 입술을 맞춘다.

순식간에 귀빈 대접을 받았지만, 그들 눈에는 내가 봉으로 보였으리라. 조금 전에 만났던 교수들은 짜이를 대접하면서 인도에 온 것을 감사하게 여겼는데, 이들에게 한국인은 어수룩하여 이용하기 좋은 사람으로 보였나 보다. 비겁하고 창피한 일인 줄 모른다.

시작은 좋지 않았으나 대화는 나름대로 유쾌했다. 그들은 "돈은 중요한 것이 아니라 단지 살기 위한 도구일 뿐이다. 가장 중요한 것은 가슴 속에 있다"라고 즐겨 말한다. 여행지에서 만나는 릭샤 왈라나 호객꾼, 투어가이드들이 돈을 탐할 때 흔히 했던 말이다. 속으로는 돈이 아까워서 이들을 얼른 쫓아버리고 싶었지만, 이들 덕분에 밖에서 신나게 울려 퍼지는 음악의 정체를 알 수 있었다.

인도 부자가 경치 좋고 한적한 이곳에서 결혼 사전피로연을 열고 있었다. 안내를 받아 찾아가니 턱시도와 드레스로 차려입은 200여 명쯤 되어 보이는 이들이 리조트에서 나와 2차로의 큰길을 모두 막고 행진하고 있었다. 흰색 예복으로 잘 차려입은 신랑은 크리스마스트리처럼 온갖 현란한 전등으로 꾸며진 두 마리 백마가 끄는 꽃마차에서 함박웃음을 짓고 있고, 하객들은 신나는 음악 소리에 맞추어 경쾌한 춤을 추면서 마차와 함께한다. 현대적인 인도 여성은 좀처럼 볼 수 없었는데 일부 여성들은 민소매 드레스를 입고 춤을 춘다. 사리를 입고 현대적인 춤을 추는 여인들이 이색적이다.

비록 비굴한 인도 청년들에게 500루피를 지출했지만, 인도에서만 볼 수 있는 부잣집 결혼피로연을 경험할 수 있었다. 이제는 더는 수업료를 내기 싫다. 술값을 달라는 요청을 뿌리치고 호텔로 왔다.

카주라호의 함박웃음을 짓는 신랑

카주라호공항 길의 짜이가게

제4장 오르차 Orchha

찬란했던 왕조, 숨어 있는 도시 오르차

- 2019년 1월 18일~1월 20일 -

오르차 베트와 강변의 자항기르마할 일대 풍경

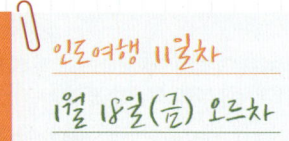 

빛바랜 영화

8시가 되니 호텔 직원이 노크한다. 깨워달라고 부탁한 것인데 미안한 표정이다. 조금 지나니 나라얀이 지난번 공항 픽업했던 라작(Rajak)과 함께 왔다. 15분쯤 걸려 도착한 기차역에는 서양인들이 눈에 많이 띈다. 복잡하지는 않지만 처음 타는 기차라 난감하여 약간의 걱정에 빠진다. 라작은 걱정하지 말라며 탈 때까지 안내해 준다.

오전 9시 25분에 출발하여 아그라 방향으로 가는 이 기차는 18개의 차량을 가지고 있다. 여행자들은 대개 아그라로 가거나 잔시에서 내려 오르차로 가곤 한다. 한국에서 예매할 때 잔시로 가는 기차표가 매진되어 고민하다가 다음 역인 다티아(Datia)로 검색하니 쉽게 살 수 있었다.

탑승한 2A는 1A와 반으로 나뉘어 있고, 6개짜리 침대칸이 4개 있다. 화장실은 양쪽에 하나씩 있는데 1A보다 2A는 낡고 더럽다. 창가의 아래쪽 침대가 가장 편안하다. 스마트폰으로 알람을 맞춘 뒤 어슴푸레 잠이 들 때쯤 점심 주문을 물어보는 직원이 깨운다. 150루피짜리 기차 점심을 구경할 생각으로 주문한 음식이 이내 실망스럽다.

커리와 달, 밥과 4장의 짜파티로 구성된 도시락인데 입맛에 영 맞지 않아 옆으로 치우고 다시 누웠어도 잠도 오지 않는다. 베트와강을 지나 오르차 역을 스친다. 세워주면 좋을 텐데 멈추지 않는다. 4시간 30분의 긴 시간이었지만 힘들지 않았다.

1613년에 건설되었다는 잔시(Jhansi)는 철도망이 집중된 교통의 요지라 철길의 폭도 넓고 사람들도 꽤 많다.

출구가 어디인지 모르지만 불안하지는 않다. 사람들이 많이 가는 쪽에 그냥 합류하면 된다. 역시 여기에도 반기는 이가 많다. 릭샤왈라와 250루피에 합의하고 장신의 러시아 미녀 율리아와 동행한다. 푸쉬카르에서 6개월간 머문 적이 있는 그녀는 내일 밤 기차로 35시간이 걸리는 고아로 간다고 한다. 그녀도 나와 같은 선셋호텔(Sunset Hotel)이다. 함께 체크인하니 커플인 줄 안다.

선셋호텔은 게스트하우스에 불과하다. 시트는 홑겹으로 된 30년 전 스타일이고 창문도 열리지 않는데 가성비만큼은 최고다. 방도 크고 더운물도 잘 나오며 사장은 웃길 줄도 안다. 하지만 어린아이가 있거나 여성들이라면 낡고 더러워 보이는 시트에 불편해할 수 있다. 루

133

프탑에는 철근이 삐쭉삐쭉 솟아있는 기둥들이 보인다. 완공되면 내야 하는 세금을 회피하기 위한 꼼수다. 루프탑의 커피 한 잔이 여유롭다.

◎ 고개를 조금만 돌려도 현실이 보인다

'숨어있는 곳'이라는 뜻의 오르차는 아버지 악바르에게 쿠데타를 일으켜 무굴제국의 황제가 되려고 했던 살림(훗날 자항기르황제) 황태자가 분델라왕조의 도움으로 숨어 지내던 곳이다.

왕조의 국운을 걸고 악바르 황제에게 대항하면서 반역자를 도운 '비르싱데오'는 자항기르 황제로부터 정치·군사적 후원을 받으며 영화를 누렸다.

하지만 자항기르 사후에 지나친 욕심으로 아우랑제브가 선봉장이 된 샤 자한 황제의 군대에 무참하게 짓밟히면서 오르차의 찬란한 문화는 막을 내리게 되었다.

비르싱데오의 대관식에 참석하기 3일간 머무르는 자항기르 황제를 위해 지어진 자항기르마할(Jahangir Mahal)은 사방을 둘러싸고 있는 베트와 강변(Betwa River)에 적색 사암으로 만들어진 천연의 요새다. 폭이 5m, 길이가 70m가 넘어 보이는 초입의 다리부터 한때 찬란했던 왕조의 영화가 느껴진다. 짙푸른 강물과 녹음 위로 우뚝 솟아있는 커다란 성채만을 보면 중세의 영주 같은 기분이 들지만, 고개를 조금만 돌려도 현실이 보인다.

10여 명의 늙은 걸인들이 연신 나마스떼라 말하며 손으로 입을 가리키고, 성문 앞의 커다란 식당 광고판은 눈에 거슬린다.

맨발의 노파가 짜파띠를 들고 "우~ 우 ~"라고 하면서 나무에서 한가로이 놀고 있는 마카크원숭이들을 부른다. 원숭이들은 짜파티를 받

오르차 자항기르마할 앞의 광고판이 눈에 거스른다

  아 들고 아씨 가트에서 만났던 이라싸우보다도 더 맛있게 입으로 뜯어먹는다. 원숭이가 채어 갈까 봐 두 손으로 핸드폰을 꽉 쥐고 촬영하지만, 이방인의 관심에 시선을 두지 않는다.
  거북선의 등처럼 커다란 쇠못이 박힌 성문을 지나 들어간다. 궁전의 뜰 어딘가에서 백설 공주가 귀여운 동물들과 이야기를 나누고 있고, 높은 탑에선 라푼젤이 긴 머리를 늘어뜨리고 누군가를 기다리는 듯하다. 오랜 세월의 풍파를 지나면서 찬란했던 빛은 바랬지만 바라나시의 복잡함을 잠시 잊고 싶다면 한 번 들릴 만하다. 다시 찾을 생각으로 라자마할 성벽을 따라 출구로 발걸음을 돌린다. 호젓한 산책 길에서 서로 사진을 찍어주고 손을 꼭 잡고 걸어가는 20대의 인도 청년의 모습이 참 어색하다.

다시 마주친 오르차는 다른 도시보다 규모는 작아도 인도임을 알게 한다. 여기저기 손을 내미는 걸인들, 길 양쪽의 기름때와 먼지로 시꺼먼 음식점, 호객하는 이들, 사진으로 기억하려는 여행자들, 뿌연 먼지와 릭샤는 여느 도시와 다름없다.

트립어드바이저 순위 1위 식당인 '오픈스카이(Open Sky)'를 찾았다. 수제비가 150루피, 가격이 참 착하고 감자가 감칠맛이 난다.

3층에서 우르르 내려오던 아가씨들은 소리를 지른다. 교육 봉사하러 온 20여 명의 서울여대 학생들이다. 아까 거리에서 잠깐 이야기한 나를 기억했다. 나를 향해 참새처럼 까르르 웃으며 손을 흔든다. 하정우·류승룡을 거론하더니 나를 류승룡으로 낙찰하며 다시 떠들썩하게 까르르거린다. 뜻밖의 상황을 묻는 웨이터에게 설명하니, 진짜 영화배우냐고 묻는다. 참 유쾌한 학생들이었다.

◎ 단언컨대 인도는 '마약 해방구'가 아니다!

이스라엘인들은 인도를 많이 찾는 듯싶다. 숙소에서 만난 한 이스라엘 남성은 500cc 로얄 엔필드 모터바이크를 몰고 6개월간 인도를 여행했다고 한다. 네 번째 방문이라는 부부는 연신 담배를 바꿔 가며 한 모금씩 쭉쭉 빨아댄다. 필터도 없이 끝까지 빨아대는 것을 보니 마리화나를 섞어 만든 사제담배로 보인다. 한국의 물가가 인도와 비슷하냐고 묻는 이 무식한 부부에게 인도는 싼 가격에 마약과 풍요로움을 즐길 수 있는 최적의 해방구다.

자항기르 마할 초입의 다리에서 노파가 짜파티를 주기 위해 원숭이를 부르고 있다.

짜파티를 먹는 원숭이

오르차의 자항기르마할

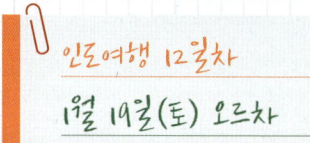
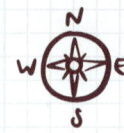

바오밥,
구걸하는 어린 왕자

일정

바오밥나무 — 오픈스카이식당 — 락슈미사원 — 바오밥나무

달걀 오믈렛, 바싹 구운 식빵 2조각 그리고 커피로 루프탑에서 맞는 아침은 한가롭다.

오늘 중요한 일이 있는 아내가 걱정스럽다. 한자인증시험 1급도 한 번에 취득한 아내이기에 잘해 낼 수 있으리라 믿는다. 뿌연 미세먼지로 인해 힌두사원의 둥근 첨탑 뒤로 높게 솟아있는 자항기르의 뾰족한 지붕들도 더 멀게 보인다. 오른쪽 저 멀리 언덕에는 바오밥 나무가 서 있다. 왼쪽의 이웃집 옥상에는 할머니가 눈이 부신지 손을 이마에 올리고 흔들 침대에서 자는 아이를 지켜보고 있다. 평화로운 아침이다.

조그만 동네이다 보니 스마트폰만 챙겨 남동쪽으로 바오밥 나무를 찾아 길을 나선다. 남쪽으로 길고 넓게 뻗은 도로를 걷다 보니 자신은 MP이기 때문에 지나가려면 돈을 내야 한다면서 덩치 큰 인도인 두 명이 길을 막고 돈을 요구한다.

"Why? money? I'm just walking"라고 말하며, 얼굴의 웃음기를 지우자 뒤로 물러난다. 이래도 되나 싶다. 젊은 여성 여행자였다면 충분히 겁을 먹었을 만하다. 분명히 이 길이 아니다. 구멍가게 꼬마에게 물어보니 저 멀리 서쪽을 알려준다. 거쳐 가는 마을의 익숙한 모습에서 어릴 적 정겨웠던 고향 마을을 떠올려본다.

◎ 공동체의 중요한 일원, 바오밥나무

물어물어 오래된 락슈미 사원을 지나니 저 멀리 왼편으로 바오밥 나무가 보인다. 바위 언덕에 홀로 우뚝 솟아있다. 여섯 아름에 5~6층 정도의 높이가 되는 이 나무에서 쉬고 있던 10여 마리의 초록빛 앵무새들이 낯선 이의 방문 때문에 옆의 나무로 옮긴다. 넓고 푸른 들판에 가운데에서 무성한 잎을 갖고 낙락장송처럼 당당하게 서 있으리라 생각하고 찾았는데, 메마른 초지에 잎사귀 하나 없이 헐벗은 모습이 실망스럽다. 그냥 좀 컸지 여느 나무와 다를 것이 없어 보인다.

어린 왕자는 자신의 조그만 별을 파괴할까 봐 바오밥 싹을 뽑아 버리곤 했는데, 노랑과 빨간색의 실들이 여러 겹으로 묶여 있는 것으로 보아 아직도 이 나무는 공동체의 중요한 일원으로 보호받는 듯하다. 나무 주위에 타설된 넓은 콘크리트 바닥은 나무가 넘어지지 않게 하

연인인 듯 바오밥 나무를 어루만지며 부드럽게 속삭이고 있는 금발의 젊은 여인

거나 훔쳐가지 못하게 하려는 것으로 추측되지만, 주변의 목가적인 풍광과 어울리지 못한다.

아까부터 저 멀리서부터 초등학생쯤 되어 보이는 소년이 동생을 업고 힘들게 거친 언덕길을 올라오더니 돈을 요구한다. 아이들을 좋아하기에 웬만하면 안타까운 것을 못 지나치지만, 이 아이의 입에서 나오는 '머니'에 또다시 실망한다. 큰길로 나오니 여학생 세 명이 나란히 자전거를 타고 재잘거리며 지나간다. 정겨워 보인다.

'아!'

10여 분 걷다 보니 봤던 곳이다. 10분이면 되는 거리를 1시간 동안 이 동네 저 동네 기웃거린 것이다.

엊저녁 수제비를 먹었던 '오픈 스카이'를 찾았다. 루프탑으로 가니 양철 지붕으로 원숭이 한 마리가 쿵쾅거리며 도망간다. 직선거리 300m쯤 앞에 제항가르마할이 보인다. 전망이 좋은 루프탑에서 수제비와 라씨를 즐기는 재미도 쏠쏠하다.

사장으로 보이는 이는 수제비를 주문하자 고맙다고 몸을 낮추더니 손을 잡고 자신의 이마에 갖다 댄다. 친절하고 편안한 곳이다. 하지만 1층의 주방은 안 보는 것이 좋다. 트립어드바이저의 순위가 1위일 뿐이지, 기대하고 올 정도의 맛은 아니다. 그렇지만 라면 파는 곳도 없고, 깨끗하게 보이는 식당이 보이지 않기 때문에 선택의 여지가 없다.

◎ 이제 가난에 지친 이들의 사진을 찍지 않는다

오픈스카이에서 한참을 앉아 있다 보니, 자항기르마할에 들어갈 마음이 생기지 않는다. 아까 찾았던 바오밥 나무를 다시 찾아 낙조의 아름다운 모습을 카메라에 담고 싶어 락슈미사원(Lakshmi Narayan Mandir)을 향해 발걸음을 옮긴다.

락슈미사원 앞에는 분홍 스카프를 머리에 쓴 여인이 8절 도화지에 헤나와 바늘을 이용하여 원숭이·코끼리와 사람 모습들을 그려 100루피에 팔고 있다. 작은 바늘로 종이 위에 칠해진 헤나를 한 획 한 획 그어 가며 섬세하게 작품을 만든다. 유치해 보이는 그림이고 남루한 차림이지만 작품에 몰두하는 그녀는 여느 예술가와 다를 바 없다.

밑에 앉아 있는 노인이 애처롭게 쳐다본다. 여러 가지 목걸이와 장식, 골동품으로 보이는 둥근 안경을 쓴 깊게 파인 눈과 쪼글쪼글한 얼굴에서 삶의 고단함이 묻어난다. 20루피를 건네주고 잠시 노인의 옆에 앉으니 행복한 표정으로 행운을 기원해 준다. 300원으로 누리는 축복이다.

이제 가난에 지친 이들의 사진을 찍지 않는다. 처음에는 쉽게 못 보는 모습이라 셔터를 클릭했지만 돈 몇 푼에 그들의 인생을 살 수는 없다. 탬버린처럼 생긴 악기를 연주하고 노래하면서 푼돈을 받아 생계를 꾸리는 듯한 그 노인이 지팡이를 힘겹게 짚고 언덕 뒤의 집으로 향한다. 흔들거리는 지팡이가 처량하다.

◎ 세밀화 보는 듯 낙조 속 검게 그늘진 바오밥

다시 찾은 바오밥나무에서 풍겨 나오는 분위기는 아까와 사뭇 다르다. 바오밥을 연인인 듯 어루만지며 부드럽게 속삭이고 있는 금발의 젊은 여인이 매혹적이다. 공터에서 크리켓 게임을 하는 아이들을 구경하다 보니 어느새 바오밥이 석양에 물들고 있다. 서편으로 지는 해와 어울려 예술적이다. 처음에 만났을 때는 그냥 '크구나, 멋있네.' 수준이었는데, 평소 감성적이지 않은 나도 떨어지는 해에 비친 우람하고 섬세한 자태에 감탄을 자아내지 않을 수 없

낙조 속의 검게 그늘진 바오밥의 가지

다. 울퉁불퉁하고 거친 껍질과는 상반되게 떨어지는 낙조 속의 검게 그늘진 바오밥의 가지들은 부드럽고 섬세하다. 락슈미 사원 예술가의 세밀화를 보는듯하다. 이번에도 어김없이 한 꼬마가 20루피를 요구하며 50m 넘게 쫓아온다.

어린아이들이 "헬로"라고 인사하면 "나마스떼"라고 응답한다. "앞까남까해?", "앞까항쎄행?"도 머리 굴림 없이 들린다. 스쳐 지나가는 대개의 아이는 연필, 초콜릿이나 돈을 요구한다. 평범해 보이는 젊은 부부도 아이들 앞세워 사진을 찍으라고 권유하면서 돈을 요구한다. 숙소를 찾는 나에게 친절하게 도움을 주던 소년도 마지막에는 돈을 요구하여 실망케 한다. 바라나시의 생존을 위해 내밀었던 때로 시꺼먼 손들보다 이곳의 하얀 손들이 더 실망스럽다. 부유한 집 아이들이 과자를 이용해 대장으로 군림하던 어린 시절에도 그것을 얻기 위해 나는 손을 내밀지 않았다. 과자 심부름하고 조금 얻어먹는 친구들이 비굴해 보였다. 진짜 거지에게는 아무것도 주고 싶지 않다.

오르차의 락슈미사원

> 인도여행 13일차-1
> 1월 20일(일) 오르차 → 아그라

동화 속의 고성

●———————●———————●————→
자항기르마할　　　라자마할　　　차트르부지사원

　열이틀이 지났음에도 시차에 적응을 못 한 것인지 몇 번의 뒤척임 뒤에 6시도 안 돼서 일어났다. 어려운 시험을 한 번에 통과하고 오늘은 대청소하겠다는 아내의 카톡이 와 있다. 공부하는 바쁜 사람을 놔두고 혼자 여행 와서 미안했는데 다행이다. 어둠이 아직 가시지 않았다. 사원에서 24시간 울려 퍼지는 녹음된 독경

오르차의 사원에서 녹음된 독경 소리가 24시간 울려 퍼진다

그냥 한 번쯤은 인도

소리에 델리보다 덜 시끄러울 뿐 조용한 시골 동네라는 느낌이 들지 않는다.

◎ 3일간의 황궁, 자항기르마할(Jahangir Mahal)

간단히 아침을 하고 자항기르마할을 찾았다. 이제 현지인의 25배인 250루피 입장료를 지급하는 것도 어색하지 않다. 중세 인도의 이슬람의 발전된 건축 양식으로 만들어진 자항기르의 가운데에는 네모난 정원이 있으며, 4개의 모서리에는 돔 모양의 망루가 있다. 왕의 침실 부분을 제외한 나머지는 데칼코마니를 찍은 것처럼 4면이 같은 구조로 되어있다. 내부의 외벽을 따라 길게 복도가 나 있고, 침실로 보이는 좁은 방에는 돌출된 발코니가 있다.

데칼코마니를 찍은 것처럼 4면이 모두 같은 구조로 되어있는 오르차의 자항기르마할

147

침실로 보이는 좁은 방에는 돌출된 발코니가 있다

찾아오는 이가 적어 방치되는 듯 벽에는 낙서가 가득하다. 혹시나 '어글리 코리안'이 있었을까 이리저리 살펴봐도 다행히 한글은 보이지 않는다.

3층으로 올라가니 열 마리의 마카크원숭이가 하던 짓을 멈추고 쳐다보는 표정이 사람과 다를 바 없다. 신기한 표정에 스마트폰을 들이대니 한 놈이 어느새 나타나 툭 치고 간다. 순간 소름이 돋는다. 주변에는 사람도 없다. 원숭이와 싸워 본 적도 없다.

'떼로 덤비면 이길 수 있을까? 그러다 상처 나면…'이라고 생각하는 사이에 또 한 놈이 등을 치고 간다. 다시 공격하려 할 때 발을 휘두르니 놈이 뒤로 물러나면서 그중 큰놈이 경계 태세만 갖추고 나의 행동을 지켜만 본다. 다시 스마트폰을 들이대니 앞으로 왔다 뒤로 물러섰다 하면서 공격하려 하지만 쉽지 않은 듯 섣불리 다가서지 않는다.

촬영하려면 가까이 가야 하는데 또 공격당할까 조심스럽다. 갑자기 등장한 침입자에게 자신들의 공간을 빼앗기지 않으려고 애쓰는 것이 당연하다 생각되어 잠시 그들이 사는 모습을 구경하다가 자리를 옮긴다.

꼭대기에서 바라보는 오르차의 풍광은 쉽게 경험하지 못할 즐거움을 준다. 시내 한복판에 솟아있는 차트르부지사원(Chaturbhuj Temple)의 뾰족한 지붕과 바로 앞의 라자마할(Raja Mahal)의 위용은 짙은 푸름 속에 군데군데 보이는 무너진 건물들과 더불어 반지의 제왕 속 장면처럼 신비로움을 주고 있다. 홀로 전세 낸 듯 산책하는 여

섬뜩한 기분이 든 자항기르마할의 원숭이

유는 오르차에서만 맛볼 수 있는 여행자의 특권이다.

한껏 성주 노릇을 하다 내려가려 하니, 후들후들 다리 떨리는 구간도 지나왔건만 출구가 보이지 않는다. 출구인 듯한 문에 가면 계단이 막혀 있고, 긴 외벽 복도를 따라가다 들어가면 발코니가 나타난다. 주변에는 원숭이뿐 아무도 없어 물어볼 수도 없다. 난감하지만 올라왔으니 내려가는 길이 분명 있는 것이라 다시 차례차례 출입구를 훑기 시작한다. 사방이 같은 구조라 방향 감각이 무디어져 어디로 올라왔는지 기억도 안 난다. 두 바퀴를 돌다 보니 어두운 구석 쪽 통로에서 희미하게 빛이 난다. 2층으로 내려가는 계단이다. 이제 살았다. 가항기르가 3일 동안 사용했다는 침실을 거쳐 내부 정원으로 이어진 무굴 황제만의 계단을 통해 황제가 된 기분으로 내려온다.

◎ 돈 달라고 길 막았던 '인도 덩치'와 다르다

조금 전에 보았던 1539년에 건설된 라자마할로 발걸음을 옮긴다. 양쪽으로 궁전의 모든 곳을 살펴볼 수 커다란 발코니가 있는 왕의 침실에는 라마와 크리슈나를 숭배하는 정교하고 아름다운 벽화가 있다. 빛은 바랬어도 당시 호화롭고 사치스러운 절대 권력자의 삶을 엿볼 수 있다.

라자마할을 나와 궁궐의 둘레길을 따라 내려가다 보니 검은 물소 세 마리가 있어 잠시 걸음을 멈춘다. 한두 발 내밀자 가장 덩치 큰 놈이 싸우겠다는 듯이 앞으로 나온다. 앞에 있는 새끼에게 다가서면 달려들 태세다. 인도까지 와서 창피하게 사람이 소와 피 터지게 싸울 수 없어 잠시 눈싸움만 한다. 좁은 바라나시 골목길을 막고 있거나, 뒤에서 달려오는 소들에게도 두려움이 없었는데 이번은 왠지 달라 뒤로 물러날 수

밖에 없다. 어제 돈 달라고 길을 막았던 인도 덩치와는 확연히 다르다.

◎ 궁전 같은 비슈누 사원, 차트르부지사원(Chaturbhuj Temple)

시내 중심지에는 16세기 착공했으나 무굴제국의 침공으로 인하여 17세기에 완공된 차트르부지사원(Chaturbhuj Temple)이 있다. 'chatur'는 4개, 'bhuj'는 팔을 의미하는데, '네 개의 팔을 가진 비슈누를 위한 사원'이다.

사원은 원래 비슈누의 7번째 화신인 라마를 위해 만들어졌지만 흥미로운 전설이 내려온다.

오르차의 왕이었던 마두카르(Mmadhukar)는 크리슈나(Krishna)의 신봉자였지만 라마가 사원 건축을 지시했다는 왕비의 꿈에 따라 차트르부지 사원을 짓기 시작했다. 사원이 완공된 후 임시 사원으로 쓰였던 람라자만디르(Ram Raja Mandir)에서 라마 신상을 사원으로 옮기려고 했지만, 궁궐 사원에서 신상이 사용되었기에 신상이 움직이지 않아 결국 이곳에는 비슈누 신상으로 대체되었다고 한다. 궁전 같은 사원은 매우 큰 첨탑을 가진 매우 아름다운 건축물로 곳곳에 꽃과 꽃잎을 묘사한 조각으로 꾸며져 있으며, 내부는 다른 사원들이 비해 많은 빛이 들어온다.

사원 바로 옆에는 주황색으로 색칠해져 자극적으로 보이는 람라자만디르(Ram Raja Mandir)가 있다. 사원에는 가락국의 시조인 김수로왕과 결혼한 왕비의 출신국인 아요디아 왕국(아유타국)에서 가져온 비슈누의 화신인 라마 신상이 있다. 차트르부지 사원은 관광객으로 채워지지만, 람 라자 사원에는 진짜 힌두교 신자들로 가득 차 있다. 이제 아그라로 떠날 시간이다.

오르차의 차트르부지사원의 뾰족한 지붕이 신비로움을 주고 있다

제5장 아그라 Agra

인도의 랜드마크, 타지마할의 도시
아그라

- 2019년 1월 20일 ~ 1월 22일 -

아그라의 타지마할

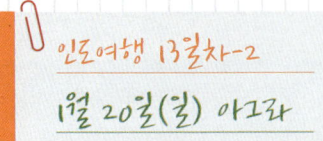

벌써 인도 스타일을
배웠습니까?

일정

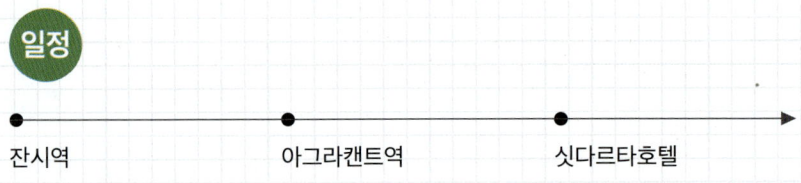

잔시역   아그라캔트역   싯다르타호텔

    오르차를 떠날 시간이 되어 릭샤를 요청하였다. 호텔 사장에 따르면 오르차에서 잔시까지 250루피가 정가이며, 합승할 때에는 거리에 따라 5루피에서 20루피를 받는다고 한다. 릭샤 왈라와 호텔 종업원이 뭔가 뒤로 주고받은 것으로 보아 280루피 중의 30루피는 커미션인 듯하다. 멀리까지 가서 잡아 왔으니 그럴 만도 하다.

    붉은색으로 요란하게 색칠해진 잔시역에 왔다. 카주라호에서 잔시로 왔던 펀잡메일(Punjab Mail)을 타야 하는 데 미리 인쇄하여 가지고

오르차의 기차 건널목을 당당하게 건너는 젊은이

간 티켓에는 몇 번 게이트인지 나와 있지 않아 IRCTC 앱으로 찾아봐도 어느 칸에 타야 하는지 모르겠다.

젊은 아가씨에게 물어보니 1A는 흔히 HA1이며 경찰은 4번 게이트로 들어온다고 한다. 경찰의 말을 굳게 믿고 4번 게이트만 쳐다 있어도 다른 기차만 도착한다. 고개 돌려 옆을 보니 5번 게이트에 눈에 익은 숫자 12137이 보인다.

'아, 뭐야? 벌써 와 있었네.'

청소부가 맨 앞이라고 한다. 급한 마음에 달리지만, 기차가 워낙 길다 보니 끝이 보이지 않는다. 100m 이상을 뛴 것 같다.

HA1 칸은 1A와 2A에 나누어져 있으며, 3개의 방에 각각 4개의 침대가 있다. 2A 창가 쪽 침대 부분이 1A에서는 통로가 된다. 2A와는 다르게 깨끗한 요와 담요가 제공되며, 선풍기 팬에도 먼지가 없고 에어

힌두교 사원처럼 강렬한 색상의 잔시역

컨이 작동 중이다. 잠깐 정차할 때는 짜이와 사모사 파는 이들이 다니며, 직원들이 바닥을 닦고 알코올로 소독을 한다.

출입구를 열고 시원한 바람을 맞으며 석양의 떨어지는 해를 바라보며, 대학 시절 친구들과 무궁화호로 타고 여행했던 추억을 잠깐 되살려본다. 도심의 복잡함을 잊고 잠시 삶의 여유가 느껴지는 즐거운 기차 여행이다.

기차에서 만난 다섯 살의 귀여운 꼬마 안시는 엄마와 집에 가는 중이다. 잠이 오지 않는지 잠시도 가만히 있질 못한다. 엄마와 노래도 하고 그림도 그리면서 기차 여행을 즐기는 중이다. 엉클이라 부르며

2층의 내 침대를 기웃거리더니 결국 정복한다. 참 귀여운 아이다. 엄마 품에서 잠들 줄 알았던 그 아이의 천진난만한 웃음을 3시간 동안 볼 수 있었다.

조지 클루니를 닮은 조쉬는 비즈니스 컨설턴트로서 뭄바이에서 어제 저녁에 출발하여 고향인 아그라에서 잠시 머문 후 델리로 일자리를 구하러 간다고 한다. 아들은 의사, 딸은 변호사로 키운 그는

꼬마 친구 안시

살림살이가 담긴 7개의 낡은 짐 가방을 가지고 있다.

아그라에 도착할 무렵 조금의 쓰레기를 시트에 남겨 놓았더니 벌써 인도 스타일을 배웠냐고 살짝 꾸짖는다. 쓰레기통이 안 보여 봉투에 오렌지 껍질을 담아 자리에 둔 것뿐인데 민망하다. 거리에서 만났던 사람들과 다르다.

타지마할 서문까지 걸어서 5분 거리에 있는 '싯다르타 호텔'은 묵고 싶었던 그런 호텔이다. 고급스러운 방은 아니지만 잘 정돈된 침대의 시트는 푹신푹신하다. 테이블과 의자는 물론 콘센트도 머리맡에 있다. 화장실은 만족스럽지는 않으나 더운물이 잘 나온다. 호텔 마당에는 레스토랑도 있어 리조트 분위기가 난다. 이른 아침에 타지마할에 가야겠다.

아그라캔트역은 교통의 중심지이다

> 인도여행 14일차-1
> 1월 21일(월) 아그라

역시 타지마할(Taj Mahal)

◎ **인류 최대의 문화유산, 타지마할(Taj Mahal)**

    7시부터 입장이 가능하다고 하여 안개처럼 자욱한 미세먼지 속의 타지마할을 찾았다. 마스크를 쓰지 않으면 불쾌할 정도다. 타지마할을 보호하기 위해 인근의 공장에서 석탄이나 코크스 산업을 금지하지만, 효과를 볼 수 있는 정도는 아닌 듯싶다. 무덤 입장권(200루피)을 포함하여 1,300루피를 지급하면 물과 표, 덧신을 준다. 소지품에 제한이 많다고 하여 스마트폰 하나만 챙겼더니 입장에 어려움이 없다.

    타지마할은 무굴제국의 황제 샤자한(Shah Jahan)이 가장 사랑했던 아내이자 6대 황제 아우랑제브의 어머니인 왕비 뭄타즈마할(Mumtaz Mahal)을 추모해 17년(1631~1648) 동안 순백색의 대리석으로 만든 궁전 형식의 거대한 이슬람 무덤을 말한다. 이슬람 건축 예술의 보석이며 세계에서 가장 유명한 걸작품 중 하나로 일컬어지는 타지마할은 '1983년 유네스코 세계문화유산'에 등재되었다.

1631년 왕비 뭄타즈 마할은 14번째 출산 중에 사망했다. 왕비의 무덤인 타지마할의 건축은 국가 재정에 막대한 부담을 안겨주어 무굴제국이 쇠퇴하게 되는 결정적인 원인으로 작용한다.

무덤 건설 반대를 명분으로 쿠데타를 일으킨 그의 아들 아우랑제브에 의해 샤 자한은 아그라 성에 유폐되었다가 타지마할에 같이 묻힌다. 절대 권력을 가진 그에게 타지마할은 영원한 사랑의 로맨스이었겠지만 백성의 처지에서 보면 폭정의 상징이다. 수많은 관광객을 끌어모으는 피라미드를 건축한 파라오처럼 샤 자한도 앞을 내다보고 후세의 끼니를 걱정했던 왕이었을까.

◎ 미술 교과서에서 보았던 그 타지마할

맨 먼저 눈에 띄는 것이 남쪽 벽의 중앙에 위엄 있게 서 있는 타지마할에 입장하는 거대한 문(Great Gate)이다. 높이가 20m쯤 되어 보이는 직사각형 건물로 좌우대칭이다. 귀퉁이에는 이슬람 사원의 전형적인 돔이 있으며, 크샤트리아의 상징인 붉은색 사암이 고전적인 멋을 더해준다.

이슬람 건축물에서 흔히 볼 수 있는 거대한 아치 형태의 출입구 이완(iwan)에서 펼쳐지는 타지마할의 아름다운 전망은 정말로 놀랍다. 완벽한 비례와 대칭의 조화로움 속에 우뚝 서 있는 웅장한 타지마할의 자태에 전율이 느껴진다. 꼭 한 번 가보겠다고 마음먹었던 어릴 적 미술 교과서 속의 타지마할 앞에서 서 있으니 매우 기쁘다. 충분히 만족스럽다.

중앙의 무덤까지 가운데로 길게 뻗은 물길에는 또 하나의 타지마할이 있고, 양편에는 수십 그루의 잘 정돈된 가로수가 서 있다. 길을 따라가면 천상으로 갈 수 있다는 착각에 빠질 수 있을 것 같은 아름다운 조경이다.

바깥쪽에는 한 변의 길이가 100m쯤 되는 4개의 정사각형 모양의 푸른 정원인 차하르 바그가 있다. 낙원을 의미하는 파라다이스가든으로 알려진 이곳은 이슬람 신앙에 따라 물·우유·꿀·포도주를 상징하는 네 가지 정원이다. 녹음이 짙은 커다란 나무들과 지저귀는 새소리에 편안함이 느껴진다.

◎ 햇살을 반사해 눈부시게 아름답다

한 변이 300m가 되는 크고 흰 사각형 대리석 기단 위에 무덤이 우뚝 서 있다. 높이 58m의 커다란 돔, 4개의 챠트리, 아름답게 장식된 이완이 있는 완벽한 좌우대칭 건물이다. 타지마할은 아침에 분홍색, 저녁에는 우윳빛, 달이 비치면 황금색이라고 하는데, 아침 안개가 걷히니, 새하얀 대리석은 흐린 날씨임에도 햇살을 반사해 눈부시게 아름답다. 네 귀퉁이 서 있는 대리석 벽돌을 높게 쌓아 올린 미나르는 델리의 꾸듭미나르보다 정갈하다. 크샤트리아 계급의 상징색은 붉은색이기 때문에 이슬람 황제들은 붉은색 사암을 사용하여 건물을 지었으나, 샤 자한은 브라만 계급의 상징색인 흰색까지 사용하면서 모든 계급의 통치자가 되려 한 것으로 보인다.

무덤의 외부 벽은 수선화·백합·튤립을 모티브로 한 장식들이 많이 보인다. 이는 힌두교 전통 푸르나가타(purnaghata) 방법을 사용해 은 유적으로 샤자한의 통치를 칭송하기 위한 것이다.

'가득 찬 그릇'을 뜻하는 푸르나가타는 불교나 힌두교 의식에서 신에게 바치는 제물로, 베다 시대부터 풍요와 생명의 상징이 되어 오면서 건물을 지을 때 사용되는 상서로운 상징 무늬이다. 지극히 사랑했던 아내를 위한 무덤이라고는 하지만, 샤자한은 타지마할을 통해 황제로서의 권위를 사방에 알리려는 의도도 담겨 있다.

관광객의 긴 줄을 따라 무덤의 내부로 들어간다. 흰색의 대리석 벽면에는 피에트라듀라(Pietra-dura) 모자이크 기법을 활용하여 보석과 준보석으로 정교하게 상감 되어 있다. 잎과 꽃을 만드는 데 사용된 돌의 색조 감각은 물감으로 그린 것처럼 거의 실제처럼 보인다. 안은 어둡지만 적은 빛에도 반짝이는 정교한 상감과 세공 기법이 그저 놀라울 뿐이다. 무덤에는 대리석으로 만든 왕과 왕비의 관이 있으나 유골이 없다.

샤자한과 뭄타즈 마할의 시신은 지하 묘에 안장되어 있다고 한다. 초등학생들의 박물관 관람처럼 안내인의 얼른 지나가라는 재촉에도 관광객들은 투어가이드의 설명에 귀를 기울인다. 옆에서 살짝 듣는 것이 재미는 있어도 이해하기가 힘들다.

200루피 투어가이드 요구를 거절하고 타지마할로 들어온 게 아쉽다. [슬럼독 밀리어네에]의 자말 형제 같은 엉터리 투어가이드라도 함께 하면 알찰 것 같다는 생각이 뒤늦게 들었다. 나오는 길이 못내 아쉽다. 타지마할은 분명 죽기 전에 꼭 한 번은 가봐야 하는 곳이다.

아침 일찍부터 인생샷을 찍으랴 바쁘다

빛을 반사하는 아그라의 타지마할은 눈부시게 아름답다

인도여행 14일차-2
1월 21일(월) 아그라

샤 자한의 외로운 유배지,
아그라요새(Agra Fort)

어제 아그라캔트역에서 호텔까지 100루피에 태워주었던 정직한 라조에게 아그라 투어를 부탁했다. 그가 요구한 금액은 1,000루피이다. 릭샤 사용료 500루피, 유류비 150루피, 주차료 50루피를 주면 300루피 남는다고 한다.

◎ **붉은 성, 아그라요새**

그의 안내를 받아 처음 간 곳은 성벽과 성문이 붉은 사암으로 만들어진 붉은 성 아그라 요새(Agra Fort)다.

1983년에 유네스코 세계문화유산으로 등재되었다. 길이가 2.5km나 되는 성의 둘레에는 깊은 해자가 있고 이중의 성벽이 안을 감싸고

아그라요새는 화려하면서 정갈하다

있는 매우 견고해 보이는 성이다. 타지마할에서 투어가이드 없이 관람한 것이 아쉬워 찾으려고 해도 아무도 보이지 않는다.

샤자한에게 죽은 라지푸트의 전사 아마르싱의 이름을 딴 아그라요새의 남문인 아마르싱게이트(Amar Singh Gate)를 지나 높다란 담벼락 샛길을 따라 올라가면 딱 트인 푸른 정원이 나온다.

악바르 황제가 아들을 위해 지었다는 자항기르마할(Jahangir Mahal)이다.

성벽처럼 붉은 사암으로 건설한 이 궁전은 화려하면서 정갈하다. 궁전 앞에 있는 자항기르욕조(Jahangir's hauz)가 눈길을 끈다. 1610년에 화강암으로 제작한 이동식 원형 욕조 그릇은 높이 1.5m·직경 7.6m이다. 한 사람의 욕조치고는 너무 크고 무겁다.

궁전 입구는 이슬람 건축 양식인 아치형의 이완 위에 라자스탄의

아그라요새, 악바르 황제가 아들을 위해 건설한 자항기르마할

건축물에 사용되는 돌출형 발코니인 아름다운 자로카(jharokhas)와 건물 양쪽 끝에는 우산 모양의 돔인 챠트리(Chhatri)가 균형 있게 들어서 있는 등 이슬람과 힌두·라자스탄의 건축 양식이 조화롭게 어울려있다.

 내부로 들어가면 페르시아 스타일의 석재 조각으로 장식된 대형 홀이 있는 정원이 나타난다. 정원 가운데에 있는 퍼즐같이 생긴 독특한 모양의 우물이 인상적이다.

 자항기르마할과 이어져 있는 샤자한마할(Shah Jahani Mahal)은 흰색의 회반죽 위에 화려한 꽃무늬가 그려져 있다. 이중 기둥이 있는 중앙홀을 지나다 보니 어디선가 익숙한 소리가 들린다. 중년의 한국 관광객들이 인도인 가이드의 유창한 한국말 설명을 듣고 있다. 반가운 마음에 카스마할(Khas Mahal)에 대한 설명을 함께 듣기 시작했다.

카스마할은 샤자한이 딸인 로쉬나라(Roshnara)와 자하나라(Jahanara)를 위해 지은 궁전으로, 공주의 방은 왕의 침실 양쪽에 자리 잡고 있다. 왕의 침실은 천정이 높고 하얀 대리석 벽에 아름다운 꽃 그림으로 가득 차 있으며, 공주의 방은 트레포일 아치(Trefoil arch) 형태를 띠고 있는 도금된 벵골 스타일 지붕이 이색적이다.

아그라요새의 정원이 딸린 왕의 침실

코브라가 살 수 있어서 액세서리를 넣는 작은 구멍에 절대로 손을 넣지 말라고 투어가이드가 당부한다. 시원한 바람이 불어온다. 더운 바람이 대리석 창문의 작은 구멍을 통해 들어오면 기온이 낮아지기 때문에 모든 침실에는 벌집 또는 네모 모양의 작은 구멍이 뚫린 대리석 창문이 설치되어 있다.

동쪽 탑은 반란으로 권력을 잡은 아우랑제브 황제가 아버지 샤 자한이 죽을 때까지 8년 동안 가둔 곳인 무삼만버즈(Musamman Burj)이다.

저 멀리 야무나강 뒤로 타지마할의 둥근 돔이 보인다. 죽은 뒤에야 아내의 무덤에 갈 수 있었으니 안타까운 일이다. 하얀 대리석 위에 보석으로 상감 되어있는 무삼만버즈는 타지마할의 내벽처럼 넋을 잃을 정도로 아름답지만 샤 자한에게는 차가운 감옥이었다.

◎ 데라우치가 경복궁에 묻어 있다면

무삼만버즈의 옆에 있는 여름 궁전 쉬시마할(Shish Mahal)과 접견실인 디와니카스(Diwan-I-Khas)도 꽤 볼만한 건축물이다. 쉬시마할의 벽과 천정은 작고 아름답게 장식된 거울을 사용하여 밤에는 환상적인 분위기를 만들어냈으리라. 디와니카스는 천정은 원래 금과 은으로 상감되었으나 18세기 금융위기로 벗겨지고, 가구들은 19세기에 약탈당하였다고 한다.

왕의 침실 앞에는 축구장보다 조금 작아 보이는 사각형의 정원, 앙구리바그(Anguri Bagh)가 있다. 황제의 포도주를 위해 재배하였기 때문에 포도 정원이라 불린 이곳은 왕실 여성들을 위한 휴식공간이었다고 한다. 정원은 중앙의 분수를 기준으로 4개의 구역으로 나뉘어 있으며, 대칭으로 되어있는 물결 모양의 재배 공간에는 포도 대신 붉은 화초가 채워져 있다.

앙구리바그를 나서면 북쪽으로 디와니암(Diwan-i-Aam)이 있다. 왕의 접견실인 디와니암의 커다랗고 굵은 40개의 기둥이 인상적이다. 정원에는 1857년 인도 독립전쟁인 세포이 항쟁 때 죽은 영국 부총독 콜빈의 무덤(Tomb Of John Russell Colvin)이 덩그

아그라요새, 40개 기둥의 디와니암

렇게 있다. 데라우치가 경복궁에 묻혀 있다면 우리는 어떻게 했을까. 인도인들을 이해하기 어렵다.

아그라 요새는 외부로 보이는 강인한 모습과는 달리 내부는 작은 궁전, 분수가 있는 아름다운 정원, 전망 좋은 발코니 등 동화 속에서 보아왔던 부드럽고 평화로운 분위기이었다.

아그라요새에 생뚱맞게 들어서 있는 영국 부총독 콜빈의 무덤

아그라 요새의 샤자한 유배지, 무삼만버즈

인도여행 14일차-3
1월 21일(월) 아그라

악바르 황제의 안식처, 시칸드라(Sikandra)

무굴제국의 가장 훌륭한 황제라 일컬어지는 악바르 황제 무덤이 있는 시킨드라(Sikandra)까지는 아그라 시내에서 11km에 불과했지만, 릭샤로 40분 정도 걸렸다.

주차장에서 투어가이드로 500루피를 요구하는 청년의 요구를 무시하고 입구에 가니 명찰을 건 공식 투어가이드가 300루피를 제안한다. 타지마할과 아그라 요새에서 투어가이드가 없어 재미없었던지라 흔쾌히 수락하였다.

많이 허물어졌지만, 고색이 창연한 로디무덤(Lodhi Tomb)과 왕실 여성들을 위해 사용된 칸츠마할(Kanch Mahal)을 지나면, 묘의 중앙 출입구이자 가장 인상적인 남문이 보인다. 불교·이슬람교·힌두교·크

아그라의 시칸드라, 고색이 창연한 로디무덤

리스트교·조로아스터교·자이나교의 건축 양식이 조화를 이루고 있어 악바르 황제가 추구했던 종교화합의 정신이 느껴진다.

 붉은 사암과 대리석이 어우러진 남문을 보니 힌두교의 챠트리, 이슬람교의 미나르, 크리스트교의 십자가, 조로아스터교의 이완이 눈에 띈다.

 입구 양옆에는 힌두교의 '卍'을 비롯한 각 종교의 상징 마크가 있고, 벽면에서는 불교·힌두교·자이나교에서 사용되는 '푸르나가타'를 의미하는 화려한 꽃들을 볼 수 있다.

 악바르 자신이 스스로 무덤을 계획하여 선정된 장소에 아들 자항기르가 1613년에 완성된 무덤은 요새처럼 높은 성벽으로 둘러싸인 넓은 정원의 중앙에 서 있다. 무덤은 다른 모든 무굴 건물들과 다른 독특한 설계로 건설되어있다.

 입구로 들어가서 좁은 통로를 따라 지하로 내려가면 특별한 치장이 없는 악바르의 지하 묘실이 있다. 타지마할에 비하면 매우 소박하다.

안타깝게도 아우랑제브의 통치 기간에 람싱(Raja Ram Singh)이 아버지의 죽음을 복수하기 위해 악바르의 무덤을 약탈하고 뼈를 불태웠다고 한다.

1층에는 황실의 묘로 사용하려는 의도인 듯 여러 개의 묘실이 있으며, 여기에는 악바르의 가묘, 공주들의 묘가 자리 잡고 있다. 무덤의 외부 각 네 면에는 50여 명이 충분히 앉을 수 있는 둥근 천정의 회랑이 각 열 개씩 있다. 사방에서 악바르를 경배하는 공간이라고 한다.

이곳 한쪽 벽을 보고 이야기하면 맞은편 벽면에서 매우 명확하게 소리가 들린다. 투어가이드는 500년 전의 '테크놀리지폰Technology Phone)'이라고 설명하면서 석고로 칠해져 있는 벽면이 습기를 머금고 있어 소리의 전달이 가능하다고 한다.

악바르 황제가 추구했던 종교화합의 정신이 느껴지는 시칸드라 남문

아그라 시칸드라는 종교화합의 상징이다

아그라의 시크교 사원, 구루드와라 만지 사히브

인도여행 14일차-4
1월 21일(월) 아그라

특별한 점심,
구르드와라만지사히브
(Gurudwara Manji Sahib)

어느덧 1시가 훨씬 넘었다. 허기진 나를 라자는 무료로 점심을 먹을 수 있는 시크교 사원인 구루드와라만지사히브(Gurudwara Manji Sahib)로 안내한다.

시크교는 이슬람과 힌두교가 혼합된 종교로 16세기 펀자브에서 나나크(Guru Nanak)에 의해 창시되었다. 개인적 수양을 통한 해탈을 목적으로 하며, 성실한 노동과 금욕적인 생활을 강조한다.

라자를 따라 손과 발을 씻고 두건을 쓰고 약간의 돈을 기부한 후 신상에 경배하였다. 넓은 식당으로 가니 사람들이 길게 줄을 맞추어 앉아 음식을 먹고 있다.

봉사자들이 다니면서 식판 위에 밥·짜파티·달을, 컵에는 라씨를 준다. 배가 고픈 탓인지 어느 때보다 음식이 맛있다. 부족하면 더 먹을 수 있다. 다 먹은 뒤에는 직접 식판을 씻어야 하고 깨끗하지 않으면 퇴짜를 맞는다. 바득바득 소리가 날 때까지 깨끗이 씻어 통과되니 다시 아주머니들이 세제로 설거지를 한다. 식판을 이 정도로 청결하게 관리하니 음식의 위생 상태를 짐작할 수 있다. 릭샤 왈라를 잘 만난 덕에 관광객들이 아그라에서 쉽게 접하기 어려운 시크교 사원까지 갈 수 있어 고마울 따름이다.

타지마할의 초안, 이트마드 우드 다울라

인도여행 14일차-5
1월 21일(월) 아그라

베이비 타지마할,
이트마드우드다울라
(Itmad-ud-Daula)

　다시 라자(Raja)의 릭샤를 타고 야무나 강 너머 이트마드우드다울라(Itmad-ud-Daula)의 무덤으로 향했다. 자항기르 황제의 장인인 미르자기야스백(Mirza Ghiyas Beg)의 무덤으로 '베이비 타지마할' 또는 '미니 타지마할'이라고 불린다.

　타지마할과 비교해 규모만 작을 뿐 무덤의 형태, 차하르바그(Chahar Bagh), 피에트라듀라(Petra Dura) 기법 등 무덤을 구성하는 요소들이 비슷하여 타지마할의 초안으로 알려져 있다.

　붉은 사암으로 된 넓은 기단의 한가운데에 서 있는 하얀 대리석으로 지어진 무덤은 웅장하지는 않지만, 벽에 새겨진 기하학적인 디자인의 섬세함이 정말 놀랍다.

내부는 부부의 관이 있는 중앙 홀을 다른 가족들의 관이 있는 작은 방들이 둘러싸고 있는 구조이다. 벽면과 천정은 푸르나 가타·나무·동식물·새·문자들이 기하학적인 무늬들과 어울려서 환상적인 분위기를 끌어내지만, 빛이 많이 들어오지 않아 효과적이지 않다.

　서문은 야무나강을 전망하기에 좋은 위치로 일몰의 아름다움으로 유명하다. 강폭은 넓으나 건기라 유량은 많지 않다. 강둑에는 사람들이 모여 오락을 즐기는데 옷차림새로 보아 강변에서 사는 빈민층인 듯하다. 가만히 평화로운 모습을 보고 있으니 시간이 금방 지나간다.

서문에서 바라보는 야무나강

　두 명의 한국인 아가씨들이 사진을 찍느라 분주하다. 한 번 찍고 확인하고, 또 찍고 확인한다. 인도가 위험한 곳이라고 소문나서 여행 오기가 쉽지 않았을 텐데 유쾌한 모습을 보니 보기 좋다. 딸 둘 가진 한국 아저씨의 숙련된 사진 기술을 발휘해주니 매우 흡족해한다. 충분히 커버 사진으로 사용할 수 있으리라.

　'베이비 타지마할'은 아름답고 평화로운 곳이지만, 타지마할을 보았기에 큰 감동은 없다. 하지만, 섬세한 상감기법을 시간의 제약이나 사람들의 방해 없이 보고 싶은 사람에게는 충분히 방문할 만한 가치가 있다.

분위기가 환상적이지만 빛이 많이 들어오지 않는다

인도여행 14일차-6
1월 21일(월) 아그라

라자에게 미안하다

　시간이 지날수록 날씨가 좋지 않아 서둘러 타지마할 선셋 뷰포인트로 향했지만, 가는 도중 흙비가 강한 바람을 타고 날리더니 급기야 천둥과 함께 빗방울이 굵어진다. 호텔로 갈 수밖에 없다. 네 시밖에 되지 않았지만, 헤드라이트를 켜야 할 정도가 갑자기 어두워지고 길도 혼잡하다.
　라자(Raja)는 쇼핑몰에 가자고 계속 권유한다. 거부하기 미안해서 어쩔 수 없이 전통 옷 상점, 대리석 공예품점에 갔지만 물건을 사지 않자 라자는 실망하면서 은반지 세공점을 가는 것을 포기하고 호텔에 데려다주었다. 10%의 커미션이 생기지 않아 행복하지 않다는 라자에게 미안하지만 무거운 돌덩이를 갖고 다닐 수는 없다.

내일 파테푸르 시크리를 함께 갈 생각으로 그에게 팁을 주지 않았지만, 헤어지고 보니 1,000루피의 요금만 준 것이 못내 아쉽다. 이것저것을 제외하고 나면 그가 오늘 손에 쥘 수 있는 돈은 식당에서 먹는 맥주 한 병값보다 조금 많은 300루피에 불과하다. 팁을 안 준 것이 후회스럽다. 잘못한 것이 없는데도 그걸 생각하면 가슴이 아프다.

◎ 인도에서는 먹고 싶은 것이 없다!

허기가 진다. 저녁으로 색다른 음식이 먹고 싶어 남문 앞 재래시장을 한 바퀴 돌아도 위생 상태를 보니 들어갈 엄두가 나지 않는다. 비가 왔어도 미세먼지로 입안이 텁텁하여 돌아다니기도 지친다. 블로그에서 맛집으로 여러 번 언급된 남문 앞 트리트레스토랑(Treat Restaurant)을 찾았다. 날씨 탓인지 손님이 아무도 없다. 메뉴를 보니 반갑게도 한국식 프라이드치킨을 팔고 있다. 미심쩍어 물어보니 요리를 잘한다고 자신 있게 말하지만 느낌이 좋지 않다.

우려가 현실이 되었다. 비주얼이 엉망이다. 탄두리 치킨을 기름 두른 프라이팬에 달달 볶은 모양새이다. 겉면은 바싹 타 있고 뼈에는 붉은 핏물이 맺혀있다. 도저히 식당에서 먹을 수 없어 호텔로 가져와서 먹을 수 있는 부분만 선별해야만 했다.

보름이 지났지만, 인도에서는 정말 먹고 싶은 게 없다. 힘든 하루였지만 오늘은 그렇게 갈망했던 타지마할을 봐서 정말 행복하다. 아우랑가바드의 아잔타 석굴도 기대된다.

제6장 자이푸르(Jaipur)

라자스탄의
관문,
핑크 시티
자이푸르

- 2019년 1월 22일~1월 25일 -

자이푸르 암베르요새, 풀 한 포기 없는 돌바닥 위의 정자 바다나리

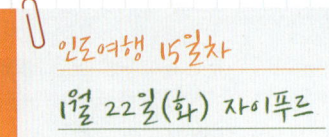

고맙습니다!

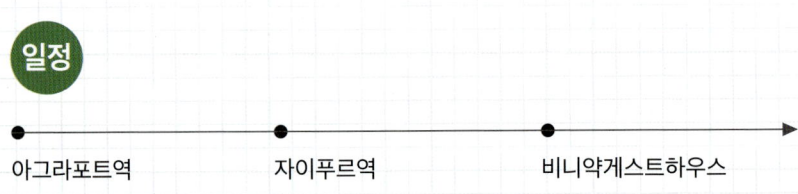

아그라포트역   자이푸르역   비니약게스트하우스

◎ **하나를 포기하니 하나를 얻는다.**

　악바르 황제가 건설한 '승리의 도시' 파테푸르시크리(Fatehpur Sikri Fort)는 1986년 유네스코 세계문화유산으로 등재된 곳이라 가야 할지 망설여진다. 시내에서 37km 떨어진 먼 거리라 빠듯하게 기차 시간에 맞추어 다녀올 수 있을 것 같지만 지금은 교통비가 더 부담스럽다.

　통장에 충분한 잔액이 있는데도 시티카드에서 인출이 되지 않는다. 적은 돈을 시도해도 마찬가지다. 마스터 카드 로고가 선명한 ATM

에서 인출을 시도했지만 에러 메시지만 뜬다. 비밀번호를 잘못 입력했다고 생각하여 다른 번호를 눌러도 반응은 같다. 한 장뿐인 카드라 조심스러워 카드 인출이 가능할 때까지 돈을 아낄 수밖에 없다. 하나를 포기하니 다른 하나를 얻는다. 아침이 여유롭다.

◎ 백인의 경멸하는 무례한 눈빛에 불쾌하다!

자이푸르로 가는 ACC는 가운데 두 개의 테이블을 기준으로 일곱 줄로 된 2+3 구조의 의자가 마주 보고 있다. 운이 좋게 나의 좌석 앞에 탁자가 있어 다리가 편하다.

자이푸르로 가는 ACC

30대 후반쯤의 두 딸과 여행하는 노년의 백인 부부가 탑승하더니 이내 맞은편에서 통로를 막고 뭐가 그리 즐거운지 주변의 시선을 전혀 의식하지 않고 자신들만의 세계에 빠져 시끄럽게 한다. 미간이 찌푸려진다.

그렇게 있기를 20여 분, 기차가 출발하자 자리에 앉더니 맞은편의 여자가 창문에 신발을 갖다 대고 비스듬히 눕는다. 매우 무례하다. 발을 치우라고 하자 상관하지 말라고 한다. 눈에 힘을 주자 신경이 쓰이는지 자이푸르 가는 동안 가끔 창틀에 발을 대긴 해도 조심하는 눈치다. 무례한 사람들이다.

기차가 출발하자 중간역에서 탑승한 뚱뚱한 인도 여인이 자신의 몸집만큼 커다란 짐과 함께 통로를 겨우 지나가자 그들은 깔보는 듯 눈빛으로 서로 쳐다보면서 낄낄댄다. 하나도 웃긴 것이 없었는데 늙은 백인 남자는 여인이 안 보일 때까지 쳐다보면서 더 낄낄거린다. 침략과 학살의 사죄는 하지 않고 추잡한 족속이라고 했던 처칠의 말이 떠오른다. 가는 내내 불쾌하다.

◎ 그들은 기다리고 있었다!

1시부터 아그라 포트 역에서 기다렸는데 거의 9시가 되어 자이푸르 비나약게스트하우스(Vinayak Guest House)에 도착했다. 생각보다 많은 시간이 걸렸다. 체크인하고 곧바로 씨티은행 ATM을 찾아 나섰다.

잘 안다고 했던 릭샤 왈라는 지도를 보여줘도 헤맨다. 내일 다시 찾을 수밖에 없다. 더 지체할 시간이 없다. 환전해 주겠다는 한국인 커플이 게스트하우스를 떠나기 전에 만나야 한다. 다행히 그들은 아직 떠나지 않았고 650달러를 기꺼이 환전해 주었다. 기다렸던 거다. 참 고마운 사람들이다. 이제 신용카드가 없어도 충분히 귀국할 수 있다.

인도여행 16일차-1
1월 23일(수) 자이푸르

Incredible India ③

숙소를 결정할 때 중요한 것은 가격·위치·평점, 그리고 한국인의 리뷰다.

그런 면에서 볼 때 자이푸르도 성공적이다. 더블룸 1박 객실료가 600루피에 불과하다. 수압은 약하나 양동이에 받아서 사용하면 충분하다. 방 옆에는 넓은 옥상이 있어 빨래와 휴식을 취하기가 좋다. 루프탑 레스토랑이 있지만, 옆집의 분위기가 훨씬 좋아 보인다. 자이푸르 역까지는 걸어서 5분 거리이며, 지나다니는 사람들이 많아 위험하지 않다. 푸쉬카르에 다녀오면 자정이 되는데 밤늦게 낯선 릭샤를 타야 하는 부담이 없어서 좋다.

아즈메르(Ajmer)로 가는 7시 45분 열차를 타기 위해 서둘러 호텔을

자이푸르역에서 아즈메르로 가는 기차를 놓치다

  나선다. 아즈메르까지 가서 버스나 릭샤를 타고 푸쉬카르로 들어갈 예정이다. 오렌지를 사니 7개에 100루피, 매우 행복한 가격이다.

  자이푸르 역은 플랫폼이 여섯 개에 불과하여 복잡하지 않다. 하지만 공격적인 원숭이들이 살고 있어 사진을 찍은 여행자를 공격한다. 7시 45분 기차 19612가 전광판에는 8시 40분 3번 플랫폼으로 안내되지만, 구글로 확인해 보니 2시간 연착이다. 기차 상태를 확인해 보고 숙소를 나왔어야 했는데 불찰이다.

  숙소로 다시 돌아가려다가 이왕 왔으니 기차역을 오고 가는 사람들을 구경하기로 하고 유심히 살펴보지만 별 재미가 없다.

아그라로 오는 기차에서 조쉬가 알려준 대로 구글로 'searching status of 19612'로 검색하니 쉽게 기차의 현 위치와 도착 시각을 알 수 있다. 하지만, 어제 암리차르에서 출발한 19612는 예정된 도착시간이 되어도 아직 자이푸르 인근이다. 10시 30분이 되어도 분명 같은 상황이다.

연착으로 악명이 높은 인도의 열차이기 때문에 그럴 수도 있겠다고 생각하다가 아직까지 도착하지 않은 것이 이상하다.

아뿔싸, 'refresh' 단추가 보인다. 불길한 예감에 눌러보니 벌써 기차는 다음 역에 도착해 있다. 전광판에 3번 플랫폼으로 온다고 했었고, 푸쉬카르로 가는 외국인들도 보여서 당연히 3번 플랫폼이라고 생각했는데 분명히 3번으로 들어오지 않았다. 그 시간대에 5번 플랫폼에 있었던 기차이었던 것 같다.

기차역에서 3시간 이상 기다렸는데 결국은 놓쳤다. 어이가 없고 허무하지만 화나지는 않는다. 오늘도 어차피 여행 일부다. 일정을 바꿔야겠다.

"Incredible India!"

📎 인도여행 16일차-2
1월 23일(수) 자이푸르

자이푸르 관광의 시작, 시티팰리스(City Palace)

푸쉬카르로 가는 기차를 놓치니 아쉽지만, 갑자기 시간을 많이 얻었다. 자이푸르는 델리·아그라와 더불어 골든 트라이앵글로 불린다. 짧은 기간 동안 처음 인도를 여행하는 사람들이 힌두와 이슬람 문화의 흔적을 볼 수 있는 필수 코스라 여겨지기 때문이다.

우선 자이푸르 관광의 시작점인 시티 팰리스로 가기 위해 릭샤를 잡았다. 4km가 안 되는 거리를 100루피를 부르기에 80루피를 요구하니 그냥 간다. 다시 잡은 릭샤 역시 100루피다. 흔히 1km에 10루피가 적절하다는 말이 있어 편하게 이용하려고 1km에 20루피씩 계산하여 가격을 합의했었는데 자이푸르에서는 통하지 않는다.

◎ **달의 궁전, 찬드라마할(Chandra Mahal)**

　자이푸르 관광의 시작은 도시의 중앙에 있는 시티팰리스로 더 알려진 달의 궁전 찬드라마할이다.

　암베르궁전(Amber Palace)에 거주했던 자이싱2세(Jai Singh Ⅱ)가 무굴제국과의 동맹으로 도시가 번성하자 늘어나는 인구를 수용하고 신선한 식수를 제공하기 위해 만든 도시가 자이푸르이다. '자이(Jai)'는 승리, '푸르(Pur)'는 성벽으로 둘러싸인 도시를 의미한다. 1726년에 착공하여 4년의 작업 끝에 주요 시장과 건물들을 완성하면서 시티 팰리스가 만들어진다. 지금도 궁전에는 왕족이 살고 있으며, 그 일부가 박물관으로 개조돼 일반에게 공개되고 있다.

시티팰리스의 왕이 일반 백성들을 만나는 장소인 디와니카스

내부로 들어가면 정원 한가운데 발코니가 화려한 건축물인 무바라크마할(Mubarak Mahal)이 있다. 베이지색 석조 건축물이지만 마치 나무를 깎아 만든 것으로 정교하게 조각되어 있다. 궁전은 19세기 마드호싱2세(Madho Singh II)에 의해 이슬람·라지푸트·유럽 양식을 적절히 조화하여 만든 시설로 외국 고관들의 리셉션 홀로 사용되었다. 내부에는 역대 왕들의 초상화가 전시되어 있으나 흥미롭지 않다.

오른쪽의 대리석 코끼리가 지키는 라젠드라폴(Lajendra Pol)을 지나면 왕이 일반 백성들을 만나는 장소인 디와니카스(Diwan-I-Khas)가 나타난다. 갈색에 가까운 핑크빛 높은 담벼락이 사방을 둘러싸고 있다. 디와니카스에는 두 개의 거대한 항아리 강가잘(Gangajali)이 있다.

1902년 에드워드7세의 대관식에 참석하기 위해 런던으로 가는 마다흐싱2세(Madah Singh II)는 4,000L·345kg·1.6m의 항아리 2개에 갠지스강물을 퍼갔다. 객사하면 갠지스강에 시신을 뿌리지 못할까 봐 무척 걱정스러웠던 모양이다. 항아리는 은으로 만든 가장 큰 물건으로 기네스북에 등재되었다고 한다.

작은 문을 지나면 마하라자의 후손들이 거주하고 있는 찬드라마할(Chandra Mahal)로 가는 길과 연결된 프리탐초크(Pritam Chowk)가 나온다. 아름답게 칠해진 벽으로 둘러싸여 있고, 2층의 우

시티팰리스 강가잘은 은으로 만든 것 중 가장 크다

아한 발코니와 수십 개의 창문이 내려다보고 있다. 리디시디폴(Ridhi Sidhi Pol)이라 불리는 네 개의 작은 문은 사계절과 힌두교 신들을 주제로 장식되어 있다. 북쪽 녹색 문은 봄의 가네샤, 남쪽 연꽃 문은 여

름의 시바·파르바티, 북동쪽 공작문은 가을의 비슈누, 남서쪽의 장미문은 겨울의 데비를 상징한다.

  다시 디와니카스의 담벼락 밑에서 잠시 휴식을 취한다. 더운 날씨는 아니지만, 혼자라 별로 재미가 없고 걷기도 싫다. 동행이 있었으면 좋겠다고 생각하던 중에 한국인 청년이 눈에 띈다. 착해 보인다. 겸손한 청년 원이다. 몇 마디를 해 보니 그 청년도 나와의 동행을 반긴다.

자이푸르 시티팰리스, 리디 시디 폴의 북동쪽 공작문은 가을의 비슈누이다

인도여행 16일차-3
1월 23일(수) 자이푸르

난공불락,
암베르요새(Amber Fort)

◎ **물의 궁전, 잘마할(Jal Mahal)**

　시티팰리스 입구 맞은편에서 통합 입장권을 1,000루피에 샀다. 암베르성(Amber Fort), 잔타르만타르(Jantar Mantar), 앨버트홀박물관(Albert Hall Museum), 하와마할(Hawa Mahal), 시소디아라니카바그(Sisodia Rani ka Bagh), 비디야르바그(Vidyadhar Bagh), 이살라트(Isarlat) 등을 이틀 동안 둘러볼 수 있다.

　원과 함께 암베르요새로 가는 길에 있는 잘마할에 들렀다. 잘마할은 가뭄에 대비하여 축조된 만사가르(Man Sagar) 호수에 1799년 자이싱2세가 그의 부인들을 위해 건축한 물의 궁전으로 알려져 있다.

　넓은 호수에 떠 있는 듯한 두 채의 고풍스러운 궁전 위에 수많은 사

자이푸르 물의 궁전, 잘마할은 사진으로 보는 것과 비교해 보잘것없다

다새가 앉아 있는 광경이 볼만하다. 광장에는 아이의 손을 잡고 나들이하는 가족들이 평화로운 한때를 보내고 있다.

◎ 자이푸르의 자랑, 암베르요새·궁전(Amber Fort·Palace)

릭샤를 타고 북쪽으로 10여 분 가니 산등성이에 갈색의 웅장한 성채가 보인다. 라자스탄 구릉요새(Hill forts of Rajasthan)의 하나로 2013년 유네스코 세계 문화유산으로 등재된 암베르요새이다. 만싱(Man Singh)에 의해 1592년에 건설되어 자이싱2세가 시티팰리스로 옮기기 전에 사용했던 궁전이다.

요새까지 길고 가파른 성벽으로 된 골목길을 따라 걷다 보면 얼마 지나지 않아 요새의 군대 사열 광장인 거대한 자렙초크(Jaleb Chowk)로 들어설 수 있다.

자렙초크는 코끼리가 드나드는 해의 문(Sun Gate) 수라이폴(Suraj Pol)과 지프가 이용하는 달의 문(Moon Gate) 찬드라폴(Chandra Pol)

이 연결된 사각형의 광장으로 높다란 담벼락으로 둘러싸여 있다.

사기충천한 병사들, 말과 코끼리로 광장을 가득 메운 400여 년 전의 요새를 상상하니 발리우드 '조다 악바르'의 한 장면이 스쳐 지나간다. 코끼리 투어는 아침 7시부터 10시까지라 수십 마리의 코끼리 행렬을 볼 수 없어 아쉽다.

정면의 높다란 돌계단을 올라 디와니암(Diwan-I-Aam)이 있는 마당에 도착하였다. 왕의 공식적인 접견 장소인 디와니암은 삼면이 열려있는 구조다. 왕은 이곳에서 백성들의 의견을 듣거나 민원을 처리하면서 그들의 의견을 정치에 반영하고자 노력했다고 한다.

저 멀리 앞쪽으로 마오타호수(Lake Maota)와 케사르 카아리정원(Kesar Kyari Garden)이 앞산 능선을 따라 길게 지어진 산성의 성벽과 어울려 매우 운치가 있다.

디와니암의 오른편에는 매우 섬세하고 화려한 색채의 가네샤폴(Ganesh Pol)이 있다. 벽에는 가네샤와 식물들이 아름답게 장식되어 있으며, 3층의 수하그만디르(Suhag Mandir)의 구멍 뚫린 벌집 모양 창문은 디와니암을 보고 있다.

가네샤폴을 지나 내궁으로 들어가니 이슬람 방식의 차하르 바그 형태로 만들어진 쾌락의 정원(Aram Bagh)을 사이에 두고 디와니카스(Diwan-i-Khas)와 쾌락의 방인 수크니와스(Sukh Niwas)가 마주 보고 있다.

정원의 왼쪽 건물인 디와니카스는 왕이 관리들과 정사를 의논하고 외국 사신을 접견했던 곳이다. 디와니카스의 1층은 왕과 왕비의 침실인 자이만디르(Jai Mandir) 또는 거울의 궁전이라고 불리는 쉬시마할(Shish Mahal)이 있다. 내부 벽은 화병과 꽃을 모티브로 유리 모자이크와 상감 세공으로 장식되어 있다. 볼록한 모양의 거울들은 촛불 아래서 더 밝게 빛날 수 있도록 디자인되었다고 한다. 어둠 속의 촛불 하나가 수천 개의 거울 조각을 통해 반사되면 천국인 듯 황홀했을 듯싶다. 예술적 완성도가 매우 높고 정교한 쉬시 마할은 쾌락의 정원과 더불어 충분히 힌두와 이슬람 건축의 완벽한 결합이라고 평가받을 만하다.

  맞은편의 수크니와스는 왕이 여름철에 거주하던 곳이다. 지붕에 설치된 탱크의 물을 바람으로 식혀 건물의 수로를 통해 흐르게 설계하여 내부를 시원하게 하였으며, 그 물은 쾌락의 정원으로 흘러들어 정원의 생명수가 되었다. 자연을 이용하여 여름을 시원하게 유지하였던 수백 년 전의 에어컨 시스템이 놀랍다.

자이푸르 암베르요새, 매우 섬세하고 화려한 색채의 가네샤폴

왕족들이 생활하는 공간인 2층의 자스만디르(Jas Mandir)를 거쳐 궁전의 옥상으로 오르니 쾌락의 정원뿐만 아니라 요새 주변 마을들, 그리고 북쪽의 험준한 산등성이를 따라 길게 쌓아 올린 성벽과 정상에 우뚝 솟아있는 승리의 성, 자이가르포트(Jaijarh Fort)가 한눈에 들어온다.

엄청난 규모를 가진 천혜의 요새다. 누구든지 이 어마어마한 광경을 보았다면 암베르요새를 침략할 마음을 갖지 못했을 것이다. 시원한 바람에 가슴속이 뻥 뚫린다.

왕실의 여인들이 살았던 제나나(Zenana)로 가는 좁은 통로에는 시원한 바람이 들어온다. 찬 기운이 아래로 내려오는 성질을 이용하여 경사지게 설치한 창살 때문이다.

제나나는 주방이 딸린 아파트 형태의 방으로 만들어졌으며, 왕이 어떤 방을 방문했는지 다른 여인들이 알지 못하게 통로가 설계되었다고 한다. 마당의 가운데에는 왕실 여인들이 회의하거나 휴식 장소 용도로 사용되었다고 하는 정자 형태의 바다나리(Badanari)가 있다. 풀 한 포기 없는 돌바닥 위 정자에서 맞은 여름은 꽤 더웠을 것 같다. 쾌락의 정원이나 아그라 성의 포도 정원처럼 녹음이 없는 것이 아쉽다.

원과 함께 라지푸트의 영화가 성안 곳곳에 살아 숨 쉬는 암베르요새를 나와 앨버트홀 박물관으로 향했다. 나하가르요새를 가고 싶었지만 걷기에 너무 먼 거리이다. 처음부터 릭샤를 이용하여 1일 투어를 소화하는 게 좋을 뻔했다는 생각이 든다

인도여행 16일차-4
1월 23일(수) 자이푸르

비둘기 천국,
자이푸르중앙박물관
(Jaipur Central Museum)

    1876년 자이푸르를 방문한 에드워드7세의 이름을 따서 앨버트홀뮤지엄(Albert Hall Museum)이라고 부른다. 힌두와 이슬람 건축 양식이 복합된 스타일인 앨버트 홀은 꽤 인상적이다.

    건물 양쪽과 중앙에는 챠트리, 벽은 이슬람 풍의 아름다운 조각으로 장식되어 있다. 특히 건물의 난간은 시티 팰리스의 무바라크 마할처럼 나무를 정교하게 깎아 만든 듯이 매우 세밀하고 화려하다. 앞뜰에서는 인도가 1950년 1월 26일 영국 연방 자치령에서 벗어난 날을 기념하는 '공화국의 날(Republic Day)'을 준비하는 군악대의 움직임이 분주하다.

    앨버트홀 위로는 쉴 새 없이 천 마리가 족히 넘는 비둘기들이 떼를 지어 날아다니고 있어 더 아름답게 보이기는 하지만, 비둘기의 분변으로 문화재가 훼손당하는 것이 안타깝다. 하지만 인도인들은 지극정성으로 비둘기에게 모이를 준다. 앨버트홀 지붕 위는 비둘기의 천국이자 비둘기의 화장실이다.

거의 5시가 되었다. 관람 시간이 30분밖에 남지 않아 서둘러 관람하기 시작했다.

1층의 문화 금속관에는 정교한 청동 그릇, 은주전자, 금 접시가 전시되어 있고, 무기 전시관에는 검·나이프·투구·창·활과 화살 등을 볼 수 있다. 그중에 황금 도금 위에 꽃장식이 있는 아랍단검(Arab Dagger)이 눈길을 끈다.

조각전시관에는 시바·비슈누 그리고 부처 외에도 잘록한 허리와 풍만한 가슴을 가진 여신 야크시(Yakshi)를 감상할 수 있다. 국제관에서는 네팔의 붓다상, 일본의 영주 인형, 영국 도자기, 이집트의 미라, 중국의 신선상이 전시되어 있고, 세밀화관에서는 정교하게 그려진 힌두신과 왕들의 이야기를 만날 수 있다.

2층의 전시실에는 수천 점에 달하는 보석·상아·대리석·양탄자·회화·악기·가구 등은 물론 목제 인형·동전 등의 라자스탄 역사와 문화유산을 전시하고 있다. 특히, 다양한 요가 자세와 수공업자·카스트·라마와 크리슈나 등 인도의 독특한 삶과 종교를 점토로 절묘하게 표현한 19세기 점토 예술관은 꽤 볼만하다.

◎ **나도 지쳐간다**

자이푸르에서 유명한 라즈만디르시네마(Raj Mandir Cinema)와 라씨왈라(Lassi Wala)가 멀지 않은 곳에 있지만 7시간을 넘게 돌아다니다 보니 이제는 지친다.

  릭샤를 타니 채 5분이 걸리지 않아 극장에 도착한다. 맥도널드를 거쳐 오른쪽 모퉁이를 지나면 길 건너에 'SINCE 1944, LASSIWALA'라는 간판이 보인다. 하지만, 모든 라씨가 팔려 맛볼 수 없다.

  이제 어두워졌다. 집에 갈 시간이다. 무슨 인연인지 원의 숙소는 바로 옆집이다. 오는 길에 산 탄두리 치킨과 맥주 몇 병을 게스트하우스에서 함께 하면서 이야기를 나누었다. 역시 음식은 같이 먹어야 맛이 있다. 얼마 전에 전역한 후 진로를 고민하던 차에 인도에 왔다는 원의 앞길이 탄탄대로가 되길 기원해본다. 어쨌든 원과의 동행은 즐거웠다.

자이푸르 앨버트홀 지붕 위는 비둘기의 천국, 비둘기의 화장실이다.

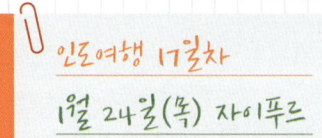

핑크시티(Pink City), 자이푸르

일정

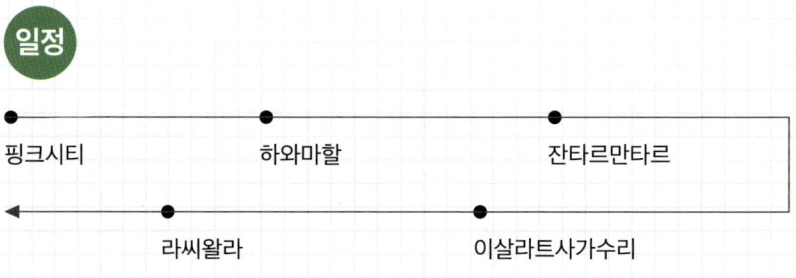

　오늘은 밀렸던 숙제를 해야 한다. 시티팰리스 근처의 씨티은행 ATM을 찾아 현금이 인출될 수 있는지를 확인해야 한다. 물론 엊그제 한국 커플의 도움으로 환전을 해서 여유가 있지만 그래도 찾아가야 한다.
　ATM은 조하리바자르(Johari Bazar) 로드에 있기에 시장의 입구이자 핑크시티로 들어가는 관문인 상가네리게이트(Sanganeri Gate)에서 내렸다. 챠트리와 이완이 조합된 갈색 건물 위에 흰색으로 그려진 푸르나 가타는 꽤 감각적이다. 이제 핑크시티로 들어간다.

◎ 자이푸르의 심장, 핑크시티(Pink City)

　사방 5km의 블록 형태로 건설된 핑크시티는 자이푸르 모든 활동의 심장부이다. 시티 팰리스를 중심으로 트리폴리아바자르(Tripolia Bazar), 람가니바자르(Ramganj Bazar) 및 챈드폴바자르(Chandpole Bazar) 같은 주요 시장은 동서로 이어져 있고, 조하리바자르(Jouhari Bazar), 키산폴바자르(Kishanpole Bazar)는 블록 형태로 조성되어 있다.

　핑크시티는 자이푸르의 건물들을 분홍색으로 칠해서 붙은 이름이다. 1876년 영국의 앨버트에드워드(훗날 에드워드7세) 왕자의 인도 방문은 인도의 정치인에게는 유대를 강화하고 친분을 쌓을 이상적인 기회였다.

　자이푸르의 사와리람싱(Sawai Ram Singh II)은 앨버트 왕자를 초대하고 도시 전체를 아름답게 꾸미기 시작했다. 그는 존경과 환영의 상징인 분홍색(Gerua)으로 모든 시장과 주요 건물들을 칠하라고 명령했다. 이후 핑크빛으로 변한 도시 건물과 시장의 통일성이 매우 아름다워서 1877년 정부는 분홍색으로 건물을 칠하도록 법으로 의무화하여 자이푸르는 '핑크시티'라는 매혹적인 이름을 가지게 되었다.

　조하리바자르를 걷기 시작했다. 4차선 도로의 양편으로 핑크빛 건물들이 끝없이 펼쳐져 있다. 세상의 모든 물건이 다 있을 듯한 시장이 골목길까지 꽉 차 있다. 조하리바자르는 보석을 위한 쇼핑객의 거리인 듯 큰길에는 금·은·에메랄드를 파는 보석가게가 많이 보인다. 능숙한 장인들이 아름다운 작품을 위해 열심히 일하고 있다.

　씨티은행의 파란색 간판이 반갑다. 카드가 잘못되었을까 봐 떨리는 마음으로 카드를 넣었더니 거침없는 속도로 10,000루피를 건네준다. 다행이다. 이제는 걱정이 없다. 인도를 즐기는 것만 남았다. 앞으로 쭉 10분만 걸어가면 하와마할이다.

◎ 바람의 궁전, 하와마할(Hawa Mahal)

하와마할 로드를 걷다 보니 창문이 가득한 붉은빛과 분홍빛이 감도는 아름다운 건물이 보인다. 하와마할이 거리의 한편에 서 있고 일부가 상점들로 사용되고 있는 모습은 예상하지 못했다.

5층의 거대한 벽은 라자스탄 방식의 돌출형 발코니 '자로카(Jharokha)'로 가득하다.

1799년에 프라탭 싱(Maharaja Pratap Singh)에 의해 지어진 하와 마할은 핑크시티의 아이콘이다. 독특하고 아름다운 모습은 크리슈나의

핑크시티의 아이콘 바람의 궁전, 하와마할 전경

열렬한 신봉자인 프라탭 싱이 크리슈나의 왕관과 비슷한 모양으로 건축하였기 때문이다.

입구를 찾으려고 쉽지 않다. 한참을 돌아 힌두교 사원의 뒤쪽 길로 들어가니 건물에 둘러싸인 뜰이 나타난다. 뜰의 분수는 장엄한 궁전에 아름다움을 더한다. 여러 개의 계단을 따라 올라가니 하와 마할이다. 이 궁전은 원래 층마다 각기 다른 이름이 있다. 1층은 가을 축제가 열렸기 때문에 샤레드 만디르(Sharad Mandir), 2층은 벽에 눈부신 공예품이 있어서 라탄 만디르(Ratan Mandir), 3층은 왕이 크리슈나를 경배했기 때문에 비치트라 만디르(Vichitra Mandir), 4층은 양쪽에 열린 계단 때문에 프라카시 만디르(Prakash Mandir)라는 이름이 있으나, 5층의 하와 마할(Hawamahal)이 유명하여 전체를 하와 마할로 불리게 되었다고 한다.

하와 마할에서 가장 특징적인 것은 953개의 창문이다. 바람이 돌로 만들어진 창문의 작은 구멍을 통과할 때 점점 더 차가워지고 빠르게 흐르는 벤투리(venturi) 효과로 항상 시원한 바람이 불어 궁전이 고온에서도 쾌적하게 유지된다고 한다. 이런 독특한 특징으로 인해 하와 마할을 바람의 궁전(Wind Palace)이라고 부른다. 작은 창문을 통해 궁궐에 갇혀 살았던 왕궁 여인들의 눈으로 거리를 바라본다.

◎ 세계 최고 천문대, 잔타르만타르(Jantar Mantar)

자이푸르에서 가장 관심을 가졌던 곳으로 2010년 유네스코 세계문화유산에 등재된 천문 관측소 잔타르만타르로 향한다. '잔타르'는 기계를 뜻하는 얀트라(Yantra)와 같은 의미이며, '만타르'는 계측을 말한다.

1724년에 자이싱 2세에 의해 건립된 천문대는 시간 측정과 일식 예

자이푸르 잔타르만타르의 라쉬발라야 얀트라(Rashivalaya Yantra)

보 그리고 주요 별의 위치 추적, 별들의 공전 궤도 추적 등을 위한 관측 장비를 갖고 있다.

관측소에 들어가면 우선 보이는 것이 돌기둥에 매달려 있는 두 개의 둥근 얀트라라즈(Yantra Raj)이다. 2.43m의 청동으로 만든 이 기구는 힌두 달력을 계산하기 위해 일 년에 한 번만 사용된다. 중앙에 있는 구멍(북극성)을 기준으로 여러 행성의 위치를 정하고 행성의 회전 속도를 계산한다. 태양과 달의 일식 및 일출과 일몰 시각을 계산할 수 있다.

지구본을 반을 잘라놓은 것 같은 카파리얀트라(Kapali Yantra)가 있다. 동쪽의 카파리는 천문학 문제를 그래픽으로 해결한다. 서쪽의 카파리는 원형 링의 그림자를 활용해 방위각·고도·자오선 통과 시간·태양의 적위 등을 알아내기 위해 사용된다.

카파리얀트라와 비슷한 프라카쉬얀트라(Prakash Yantra)는 두 개의 반구형 해시계로 하늘의 거꾸로 된 이미지를 표시한다. 관찰자가 내부로 들어가서 고도·방위각·시간각 및 기울기를 정확하게 판독할 수 있다.

자이푸르의 브리하트삼라트얀트라(Vrihat Samrat Yantra)

    두 개의 황동 고리로 만들어진 크란티라이타얀트라(Kranti Writa Yantra)는 천체의 경도와 위도 측정을 하는 데 사용되며, 돌기둥에 둘러싸인 두 개의 원형 고리인 차크라얀트라(Chakra Yantra)는 영국 그리니치(Greenwich)의 정오에 해당하는 특정한 시각을 알려준다고 한다.
    람얀트라(Ram Yantra)는 태양의 고도와 방위각을 찾는 데 사용되는 건물이다. 하늘로 개방된 한 쌍의 원통형 구조로 12개의 기둥으로 되어있다. 똑같은 높이의 기둥은 원통의 반지름과 같으며, 벽의 바닥과 내부 표면에는 고도와 방위각을 나타내는 눈금이 새겨져 있다.
    동남쪽에는 거대한 규모의 삼각형 해시계 브리하트삼라트얀트라

자이푸르의 라쉬발라야얀트라(Rashivalaya Yantra)

(Vrihat Samrat Yantra)가 보인다. '관측기구의 위대한 왕'을 의미하는 브리하트삼라트얀트라는 높이 27m로 세계에서 가장 큰 해시계다. 길이가 44.15m인 경사로는 자이푸르의 위도인 27도로 설계되어 있고, 2초 간격으로 시각을 측정할 수 있는 눈금이 있다.

경사로의 맨 위에 있는 작은 돔 챠트리는 일식 발표와 몬순의 도착을 알리는 플랫폼으로 사용된다. 비슷한 모양의 라구삼라트얀트라(Laghu Samrat Yantra)도 27도 기울

자이푸르의 나디발라야얀트르(Nadi Valaya Yantr)

어져 있는 해시계로 1분 단위로 시각을 측정할 수 있다.

　삼라트 얀트라를 축소해 놓은 듯한 12개의 라쉬발라야얀트라(Rashivalaya Yantra)가 있다. 작은 기단으로 연결되는 계단이 있는 삼각형의 관측 장비로 양쪽에는 원형의 날개가 달려 있다. 이 장비들은 태양의 경로인 황도 12궁의 별자리

자이푸르의 자이프라카쉬얀트라(Jai Prakash Yantra)

움직임을 측정한다. 월별 별자리에 따라 하나씩 만들어져 있고 정확한 별자리를 향하도록 다양한 각도로 설계되었다. 라쉬발라야는 점성술사들이 정확한 별점을 만드는 데 사용되기도 했다고 한다.

　비록 조선이 중국의 조공국가이었으나 천상열차분야지도·자격루·앙부일구를 만들어 독자적인 우주관을 정립하려고 했던 세종대왕이 생각난다. 잔트르만타르는 엄청나게 진보된 훌륭한 과학기술임은 틀림없다.

　하지만 우리는 그보다 300년 빠른 15세기에 천체를 읽었으며 해시계와 물시계를 만들어낸 것을 잊어서는 안 된다.

◎ 하늘 통로, 이살라트사가수리(Isarlat Sargasooli)

　두 시간 동안 입구에서 200루피에 산 과학 용어가 난무한 안내 책자와 짧은 영어로 씨름하다 보니 머리가 지끈지끈하다.

　시원한 생맥주가 생각나지만 마실 곳이 없다. 잠시 트리폴리아게이트 근처의 나무 그늘에서 쉬다가 이슬람 미나르인 이살라트사가수

209

리로 방향을 잡았다. 서점·귀금속
상점·철물점·힌두교 사원·의류점·
전자제품상점·제과점·식료품점으
로 가득 찬 핑크시티의 트리폴리아
로드를 구경하다 보니 어느새 상점
의 건물 위로 높다란 탑이 보인다.
　특별한 안내판 없이 방향 감각
에 의지해 찾아간 이살라트는 한창

자이푸르 도시 건물 위로 높다란 이살라트사가수리가 보인다

입구를 리모델링하는 중이다. 이살라트는 자이푸르의 설립자 자이싱 2세의 장남 이시와리(Ishwari Singh)가 동생과의 왕위 승계 전쟁에서 이긴 것을 기념하기 위해 1749년에 지었다.
　하지만 왕이 사랑하는 여인이 왕실 출신이 아니므로 결혼을 할 수 없어 그녀를 보기 위해 건설했다는 이야기도 있다. 팔각형의 7층으로 된 64m의 이살라트는 하늘로 가는 통로를 의미한다. 꼭대기로 올라가는 계단이 가파르지만 5분도 되지 않아 도착할 수 있다.
　인도 아가씨가 환하게 웃으며 물을 권한다. 물을 마실 정도로 힘들지는 않다. 마음이 고맙다. 자이푸르 대학생인 그녀들은 자이푸르 변화를 위한 프로젝트로 자이푸르의 시가지를 촬영 중이라고 한다. 인도가 밝은 미래로 나아가기 위해서 과거에서 벗어나는 사회변화가 필요하다고 강조한다. 시티팰리스·암베르성을 비롯한 도시의 모습이 한눈에 보인다. 이제야 답답한 속이 시원해진다.

◎ 자이푸르의 맛집, 라씨왈라(Lassi Wala)

　나하르가포트를 가야 하는 데 비가 올 것 같아 어제 제대로 관람하

자이푸르 앨버트홀은 공화국의 날 준비로 분주하다

 지 못한 자이푸르박물관을 다시 찾았다. 오늘도 공화국의 날 준비로 군악대가 분주하고, 앨버트 홀 위에는 비둘기 무리가 날아다닌다.
 막상 왔으나 배가 고프니 박물관에 들어갈 마음이 생기지 않는다. 아침에 먹은 식빵 몇 조각으로 여섯 시간을 걸었으니 지칠 만도 하다. 어제 라씨왈라 가는 길에 보았던 맥도널드가 생각나서 길게 고민하지 않고 릭샤에 올라탔다. 평소에는 햄버거를 먹지 않지만, 인도에서는 맥도널드 할아버지처럼 반가운 사람이 없다.
 흡족한 포만감을 느끼면서 라씨왈라로 건너갔다. 바라나시 3대 라씨를 일주일 지내는 동안에도 먹지 못했고, 애써 찾아갔던 인도 3대 라씨 중 하나라는 자이푸르 라씨왈라도 어제는 매진되었었다.
 하지만 오늘은 드디어 먹을 수 있었다. 다른 곳의 라씨는 설탕 맛으로 먹었지만, 라씨왈라의 달콤함은 자연스럽다. 바라나시의 람나가르요새 앞에서 마양크가 사 주었던 라씨와 비슷한 맛이 난다. 가격도 싸고 맛있으니 충분히 소문날 만하다. 라씨를 담았던 토기를 재사용할까 봐 걱정했는데 때마침 청소차가 모아놓은 토기를 싣고 간다.

비가 온다. 그동안 최악이었던 자이푸르의 미세먼지가 줄어들기를 희망해본다.

숙소에서 쉬다 보니 다시 배가 고파진다. 옆 호텔의 마기카페(Maggie Rooftop Cafe)를 찾아 어젯밤에 울려 퍼진 노래의 주인공을 만났다.

7대째 라자스탄 음악가라는 크리슈나도랙이 악기를 연주하며 노래를 부르고 있다. 맥주를 마시고 있는 10여 명의 남녀 대학생들은 도랙의 음악에 맞춰 춤을 춘다. 아가씨들이 더 적극적이다. 약간의 팁을 주자 도랙은 나를 위해 라자스탄의 환영 노래와 그가 제일 좋아한다는 사랑 노래를 선사했다. 그의 노래와 함께 이색적인 밤이 깊어져 간다.

자이푸르의 'SINCE 1944, LASSIWALA' 가게 주인

라씨왈라의 라씨 한컵

인도여행 18일차-1
1월 25일(금) 자이푸르

왕비의 아파트,
나하가르요새(Nahargath Fort)

나하가르요새 ———————————— 자이푸르공항

평화로운 아침이다. 스피커에서 울려 나오는 이슬람 독경 소리만 아니라면 인도란 것을 알 수 없다. 뭄바이로 가는 비행기가 오후라 여유있게 체크아웃을 하고 나하가르요새로 나섰다. 릭샤로 300루피, 1시간 걸리는 거리였다.

잘마할을 지나고 구불구불 나하가르로드로 20분 정도 올라가니 울창한 산의 정상에 나하르가요새가 웅장한 자태를 드러낸다.

10시 30분부터 입장이라 잠시 요새 앞의 카페에서 샌드위치와 커

자이푸르 나하가르요새는 계단 우물을 요새 안에 갖추고 있다

피를 즐긴다. 따뜻한 커피만 아니었으면 성의 없게 만들어진 차가운 샌드위치를 먹지 못했을 것 같다. 통합 입장권의 유효기간이 이틀이라 어쩔 수 없이 200루피의 입장권을 다시 사야만 했다. 아침이라 그런지 한산하다.

나하가르는 핑크시티를 둘러싸고 있는 210m 높이의 아라발리구릉(Aravali hills) 위에 세워진 요새로서, 능선을 따라 자이가르포트(Jaijarh Fort)까지 이어진다. 1734년에 자이싱 2세가 기초를 닦아 1892년까지 지어진 요새는 나하르싱(Nahar Singh) 왕자의 영혼이 요새를 건설하는 인부를 괴롭혀서 나하가르란 이름이 생겼다는 이야기가 전해온다.

다른 라자스탄의 구릉 요새처럼 나하가르도 자체적인 물 보존 시스템인 탱크와 계단 우물을 요새 안에 갖추고 있다. 사각형의 물탱크는 마드하벤드라바완(Madhavendra Bhawan)의 테라스와 둘러싸고 있는 언덕에서 내려오는 빗물을 모으는 효과적인 빗물 저장 장치이다.

계단 우물(step well)은 요새와 주변 언덕에서 흘러내리는 물이 모여드는 정사각형의 연못 형태로 작은 여과기를 설치하여 깨끗한 물만 고이게끔 설

자이푸르 나하가르요새, 마드하벤드라바완의 안뜰

계되었다고 한다. 물이 고이면 썩듯이 한때 깨끗했을 우물이 지금은 짙은 녹색을 띠고 있다.

마드호싱(Madho Singh II)이 아홉 명의 왕비를 위해 지은 마드하벤드라바완으로 들어간다.

왕의 크고 화려한 처소는 침실·주방·화장실과 베란다로 구성된 아파트 형태로 만들어진 왕비의 이름을 딴 방들과 복도로 연결되어 있다.

왕비의 방은 꽃을 묘사한 라지푸트·무굴 프레스코로 장식되어 있

자이푸르 나하가르요새, 먼 산의 밑자락까지 레고 블록 같은 건물들로 빼곡히 채워져 있다

으며, 유리창은 자이푸르를 향해 열려있다. 시원한 바람이 부는 옥상에서 보는 자이푸르의 전경은 장관이다. 뒤쪽으로는 험준한 능선을 따라 건설되어있는 성벽들이 보이고, 앞쪽으로는 까마득히 먼 산의 밑자락까지 레고 블록 같은 건물들로 빼곡히 채워져 있다.

공항으로 갈 시간이 되었는데 올라(Ola) 안 된다. 자이푸르는 다른 도시보다 릭샤 요금이 비싼 편이라 이용하지 않으려고 했는데 시티팰리스까지 400루피를 부르더라도 릭샤를 탈 수밖에 없다. 독점인 것을 왈라들도 알기 때문에 절대로 깎아 주지 않는다.

시티팰리스에서 올라를 이용하여 공항까지 오니, 오늘 지출한 교통비가 모두 약 1,000루피이다. 이럴 줄 알았으면 숙소부터 미리 대절했을 텐데 아쉽다. 이제 다음 도시는 인도 최대의 경제도시 뭄바이다.

자이푸르의 나하르가요새가 웅장한 자태를 드러낸다

제7장 뭄바이(Mumbai)

Mumbai is upgrading, 최대 경제도시 뭄바이

- 2019년 1월 25일~1월 28일·
1월 30일~1월 31일 -

그냥 한 번쯤은 인도

뭄바이 오발마이단의 오른편으로 솟은 시계탑이 인상적이다

📎 인도여행 18일차-1
1월 25일 (금) 뭄바이

헬프 미!

일정

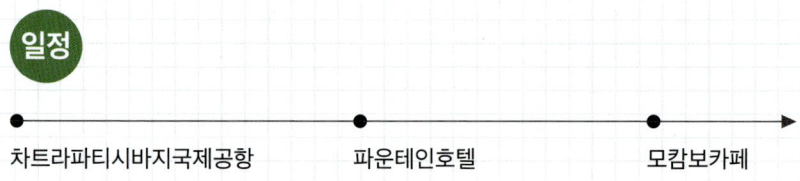

차트라파티시바지국제공항   파운테인호텔   모캄보카페

　차트라파티시바지국제공항(Chhatrapati Shivaji International Airport)은 중요한 항공 거점으로, 델리의 인디라간디국제공항과 함께 인도의 관문 역할을 한다.
　에어인디아를 타고 자이푸르에서 두 시간 걸려 도착한 터미널은 T2이다. 압도적인 규모와 함께 국조인 공작의 날개에서 모티브를 얻어 만들었다는 유기적인 조형미가 돋보이는 기둥과 천장이 흥미롭다. 올라를 호출한 후 공항 출입구 앞의 주차 동을 엘리베이터를 타고 올라가서 잠시 기다리니 바로 도착했다.

뭄바이 기온은 섭씨 30도이지만 시원하게 나오는 에어컨으로 덥다는 생각이 들지 않는다. 공항에서 나오는 길은 쾌적한 도시 분위기가 난다. 시속이 80km가 충분히 나오고 차간 거리도 유지된다. 한 번도 보지 못한 광경이다.

최악의 자이푸르처럼 빈 곳에 무작정 앞바퀴를 밀어 넣지 않는다. 길은 넓지 않은데도 차량 흐름이 좋은 편이다. 중앙분리대를 설치하지 않은 구간에서도 역주행하지 않는다. 사람이 많고 좀 복잡해서 그렇지 규칙이 적용되고 있다. 폭이 좁은 구간도 있지만 스쳐 지나가는 거의 모든 길에는 보행자를 위한 인도가 있으며, 그 옆에는 차량이 잘 정렬하여 주차되어 있다. 경제의 도시라 그런지 다리 밑의 걸인들이 스마트폰으로 영화를 보고 있다.

번화가로 오자 많이 막히지만, 오토바이조차도 비집고 들어가지 않고 일단 기다리면서 교통 신호에 따라 움직인다. 뒤에 오던 구급차를 위해 통로를 열어주는 성숙한 시민 의식도 있다. 허름한 구시가지에도 자이푸르처럼 길거리를 막고 장사하는 사람들이 없고 행인들은 인도로만 걷는다. 릭샤도 거의 보이지 않는다. 한국의 도시가 좀 더 세련되고 정돈되었을 뿐 거리의 질서 의식은 우리와 별반 차이가 안 난다. 델리처럼 거리를 다니는 소나 우마차도 없고, 대기 질도 다른 도시와 비교해 좋다.

공항에서 나오는 도로 외에는 바닥에 차선이 그려져 있지 않다. 하지만 차들은 모두 줄을 맞추고 차간 거리도 벌린다. 경적도 거의 울리지 않는다. 70여 분 동안 나의 올라 기사가 경적을 누르는 것을 느끼지 못했다. 공항에서 20km 떨어진 콜라바까지 교통비도 450루피에 불과하여 제대로 된 서비스를 받는 느낌이다.

뭄바이의 대표적인 관광 지구인 콜라바(Colaba)에 위치한 파운테인호텔(The Fountain Inn)에서 3박을 묵는다.

뭄바이가 다른 도시와 비교해 물가가 비싸고 숙소가 관광에 가장 좋은 지역에 있다. 지금까지 묶었던 숙소에 비하면 부담스럽지만, 동선과 현지 교통비를 고려하면 최적지라고 생각하여 예약한 호텔이었다. 1인실이라 아주 작지만 정갈하고 발코니까지 있다.

발코니에 나가니 까마귀 떼들이 여기저기 옥상에서 앉아 있고 석양에 유럽풍의 지붕들이 더욱 이국적이다. 가족이 그립지만, 이 맛으로 여행하나 싶어 행복하다. 입맛에 맞는 음식을 먹고 싶다.

'어라, 왜 안 열리지?'

발코니 문이 열리지 않는다. 문을 닫으면 자동으로 잠그는 문이다. 매우 난감하다. 스마트폰은 유리창 너머 침대 위에 놓여 있고, 여기는 6층이다. 좁고 높다랗게 세워진 건물이라 옆방도 없다. 행인도 지나가지 않는다. 어쩔 수 없이 소리 지를 수밖에 없다.

"헬프 미!"

목소리가 나오지 않는다. 열 번쯤 하니 그제야 큰 소리가 나오지만, 다시 고민에 빠진다.

'발코니 문을 깰까? 말까?'

깨고 싶은 충동을 이기고 다시 몇 번을 더 외쳤다.

"헬프미~, 헬프미~~, 헬프미~~~,"

반응이 없다. 다시 유리창을 보며 고민하던 중 다행히 옆집 옥상에서 인기척이 들린다. 우연히 옥상으로 올라온 청년의 도움으로 발코니에서 탈출할 수 있었다. 앞으로 꼭 손님들에게 설명하겠다는 매니

저의 약속을 받고 저녁을 찾아 나섰다.

◎ 인도에서는 보기 드문 귀한 돼지고기를 먹다

몇 번을 둘러봐도 들어가고 싶은 식당이 없다. 트립어드바이저를 봐도 못 찾겠다. 뭄바이의 중심지인데도 저녁 먹을 장소를 30분 넘게 찾아다닌다는 것은 분명히 내가 유별난 것이다. 여행국의 문화를 열린 마음으로 이해하겠다는 전제로 출발한 여행임에도 제일 힘든 것이 음식이다.

그러다가 만난 곳이 1960년부터 영업했다는 '모캄보카페(Mocambo Cafe)'로 유럽의 펍 분위기이다. 'Roast pork with roast potatoes'를 주문했다. 얇게 썬 돼지 앞다리의 살코기 부분을 버섯·감자와 함께 약간의 간장 소스에 거칠게 빻은 고춧가루로 양념한 음식이다. 김이 모락모락 오르는 흰쌀밥과 아삭한 김치가 있었으면 좋겠지만 오늘은 맥주로도 충분하다. 인도에서 먹기 어렵다는 돼지고기를 즐긴 것만으로도 감사하다.

국조인 공작의 날개에서 모티브를 얻어 만들었다는 유기적인 조형미가 돋보이는 기둥과 천장

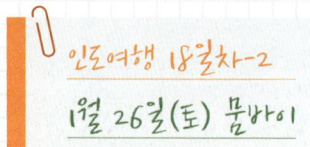

19세기 유럽의 거리를 보다

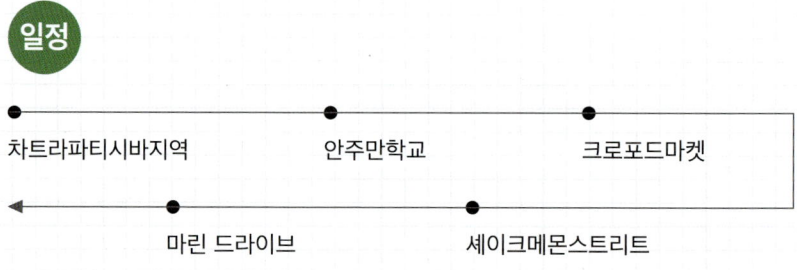

　오늘은 인도 공화국의 날로서, 1950년 1월 26일 헌법을 발효하고 공식적으로 인도 공화국을 선언하면서 영국 연방 자치령에서 벗어난 날이다.
　이를 기념해 대규모 군사 퍼레이드가 뉴델리와 주 수도에서 열리며, 인도 육·해·공군 대표와 전통 무용단이 대통령궁에서 붉은 성(Red port)까지의 퍼레이드에 참여한다. 외국 정상이 주빈으로 초청하는 것이 관례로 되어있으며, 이명박 전 대통령도 2010년에 국빈으로 초청된 바 있다.

◎ 차트라파티시바지역(Chhatrapati Shivaji Terminus)

9시쯤이 되자, 호텔 근처의 조그마한 후타트마경찰서(Hutatma Poilce Chowki)에서 30여 직원들이 국기게양식을 하고 있다. 10여 분에 불과하지만, 인도 공화국의 날이라 더욱 진지하게 보인다.

가까운 곳에 있는 차트라파티시바지역을 찾았다. 거리는 인파들로 분주하고 길 건너의 뭄바이시청(MCGM: Municipal Corporation of Greater Mumbai)은 공화국의 날 행사 준비로 한창이다. 아주머니들이 행인들에게 약간의 돈을 받고 인도 국기를 가슴에 달아 주고 있으며, 좌판에는 인도 국기를 소재로 한 다양한 배지를 팔고 있다.

뭄바이의 후타트마경찰서에서 국기게양식을 하고 있다

1876년부터 10년 동안 지어진 차트라파티시바지역(CST)은 매우 역사적인 터미널로서 2004년 유네스코 세계문화유산에 등재되었다. 영국 강점기에는 빅토리아역으로 불렸으나, 1996년 17세

뭄바이 차트라파티시바지역 대합실

기 마라타국왕의 이름을 따서 차트라파티시바지로 개명하였다. 인도 중앙 철도의 행정 본부가 있으며, 하루에 약 1천여 대의 기차가 이 역을 통과하고, 약 3백만 명의 승객들이 이용하고 있다고 한다.

인도에는 참 아름다운 건축물들이 많다. CST도 역시 아름답다. 버킹엄 궁전처럼 철제 출입문이 금색과 검은색으로 어우러져 있으며, 양쪽 기둥 위에는 영국과 인도를 상징하는 사자와 호랑이가 늠름하게 역을 지키고 있다. 커다란 시계가 있는 중앙의 높은 건물과 뾰족한 첨탑, 십자가 등의 건물 형태는 유럽의 전형적인 고딕 양식이지만 중앙의 커다란 돔형 지붕으로 인해 인도의 전통적인 궁전 같은 느낌을 준다.

고급 승용차가 몇 대가 들어온 후로 정문을 통제하여 오른쪽으로 돌아가니 대기실과 플랫폼이 나온다. 대기실은 거대한 아치형의 높은 천정이 특징적이며, 창문은 스테인드글라스로 장식되어 있어 유럽에 온 것 같다.

플랫폼은 역의 종착지이자 출발지이기 때문에 끝도 없어 보이는 기찻길이 앞으로 쭉 뻗어있다. 오늘은 휴일이라 한산하다. CST가 있는 포트(Port) 지역은 남쪽의 콜라바(Colaba)처럼 유럽식 건축물과 커다란 가로수가 가득한 시가지이다. 그냥 런던에 있는 듯한 느낌이라 목적지가 없이 북쪽으로 방향을 잡고 걷기 시작했다.

◎ **19세기 유럽풍 수작 건축물 '크로포드마켓'**

확성기 소리가 울려 퍼지는 곳에 가보니 안주만학교(Anjuman-I-Islam Urdu School)이다. 군복 형태의 화려한 교복을 입은 천여 명 정도의 학생들이 모여 공화국의 날 행사를 하고 있다. 1874년 무슬림들에 의해 설립된 우르두어 학교이었지만, 지금은 80여 개의 초등학교에서 대학원까지 되어있다고 한다.

안주만학교에 소속된 모든 학교에서 학생들이 참여한 듯이 수십 가지의 다양한 교복들이 어우러져 성대한 분위기가 연출되고 있다. 매우 어린 학생들이 땡볕에 앉아 있는 것을 보니 초등학교 시절 지겨웠던 행사 참여가 떠

뭄바이 안주만 학교, 공화국의 날 행사에 참여하고 돌아가는 학생들

오르지만, 아이들은 친구들과 즐겁게 재잘거리고 있다.

바로 옆에는 예술학교(J. J. School of Art)가 있다. 1878년에 설립된 미술 대학으로 인도의 미술 교육, 특히 건축물과 관련된 선구적인 역할을 하고 있다고 한다. 열대 식물원인 듯 교정은 녹음이 짙게 우거져 있다. 학생들은 곳곳에서 작품 활동에 몰입하고, 공터에서는 크리켓을 즐기고 있다. 뜨거운 한낮의 더위를 피하기에는 더할 나위 없이 평화로운 곳이다.

10여 분 북쪽으로 걷다 보니 경찰청(Commissioner of Police) 맞은 편의 혼잡한 교차로 모퉁이에 2018년 유네스코 세계문화유산에 등재된 유럽풍의 훌륭한 건축물인 크로포드마켓(Crawford Market)이 보인다.

건물의 안쪽에는 매우 커다란 시장이 형성되어 있다. 과일·채소·식품·화장품·선물·향신료 가게들이 즐비하고 가금류 상점들로 가득 찬 골목길을 볼 수 있다. 시장은 잘 정돈되어 있으며 비와 햇빛을 피할 수 있게 지붕도 만들어져 있다. 우리나라 것보다 세 배 이상 크고 색

뭄바이 거리는 유럽풍의 예술적인 건물로 즐비하다

뭄바이 안주만 학교, 수십 가지의 다양한 교복들이 어우러져 성대한 분위기가 연출되고 있다

뭄바이 안주만 학교, 한껏 멋을 부린 학생

뭄바이 J.J.예술학교는 뜨거운 한낮의 더위를 피하기에는 더할 나위 없이 좋다

뭄바이 J.J.예술학교에서 학생들이 작품 활동에 몰입하고 있다

도 진한 딸기가 탐스러워 1kg(100루피)을 샀으나 단맛이 부족하다.

발길이 내키는 대로 길을 건너니 영국식민지 시대에 지어진 듯한 거리에는 남대문 시장처럼 온통 상점으로 가득하지만, 찬드니 초크처럼 비좁거나 먼지가 많지 않다.

셰이크메몬스트리트(sheikh memon street)라 불리는 이 거리에는 옷과 봉제완구 및 그릇에 이르기까지 다양한 것을 판매하고 있다. 시장길 한편으로 이슬람의 미나르가 보인다. 테라스 지붕으로 된 2층 건물로 1층은 상점이다. 구글로 검색하니 300년 된 자마마스지드(MS BAGS)로 인기가 많은 사원이다.

딸기는 무척 크나 당도는 매우 떨어진다

지도를 보니 마린 드라이브까지는 2km가 채 되지 않는 거리라 서

231

쪽으로 올드하누만레인(Old Hanuman lane)을 따라 무작정 나아갔다. 100년도 넘을 듯 보이는 5~6층의 아파트들이 길 양쪽으로 길게 늘어서 있다. 건물의 1층에는 주로 의류점이며 신식 건물의 교회도 있다.

◎ 여왕의 목걸이, 마린드라이브(Marine Drive)

해변철도역(Marine Lines Railway Station)의 육교를 지나니 마린드라이브가 펼쳐진다.

마린드라이브는 나라만포인트(Nariman Point)에서 말라바르언덕(Malabar Hills)까지 아라비아해 연안의 백 만(Back bay)를 따라 건설된 3km 길이의 해변 도로이다. 나라만포인트는 뭄바이 반도의 남부에 있는 경제의 중심지이며, 말라바르언덕은 백만을 감싸고 있는 도출형 반도로 뭄바이 부자들이 거주하는 지역이다.

6차선 도로이지만 인도에 온 지 거의 20일이 되다 보니 어렵지 않아 무단횡단을 하여 길게 뻗은 마린드라이브의 산책로를 걸을 수 있었다. 낮임에도 많은 사람이 해안 방파제에 앉아 여유를 즐기고 있다. 마린 드라이브는 밤에 빛나는 가로등 빛이 눈에 부신 다이아몬드 목걸이처럼 보이기 때문에 '여왕의 목걸이(Queen's Necklace)'라는 별명을 갖고 있다. 밤에 다시 와서 해변의 아름다움과 평화로움을 느끼고 싶다.

뭄바이의 올드하누만레인에서 만난 신식교회

뭄바이 시장 골목, 셰이크메몬스트리트

뭄바이에서 즐기는 마린드라이브, 미세먼지가 자욱하나 여유를 즐길 수 있다

유네스코 세계문화유산 차트라파티시바지역(CST)

뭄바이 시청은 공화국의 날 행사 준비로 한창이다

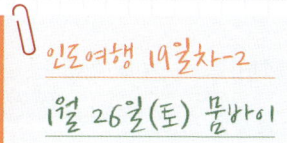

슬럼독 밀리어네어
(Slumdog Millionaire)

도비가트   다리비 워킹투어

◎ 사회적 기업, 리얼리티투어(Reality Tours & Travel)

어느덧 1시 30분, 이제 서둘러 도비 가트와 다라비의 안내를 해 줄 리얼리티투어로 갈 시간이다.

리얼리티투어는 슬럼가의 삶에 대한 인식을 높이고 지역 사회 프로젝트를 위한 기금을 모으기 위해 2005년에 설립된 사회적 기업으로, 다라비(Dharavi) 워킹투어 등의 사업을 벌이고 있다.

'슬럼독 밀리어네어'와 '행복까지 30일'에서 봤던 어린이들의 맑은 눈망울이 잊히지 않아 인도에 오기 전에 예약한 체험 투어 프로그램이다. 콜라바의 레오폴드카페(Leopold Cafe) 맞은편 2층에 있는 사무실을 찾았다. 오늘 안내하는 투어가이드는 하늘색 긴 구르다를 입고 있는 20대 여성 심란이고, 50대로 보이는 이스라엘 여성 2명과 동행이 되었다. 바라나시와 오르차에 만났던 이스라엘인에게 반감이 있었던지라 함께 하는 것이 불편하다.

◎ 거대한 세탁소, 도비가트(Mahalaxmi Dhobighat)

도비가트는 1890년부터 이어져 왔다는 뭄바이의 거대한 세탁소이다. 도비는 카스트(직업)를, 가트는 빨래터를 의미하며, 여기에서 일하는 노동자를 도비왈라(Dhobiwala)라고 부른다.

도비가트는 뭄바이의 거대한 세탁소이다

도비가트의 뷰포인트로 알려진 마하락슈미(Mahalakshmi) 역 근처의 다리 위에는 이미 많은 관광객이 도비가트를 응시하고 있다. 도비왈라의 인권을 보호하기 위해 내부로 들어가지 않는다지만 리얼리티 투어가 이들과는 공감대를 형성하지 못한 듯하다. 내부로 들어가 그들의 삶을 가까이에서 느껴볼 수 없어 아쉽다.

한 변이 150m쯤 되어 보이는 삼각형 형태의 도비가트는 사방이 고층빌딩으로 둘러싸여 있는 외로운 섬이다. 무너질 것같이 낡고 허술해 보이는 건물의 사이사이와 지붕 위에 수많은 빨래가 걸려있다. 오후이기 때문에 빨래를 하는 노동자는 거의 보이지 않고 대개 빨래를 정리하거나 군데군데 그늘진 곳에서 쉬고 있다.

심란에 따르면 5,000여 명의 도비왈라가 하루에 뭄바이의 인구만큼인 약 2,200만 벌의 옷을 세탁한다고 하는데 믿기지 않는다. 일부 부유한 도비들은 대형 세탁기와 건조기로 작업하지만, 아직도 새벽 4시 30분에 시작하여 밤 10시까지 일을 한다고 한다. 오전에는 독한 표백제의 물속에 몸을 담그고 돌바닥에 옷을 내리치며 문지른다. 오후에는 긴 빨랫줄로 건조하고, 반듯하게 다림질하여 소비자에게 깔끔하게 배달한다. 고된 노동의 연속이지만 그들이 대가로 받는 돈은 고작 하루에 400루피 정도라고 한다.

한번 보고 싶었던 곳을 찾았지만, 가난과 힘든 노동을 구경하는 관광객 입장이라 미안하다.

◎ 아시아 최대 빈민가, 다리비워킹투어(Dharavi Walking Tour)

다음 목적지는 인도의 가난과 빈부격차의 상징이자 아시아 최대의 빈민가로 알려진 다라비이다.

18세기에 다라비는 주로 맹그로브 늪이 있는 섬이었으나, 지금은 7,600억 원의 연간 매출액을 가진 산업단지이자 100만 명 이상이 사는 거대한 주거 단지로 바뀌었다.
　다라비 출신 심란이 이끄는 대로 매캐한 악취가 나고 먼지가 많은 재활용 골목(recycling area)부터 워킹 투어를 시작하였다.
　그녀는 사진 촬영을 하지 말라고 당부한다. 골목을 빽빽하게 채우고 있는 작은 공장 안에는 플라스틱으로 되어있는 온갖 제품들이 가득 쌓여있다. 오래전에 없어졌던 VHS 카세트에서 플라스틱과 테이프를 분리하고 있는 노동자도 보인다.
　처음 마주친 다라비는 낡고 보잘것없어 보이지만 예상과는 다르게 파하르간지처럼 쓰레기로 가득 찬 길이나 쓰러져가는 슬럼은 아니었다. 여기는 열심히 일하는 노동자로 활기가 넘치는 거대한 공단이며, 여기저기 쌓여있는 쓰레기들은 그들의 생계 수단이었다. 2만 개가 넘는 업체들이 인도 전역에서 오는 쓰레기들에서 플라스틱을 분류하여 가루로 만들어 수출하거나 물통 등의 제품으로 재생산한다고 한다. 비좁은 계단을 돌아 올라간 루프탑에서 바라본 슬레이트 지붕이 사방을 뒤덮고 있는 광경은 절대 잊지 못할 것이다.
　주택과 소규모 공장들이 위생·배수구·안전한 식수·도로·화장실 또는 기타 기본적인 서비스에 대한 계획 없이 무분별하게 성장하다 보니 많은 문제점이 산적해 있다. 모든 것이 부족하지만 항상 노출된 해로운 환경이 가장 위험하게 보인다. 뭄바이 평균 대비 22배의 인구밀도를 가진 이곳에서 불이라도 나면 그 피해는 상상할 수 없을 정도로 심각할 수 있을 것이라는 생각이 드니 아찔하다.
　다리비 거주자들은 인도 전역의 시골 지역에서 이주한 사람들로,

한두 60%·이슬람 30%·크리스트교가 6%이다고 한다.

[슬럼독 밀리어네이]에서 이슬람이란 이유로 자말의 엄마가 빨래터에서 살해당하는 장면이 기억나서 종교 갈등이 클 것으로 예상했지만, 오히려 서로를 잘 알고 있으므로 갈등이 거의 없다고 한다.

무슬림이 인도의 평균 13%보다 매우 높은 편이지만 힌두 사원의 한쪽에 무슬림을 위한 공간을 두어 힌두와 무슬림이 함께 이용하는 등 힌두와 무슬림과 사이좋게 공생한다고 심란은 이야기한다.

영화에서 본 듯한 한 사람이 겨우 지날 수 있는 어두운 터널 같은 골목을 몇 차례 지나자 예상치 못한 놀라운 광경이 눈 앞에 펼쳐진다. 놀이터이다. 플라스틱 쓰레기 더미로 꽉꽉 채어진 다라비에 학교 운동장의 반쯤 되는 놀이터에서 아이들이 뛰놀고 있다. 매일같이 보는 관광객이겠지만 "Hello"라고 수줍게 인사하며 손을 흔드는 모습이 참 예쁘다.

이스라엘인들이 이곳의 특산품인 가죽 공예품을 쇼핑하는 동안 잠시 놀이터에 머무니 가이드 심란은 불미한 일이 생길까 봐 걱정한다.

자말 형제 같은 두 아이가 내 앞에서 쭈뼛거린다. 돈을 요구할 줄 예상했는데 가슴과 가방에 꽂혀 있는 인도 국기를 원한다. 흔쾌히 아이들의 가슴에 인도 국기를 달아 주니 해맑게 웃는다. 어느새 아이들이 주변으로 몰려든다. 과자 행상에게 500루피를 주니 그가 들고 있는 커다란 비닐봉지 전부다. 하나씩 나누어 주려 했지만, 욕심 많은 사람은 어디에든 있는 현상이라 나누어주기 어렵다.

꼬맹이들과 음식을 나누어 먹고 싶었을 뿐인데 어른들과 커다란 아이들이 힘으로써 몇 개씩 가져가려고 드니 괜히 일을 벌였는가 싶다. 좀 더 오래 머무르고 싶었으나 투어가이드 심란이 가자고 한다.

비록 1시간 남짓한 짧은 다라비 투어이었지만 무수한 소규모 산업이 번창하고 있는 골목골목마다 가득 찬 활기찬 삶의 모습을 보고 희망을 느낄 수 있었다. 겉으로 보이는 것 이상의 매력과 가치가 있는 곳으로 인도에 오는 여행자라면 한 번쯤은 충분히 방문할만한 값어치가 있다.

돌아오는 길에 그들과 헤어져 한식당(Sun Moon Catering Services)을 찾았다. 소주 한 병값이 도비 가트 노동자의 일당보다 비싸 잠시 머뭇거렸지만 20일 만에 먹는 제대로 된 한식과 소주는 여행을 더욱 즐겁게 만든다.

오늘은 뭄바이 인구 60%가 사는 슬럼가를 통해 인도의 민낯을 보면서 속상했으나 한식으로 행복한 하루였다. 또 다른 모습으로 다가올 내일의 뭄바이가 기다려진다

인도여행 20일차
1월 27일 (일) 뭄바이

대체 신이 뭐기에…

일정

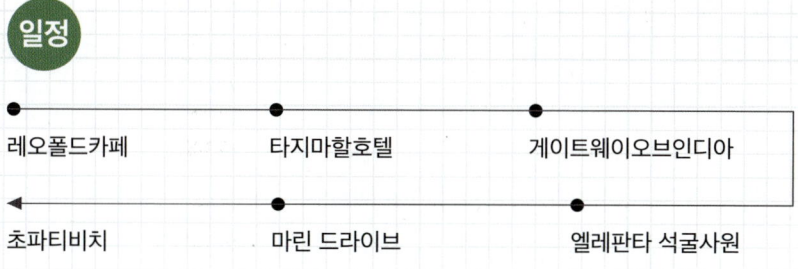

레오폴드카페 — 타지마할호텔 — 게이트웨이오브인디아

초파티비치 — 마린 드라이브 — 엘레판타 석굴사원

    아침을 먹기 위해 첫 목적지인 게이트웨이 오브 인디아의 근처에 있는 2008년 뭄바이 테러의 대상지였던 레오폴드카페(Leopold Cafe)를 찾았다.
    뭄바이 테러는 파키스탄 이슬람 테러단체가 자동화기와 수류탄으로 500명 정도의 무고한 일반인들을 죽거나 다치게 만든 사건을 말한다. 대체 신이 뭐기에 신의 이름으로 함부로 사람들을 죽이는가.

타타가 인종차별을 당해 오기로 지었다는 타지마할 호텔

◎ 인도의 자존심, 타지마할호텔(Taj Mahal Hotel)

　레오폴드 카페의 옆 블록에는 '타지마할호텔'이 있다. 타타자동차로 알려진 인도 최대 기업인 타타그룹의 창시자인 뭄바이의 민족자본가 타타(Jamsetji Tata)가 아폴로호텔에 식사하러 갔다가 인도인이라는 이유로 출입을 거절당하자 오기로 지었다는 인도 제일의 호텔이다.

　5성급 특급 호텔인 타지마할호텔은 560개의 객실과 44개의 스위트룸을 갖추고 있고, 1,600여 명의 직원이 일하며, 객실 창문을 통해 바다를 바라볼 수 있게 설계해 마치 배를 타고 있는 느낌이 드는 것이 특징이라고 한다.

　2008년 뭄바이 테러의 주 목표물이었던 까닭에 호텔 주변에는 자동화기와 장갑차로 무장한 대규모 경찰이 삼엄하게 경비를 서고 있다. 궁전처럼 웅장하고 단단해 보이는 건물 위에 솟아있는 붉은색 돔과 챠트리가 매우 인상적이다.

◎ 영국 제국주의 상징, 게이트웨이오브인디아(Gateway of India)

타지마할 호텔의 앞에는 '게이트웨이오브인디아'가 있다. 주변에는 수많은 인파가 휴일을 즐기고 있다.

델리의 '인도문(India Gate)'과 비슷한 뭄바이의 상징적 랜드마크가 된 '게이트웨이오브인디아'가 아름다운 아라비아해를 굽어보고 있다. 이슬람의 아치와 힌두교의 장식으로 흠잡을 데 없는 완벽하게 무굴 양식으로 지어진 26m의 거대한 게이트웨이는 인도를 통치하는 영국 제국주의 힘의 상징이었다.

1911년 조지5세(King George Ⅴ)의 인도 방문을 기념하기 위해 지어졌으며, 1948년 2월 28일, 인도 독립 후 영국 서머셋라이트(Somerset Light) 보병 대대가 이 게이트웨이를 통과하여 인도를 떠났다.

◎ 엄청난 동굴 사원, 엘레판타석굴사원(Elephanta Caves)

게이트 앞의 아폴로번더(Apollo Bunder) 부두에는 엘레판타섬으로 가는 관광객의 줄이 길게 늘어져 있다. 연두색 티셔츠를 입은 남자들이 현장에서 200루피 티켓을 판매하고 있다. 길어 보이던 줄도 여객선이 여러 척이다 보니 순식간에 짧아진다.

배가 뒤뚱거리며 출발한다. 10루피만 더 내면 갑판에 올라갈 수 있다. 수십 마리의 갈매기들이 갑판으로 날아든다. 강화도에서 석모도 가는 배에서 보았던 새우깡 갈매기들처럼 과자를 받아먹느라 사방에서 날아든다. 아이와 어른 할 것 없이 모두 즐거워한다.

섬까지는 딱 1시간이 걸렸다. 뭄바이의 동쪽에 있는 여러 섬 중 하나로서, AD5~7세기에 건설된, 1987년 유네스코 세계문화유산인 엘레판타석굴사원이 있다. 석굴의 도시 가라푸리(Gharapuri)로 불렸던 이 섬은 포르투갈 침략자들이 거대한 코끼리 석상을 발견한 뒤 엘레판타 섬으로 알려지게 되었다고 한다.

500m 정도의 선착장 한쪽으로는 무료로 관광용 열차가 운행되고 있지만 시원한 아라비아해의 바람을 맞으며 홀로 걷는 것이 훨씬 좋다. 엘레판타 석굴로 올라가는 계단은 좁지 않지만, 양쪽으로 기념품 가게가 즐비하다 보니 사람이

뭄바이 엘레판다섬, 선착장 한쪽으로는 관광용 열차가 운행된다

치여 혼잡하다. 돌로 만든 기념품은 매우 정교하여 문화재를 보는듯 하다.

엘레판타석굴은 단단한 현무암을 깎아 만든 다섯 개의 힌두교 석굴과 두 개의 불교 석굴로 구성되어 있다. 우선 힌두교 석굴사원이 있는 서쪽 언덕으로 향했다.

먼저 보이는 'No.1 석굴' 그레이트케이브(Great Cave)는 시바를 섬기는 내용의 암각 작품이 있는 사원이다. 석굴사원에 들어서자마자 감탄이 저절로 나온다. 석굴암이 매우 초라하게 느껴질 정도로 석굴사원의 규모는 실로 엄청나다. 한 변이 27m의 널따란 사각형 홀인 만다파(Mandapa)의 수십 개의 정교한 기둥과 벽면 위의 섬세한 조각들

이 바위를 통째로 깎아 만든 것이라는 데 놀라움을 금할 수 없다. 대체 신이 뭐기에 이토록 오랜 시간과 정성을 들인단 말인가.

석굴 안에서 매우 특별하고 거대한 수준 높은 부조와 가장 완벽한 표현이 담긴 인도 예술을 발견할 수 있었다. 3개의 머리를 가진 6.1m 높이의 트리무르티(Trimurti·Sadashiva)는 메인 석굴에서 가장 중요한 조각물로 여겨진다. 세 개의 머리는 시바의 본질적인 성향을 나타낸다. 오른쪽은 창조의 신, '브라흐마' 왼쪽은 파괴의 신, '시바' 가운데의 중심 얼굴은 보호의 신, '비슈누'를 묘사하고 있다.

뭄바이 엘레판다섬, 'No.1 석굴' 그레이트케이브

뭄바이 엘레판다섬, 'No.1 석굴' 트리무르티는 가장 중요한 조각물로 여겨진다

트리무르티의 왼편으로는 시바와 파르바티의 복합체인 네 개의 팔을 가진 아르다나리스바라(Ardhanarisvara), 오른편에는 갠지스강을 지구로 가져왔다는 강가하라(Gangadhara)가 조각되어 있다. 중앙부에 있는 시바의 상징 링가를 중심으로 사원의 곳곳에는 거대한 크기의 요가의 신인 요리쉬바라(Yogishivara)와 춤의 신 나타라자(Nataraja) 등 시바의 아바타 신상, 시바가 악마 안드하카(Andhaka)를 죽이는 장면, 시바와 파르바티가 결혼하는 장면, 시바가 살고 있다는 카일라스산을을 묘사한 상세한 조각들이 시바의 위대함을 표현하고 있다.

뭄바이 엘레판다섬, 바위를 통째로 깎아 만든 'No.1 석굴'

　실로 엄청난 예술품을 본 여운이 쉽게 가라앉지 않아 한참을 입구에 서 있다가 'No.5 석굴' 쪽으로 발걸음을 옮겼다. 다른 석굴들은 규모가 작거나 많이 파괴되어 있어 큰 감흥을 불러일으키지 못했다. 석축을 보수하느라 땡볕에 돌덩이를 이고 가는 여인들은 돈을 내고 사진 찍어 달라고 애원하며, 원숭이들은 관광객들의 음식을 호시탐탐 노리고 있다.
　다시 입구로 와서 언덕 위의 포대(Cannon Point)에 올랐다. 한강으로 침탈하는 외적을 막

뭄바이 엘레판다섬, 다른 석굴들은 규모가 작거나 많이 파괴되어 있다

뭄바이 엘레판다섬, 'No.2 석굴' 입구

는 강화도의 초지진처럼 2문의 커다란 대포가 아라비아해를 향하고 있다. 10m 정도쯤 되는 대포는 정확한 표적을 잡기 위해 위 아래, 360도로 회전할 수 있게 만든 커다란 기계장치 위에 설치되어 있다.

출출하다. 주변을 둘러보니 매표소 근처의 찰루키야식당 (Chalukya Restaurant)이 편안

뭄바이 엘레판다섬, 아라비아해를 지키고 있는 포대

해 보인다. 어느새 바다에서 불어오는 바람에 땀이 다 식는다. 세 명의 인도 청년이 합석한다. 맥주 두 병을 시켜놓고 대화는 거의 하지 않으면서 선글라스를 돌려 써가며 40분이 넘도록 사진만을 찍어대는 그들로 인해 자꾸 신경이 쓰였지만, 인도 와서 제일 편안한 시간을 보내는 듯싶다.

◎ 뭄바이 쉼터, 초파티비치(Girgaum Chowpatty Beach)

호텔로 돌아와 다시 찾은 여왕의 목걸이 마린 드라이브는 매우 아름답고 평화로운 곳이었다. 수 킬로미터를 밝히고 있는 가로등 불빛 속의 방파제에서 수많은 인파가 한가로운 저녁 한때를 보내고 있다.

가족·연인·친구들이 이야기하고, 사랑을 속삭이며 사진을 찍으면

여왕의 목걸이, 마린드라이브

서 행복해한다. 아름다운 경치도 함께해야 더 아름다워 보이고, 맛있는 음식도 같이 먹어야 더 맛있으나 혼자이니 심심하다.

방파제를 따라 터벅터벅 한 시간쯤 걷다 보니 초파티비치(Girgaum Chowpatty Beach)가 나온다. 해변은 뭄바이와 푸네에서 온 수천 명의 사람이 아라비아해에 가네샤를 담그는 비사르잔(Visarjan) 축제와 매년 람릴라(Ram Leela) 연극이 공연되는 유명한 곳이라고 한다.

해변을 둘러싼 물은 심하게 오염되어 있다고 하지만, 넓은 모래사장에는 더위를 식히려고 나온 가족들이 자리를 펴고 음식을 먹고 있다. 아이들은 모래성을 쌓고 있고 어른들은 편안하게 누워 이야기를 나눈다. 해변의 화려한 조명 아래 다채로운 길거리 음식을 팔고 있다. 뭄바이에 온 관광객이라면 다양한 인도 음식을 즐기기 위해 충분히

와 볼 만한 곳이다. 어느 때보다 빈자리의 허전함이 느껴진다. 가족이 그립다.

뭄바이 초파티 비치에서는 아이들은 모래성을 쌓고, 어른들은 이야기를 나눈다

뭄바이 게이트웨이오브인디아가 아름다운 아라비아해를 굽어보고 있다

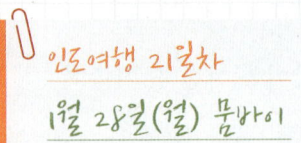

영구적인 식민지를 원했는가?

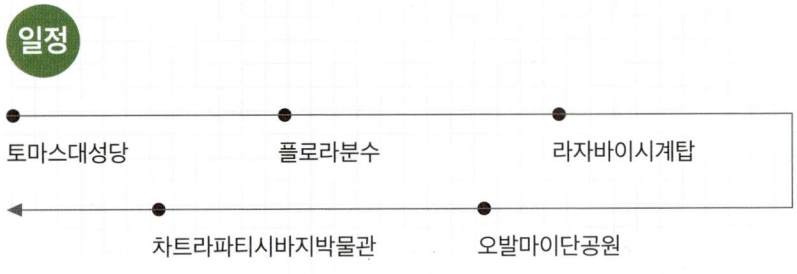

　맛집으로 소문난 야즈다니베이커리(Yazdani Bakery·1953년 창업)의 갓 구운 빵의 향내를 맡으면서, 하나하나가 예술품인 유럽식 건축물로 가득한 거리로 나섰다.
　1718년에 세워진 뭄바이 최초의 교회인 토마스대성당(St. Thomas's Cathedral)을 거쳐, 플로라분수(Flora Fountain)로 향했다.
　1864년에 지어진 플로라분수는 사우스뭄바이의 심장부에 위치하

로마의 여신 플로라분수

빅벤을 모델로 한 뭄바이의 랜드마크 라자바이시계탑과 뭄바이대학

며, CST(Shivaji Terminus)도 도보 거리에 있다. 분수 꼭대기에 위풍당당하게 서 있는 새하얀 로마의 여신 플로라는 햇빛을 받아 환하게 빛나면서 주변을 더욱 밝히고 있다.

분수에서 5분 거리의 뭄바이 대학 한편에는 웨스트민스터 궁전의 빅벤을 모델로 한 뭄바이의 랜드마크인 라자바이시계탑(Rajabai Clock Tower)이 솟아있다.

85m 높이의 이 시계탑은 2018년 유네스코 세계문화유산에 등재된 '뭄바이의 고딕과 예술 데코 앙상블(Victorian Gothic and Art Deco Ensembles of Mumbai)'의 일부이다.

이는 19세기 빅토리아 여왕 시대에 뭄바이에서 고딕 양식으로 지어진 예술적인 건물들을 모아 놓은 것으로, 2004년에 등록된 CST 외에도 뭄바이대학·고등법원·경찰청·시청·크로포드시장 등이 포함되어 있다. 종려나무가 우거진 뭄바이 대학과 바로 옆의 고등법원에 들어가서 세계문화유산을 감상하고 싶으나 출입이 허용되지 않는다.

뭄바이대학과 고등법원의 길 맞은편에는 오발마이단(Oval Maidan)이 있다. 넓이가 8.9ha인 오발마이단은 뭄바이에서 큰 공원 중 하나로서, 대규모의 크리켓 경기뿐만 아니라 담장을 이루고 있는 높다란 푸른 나무들 밑으로 여유롭게 산책할 수 있는 매우 좋은 장소로 보인다.

가로수 위로 우뚝 솟아있는 시계탑(Rajabai Tower)이 인상적이다. 너른 공원에서는 몇 팀의 크리켓 선수들이 연습하고 있다. 한창 연습에 열중하고 있는 청소년 선수들은 구경하는 나에게 관심을 보이면서 경기 방법을 알려주고, 어설픈 동작에 깔깔깔 웃는다.

공원에서 동쪽으로 방향을 바꿔 차트라파티시바지박물관(CSMVS: Chhatrapati Shivaji Maharaj Vastu Sangrahalaya)을 향했다.

1922년 대중에게 공개되어 웨일즈왕자(King George V) 박물관이라고 불렸던 이곳은 인도 최고 수준의 박물관 중 하나이다.

힌두의 챠트리, 이슬람의 거대한 아치형 돔이 혼합된 화려한 무굴 제국의 건축물 스타일과 유럽의 고딕 양식이 조화를 이룬 형태로 지어진 박물관은 그 자체가 예술품으로 자이푸르 박물관(앨버트 홀)이 연상된다. 옆으로 누운 부처의 두상, 아름다운 정원, 우뚝 솟은 종려나무들이 박물관에 아름다움을 더한다.

박물관은 고대 인도의 역사와 더불어 예술·고고학·자연사관으로 구분되어 있다. 예술관에서는 네팔 및 티베트에서 온 다양한 형태의 예술작품과 함께 악바르의 갑옷을 볼 수 있고, 고고학관에서는 무기와 장식품을, 자연사관에서는 플라밍고·큰뿔새와 오늘 아침에 호텔에서 보았던 까마귀 등 뭄바이의 자생 동물들에 대하여 설명해준다.

콜라바(Colaba)와 이곳 포트(Port) 지역은 영국이 인도를 영구적으로 식민 통치하기 위해 만들어진 것처럼 광범위한 범위에 19세기 런던을 가져다 놓은 듯 견고하고 커다란 유럽식 건물들이 즐비하다.

군산처럼 뭄바이가 수탈의 항구 역할을 한 경제도시인 것을 반증하듯 건물들은 현재도 관공서나 은행으로 사용되고 있다. 영국 식민 잔재들이 가득한 이곳은 여행자에겐 최상의 관광 코스이지만 인도인들에게 치욕의 공간 일텐데 그들은 그렇게 생각하지 않는 듯하다.

차트라파티 시바지 박물관

뭄바이 최초의 교회인 토마스대성당

인도여행 21일차-2
1월 28일(월) 뭄바이

Incredible India ④

일정

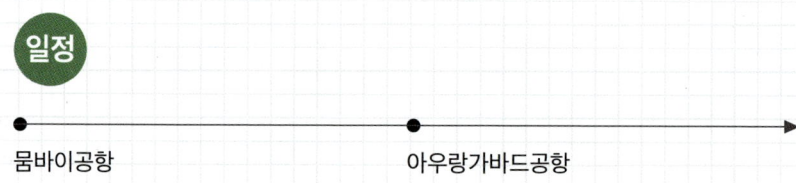

뭄바이공항 　　　　　　　아우랑가바드공항

뭄바이 공항은 상당히 넓고 쾌적하며, 공작을 모티브로 한 기둥들이 매우 인상적이다. 까다로운 보안검색대를 지나니 출국장 거리가 화려하다. 홀의 가운데에는 랜드로버와 혼다가 전시되어 있고 삼성·아디다스·스케쳐스·스타벅스처럼 눈에 익은 브랜드들이 보인다.
루비통이나 샤넬처럼 명품은 없어도 고급스럽고 다양한 상점들이 즐비하다. 특히 푸드코트와 비어 숍들이 많아 탑승 시간을 여유롭게 기다리는 이들이 군데군데 앉아 있다.

◎ 비행기를 놓칠 뻔하다

아우랑가바드로 가는 에어인디아 49 게이트는 맨 끄트머리에 있어 한참을 걸어갔다. 탑승 시간이 여유가 있어 49 게이트 앞에서 편하게 기다린다. 자이푸르로 가는 탑승을 다 마쳤는데도 5분이 지나도록 아우랑가바드로 가는 게이트가 열리지 않는다.

델리공항에서도 변경된 게이트 때문에 순간 당황했던 기억이 떠올라 전광판에서 AI442를 찾아보니 42A, 15:30이다.

보통 탑승에 걸리는 시간이 20분 정도라 당황스럽지는 않으나 발걸음이 점점 빨라진다. 5분이 지나도록 게이트가 보이지 않는다.

'어, 이러면 안 되는데.'

5분을 더 가니 맨 구석에서 "아우랑가바드"라고 승무원이 소리친다. 게이트에 도착한 시각이 15:15인데도 아무도 없다. 아슬아슬하게 탑승 게이트가 닫힐 때쯤 도착한 것이다. 항공권을 보여주며 "왜 게이트가 변경되었냐?"고 항의하자 그들도 의아해한다. 2시가 거의 다 되어 발권된 것인데도 탑승 게이트가 항공권과 같지 않는다는 것이 어이가 없지만, 전광판에서 확인하지 않은 나의 실수를 인정할 수밖에 없다. 여기는 한국이 아니다.

"Incredible India!"

미안했는지 승무원이 웃으며 물을 건넨다. 검정 바지, 청색 원피스, 경로당 할머니 스타일의 조끼 위에 청색 스카프를 걸치고 있는 승무원은 그냥 옆집 아줌마 같다. 여성미를 강조하는 우리나라와 매우 다르다. 잠시 눈을 감고 있다가 뜨니 마을의 모습이 한눈에 보이고 지나가는 차들도 구별할 수 있다. 프로펠러 비행기라 높게 날지 않아 그런 줄 알았는데 40분 만에 벌써 도착이다.

제8장 아우랑가바드(Aurnangabad)

인간의
최고 걸작,
석굴 도시
아우랑가바드

- 2019년 1월 28일~1월 30일 -

30개의 사원이 파노라마처럼 펼쳐져 있는 아잔타 석굴 사원

259

인도여행 22일차
1월 29일 (화) 아우랑가바드

부처 통해 본 세상,
아잔타석굴사원(Ajanta Caves)

편한 호텔 덕분에 아침이 개운하다. 하루 1,200루피의 차야호텔(Hotel Chhaya)의 만족도는 최고다. 더블 침대가 놓인 넓은 방, 깨끗한 화장실, 따뜻한 물이 콸콸 나오는 샤워기가 있다. 꽤 비쌌던 뭄바이 호텔에서도 양동이에 받아서 샤워해야 했는데 대중목욕탕 수준으로 따뜻한 물이 나온다. 어제는 한국에서 가져온 샤워타월을 개봉하고 샤워다운 샤워를 할 수 있었던 즐거운 날이었다.

아잔타(월)와 엘로라(화)의 휴무일을 고려하여 계획한 일정이 만족스럽다. 오늘은 먼 거리의 아잔타를 다녀오고 내일은 엘로라를 다녀온 후 비행기로 다시 뭄바이로 가면 된다. 버스터미널(Central Bus Stand)에서 과자와 물을 챙겨 7:15 아잔타행 42인승 로컬 버스를 탔다.

한눈에 봐도 어떻게 움직이나 싶을 정도인 낡은 버스를 3시간을 타야 하지만 의외로 버스 냄새도 안 나고 진동도 별로 없으며 좌석도 불편하지 않다. 티켓 발급 단말기를 목에 건 차

아우랑가바드에서 아잔타로 가는 42인승 로컬 버스

장이 요금을 받으러 다닌다. 3시간 동안 94km를 가는데 149루피다. 착한 가격이 맘에 든다.

출발한 지 20여 분이 지나니 본격적인 비포장도로가 시작된다. 열린 창문 사이로 흙먼지가 들어와서 닫았지만 이내 다시 열린다.

인도는 좌측 주행이라 왼편의 좌석에 앉으니 아까보다 흙먼지가 적게 들어온다. 도로의 포장 상태가 나쁘고 고속도로 공사로 인해 비포장길이 많아 잠을 잘 수가 없다. 터덜거리는 비포장길보다 비록 나이 들었어도 아직 기운은 씽씽하다는 것을 증명하듯 최대한 힘껏 달리는 포장길이 오히려 무섭다.

실로드(Sillod)에서 정차한 버스는 다시 출발한다. 물을 마시려니 마개가 쉽게 열린다. 과

아우랑가바드에서 아잔타로 가는 길의 휴게소

자와 함께 사서 몰랐으나 수돗물이 꽉 채워진 재사용 물병이다. 마실 수는 없다.

◎ 감동이 밀려오는 아잔타 석굴사원(Ajanta Caves)

아잔타석굴사원은 BC 2세기부터 AD 6세기에 걸쳐 제작된 30개의 석굴로 이루어진 불교 예배당(Chaitya)과 수도원(Vihara)으로, 1983년 유네스코 세계문화유산에 등재되었다.

말굽 모양으로 굽이치는 와고라강(Waghora River)의 가파른 바위면 위에 하나를 만드는 데 30년이 걸린다는 석굴이 파노라마처럼 펼쳐져 있다.

아그라의 타지마할처럼 학창 시절에 교과서에서 보았던 장면이라 감동이 밀려온다.

석굴들은 연대순으로 번호가 매겨지지 않고 입구에 있는 1번 석굴부터 시작하여 서쪽으로 번호가 매겨져 있다. 우연히 매표소에서 만나 온종일 동행한 사이레쉬 씨에 따르면 1번·2번·16번·17번 석굴이 가장 의미가 있고 예술성이 높다고 한다.

아우랑가바드의 아잔타석굴, 1번 석굴로 들어서는 순간에 "와!"라는 감탄사가 절로 나온다

아잔타 석굴의 예배당은 고래의 뱃속과 같다

예배당은 고래의 뱃속에 들어있는 것처럼 둥근 천정에 서까래가 갈비뼈처럼 디자인되었으며, 수도원은 내부에 수행자를 위한 작은 방이 만들어져 있다.

아잔타 석굴의 16번 석굴에는 걸작인 죽어가는 공주님 벽화가 있다

◎ **석굴 하나 만드는 데 무려 30년 걸린다**
　가장 늦게 조성되었다는 1번 석굴로 들어서는 순간, "와" 소리가 절로 나온다. 12개의 굵고 튼튼한 기둥이 받치고 있는 폭이 12m 높이가 6m의 사각형의 홀 끝에서 부처가 앉아 설법하고 있다. 곳곳에는 말·황소·코끼리·사자·승려 등 다양한 캐릭터들이 정교하게 조각되어 있다. 부처의 과거의 삶과 득도를 묘사한 장면, 부처를 숭배하는 모습을 모티브로 한 그림들이 벽과 천정에 생동감 있게 표현되어 있다.

아잔타 석굴의 둥근 천정에 서까래가 갈비뼈처럼 디자인된 예배당

특히 연꽃을 들고 있는 연화수보살(Bodhisattva Padmapani)과 그를 보호하고 있는 금강불(Vajrapani)을 묘사한 두 개의 그림이 아잔타에서 가장 유명하다고 한다. 연화수보살은 중생을 구제한다는 관세음보살의 다른 이름으로 여성적인 아름다움을 갖고 명상하는 이미지로 표현되고 있다.

2번 석굴은 1번 석굴보다 조금 넓으나 비슷한 구조다. 벽과 천장, 기둥의 그림들이 잘 보존된 편이다. 오른편에는 석굴 수호신인 약사(Yaksa)의 신상들이 있으며, 벽과 천정에는 원숭이의 왕 자타카스(Jatakas)와 부처가 기적을 보였다는 코살라국의 수도 스라바스티(Sravasti), 힌두교의 여신들, 마야 부인의 꿈이 그려져 있다.

1번 석굴에서는 부처의 존엄을 강조하는 반면에 2번 석굴에서는 부처를 위해 헌신하고 있는 많은 여성의 위대함을 표현하고 있다. 소풍을 온 왁자지껄한 한 무리의 중학생들과 함께 다음 석굴로 자리를 옮긴다.

가장 큰 수도원인 4번 석굴, 미완성 5번 석굴, 2층으로 된 6번 석굴, 승려들을 위한 8개의 작은방이 있는 7번 석굴, 미완성 8번 석굴, 유럽의 성당 같은 느낌의 9번 석굴, 1819년 영국 장교인 존 스미스가 유럽에 소개했다는 10번 석굴, 바위 벤치가 있는 11번 석굴, 12개의 수행자의 방이 있는 12번 석굴, 승려들의 돌침대가 있는 13번 석굴, 미완성 14번, 15번 석굴을 지나 협곡의 정 중앙에 위치하여 강의 아름다움을 가장 잘 조망할 수 있는 16번 석굴에 도착했다.

입구에는 코끼리가 조각되어 있으며, 강으로 이어지는 계단이 부분적으로 남아 있다. 석굴 안의 왼쪽 벽에는 걸작으로 유명한 죽어가는 공주님(The Dying Princess)이 그려져 있다. 부처의 사촌인 남편 난디(Nandi)가 승려가 되었다는 소식에 충격을 받고 쓰러진 아내의 슬픔과 이별의 고뇌가 얼굴과 몸짓에 잘 표현되어 있다. 오른쪽 벽면에는 부처에게 음식을 주는 수자타(Sujata), 나무 밑에 홀로 앉아 있는 부처, 도티 차림의 남자와 사리를 입은 여자들에게 둘러싸인 궁궐 속의 부처, 승려가 되는 것을 막으려는 부처의 부모 등 부처의 다양한 생애 장면을 보여주고 있다.

17번 석굴의 입구는 16번과 비슷하다. 양편으로 각각 10개의 기둥이 받치고 있는 직사각형 형태 예배당의 깊숙이 자리한 안쪽에는 부처가 가부좌를 틀고 설법을 하고 있다. 벽면에는 천상의 아름다움을 가진 여인 압사라(Apsara)와 불법의 수호신인 인드라(Indra)가 인간의 사랑과 행복의 아름다움을 표현하고 있다. 여러 가지 아름다운 벽화 중에서 왕과 왕비의 행렬, 흰 코끼리를 탄 왕자, 거지의 모습으로 돌아온 부처가 가족을 만나는 장면이 눈길을 끈다.

18번 석굴은 벽화가 가득하지만 사진 촬영을 금지하고 있다. 서 있는 부처를 만날 수 있는 19번 석굴의 입구는 꽃무늬로 매우 화려하며, 20번 석굴은 19번과 거의 비슷하다. 21번 석굴의 곳곳에는 푸른 꽃, 사자, 코끼리 등을 표현되어 있으며, 왼편 끄트머리에 있는 음악관의 기둥을 두드리자 청명한 소리가 들린다.

미완성인 22번·23번·24번 석굴을 지나 25번 석굴에 오니 지그시 눈을 감고 오른손을 머리에 괸 채 옆으로 누워 자는 부처의 와상이 있다. 나란히 포개져 있는 발가락 끝의 길이가 같으면 와불이고, 한쪽 발가락이 다른 쪽보다 길면 열반불이다. 26번 석굴은 19번 석굴과 비슷하지만, 훨씬 더 크고 아름답게 수도원의 디자인 요소를 갖춘 예배당이다. 입구의 정면에서 정교하고 복잡한 조각품, 빛을 받아들이기

아잔타 석굴의 25번 석굴에 오니 부처가 눈을 감고 오른손을 머리에 괸 채 옆으로 누워 있다

위해 위쪽으로는 만들어진 커다란 창문을 볼 수 있다. 기도하는 공간인 직사각형 모양의 차트라 홀(Chaitya Hall)의 중앙에서 부처가 설법하고 있다. 천정을 받치고 있는 양쪽의 기둥과 부처의 생애를 묘사한 벽면 사이에는 긴 통로가 있다. 27번~30번 석굴은 미완성 또는 파괴되어 접근할 수 없다.

아잔타 석굴은 종교의 명과 암을 몸으로 느낄 수 있었던 곳이었다. 떨어지면 그대로 죽을 수 있는 75m 높이의 절벽에서 정 하나 망치 하나로 수십 년 동안 바위산을 깨뜨려 굴을 파야만 했던 그들의 세계를 이해하기 어렵다.

절대 권력에 대항하지 못했기 때문에 어쩔 수 없이 힘든 노동에 시달렸다고만 보이기는 어려울 정도로 인간의 한계를 뛰어넘는 독특한 조각과 부처에게 진심을 담은 예술적인 벽화가 동굴마다 가득하다. 아잔타 석굴은 부처의 삶을 통해 고대 인도의 생생한 예술적 전통과 삶의 모습을 엿볼 수 있었던 대단히 값어치 있는 곳이다.

다시 3시간 동안 덜덜거리는 버스를 타고 아우랑가바드 버스터미널에 오니 5시다. 판차바티(Panchavati)호텔의 한국 음식점 '장미식당'에서 기력을 회복하고 숙소인 차야 호텔로 왔다.

호텔 주변은 아우랑가바드의 대표적인 패션의 거리인 듯 9시가 넘었음에도 불빛이 환하다. 2차선 정도인 SB 대학길(SB College Road)을 사이에 두고 대형 쇼핑몰과 함께 옷 상점들이 즐비하다. 약국·서점·문구점·스포츠용품점·식료품점·신발 판매점·보석점·음식점·슈퍼마켓에 손님들이 끊임없이 오고 간다.

와인숍에 가보니 내일(1월 30일)은 술을 팔지 않은 간디 추모일인 'National Father's Day'라 술을 사기 위해 너도나도 손을 내밀고 있다. 도로변에는 땅콩·포도·사과·오렌지 리어카와 길거리 음식 노점 앞으로 오토바이·릭샤·트럭들이 혼탁한 먼지를 일으키고 있다. 아무리 남의 나라의 구석구석을 둘러보는 게 재미있다고 해도 미세먼지로 꽉 찬 거리를 더 걷기 싫다. 낮이

아우랑가바드에서 아잔타 행 길에서 만난 성격 좋은 땅콩 상인

건 밤이건 숨이 꽉 막히는, 먼지가 자욱한 인도(人道)도 없는 인도의 거리가 싫어진다.

인도여행 23일차
1월 30일(수) 아우랑가바드

인류의 최대 조각품,
엘로라석굴사원(Ellora Caves)

일정

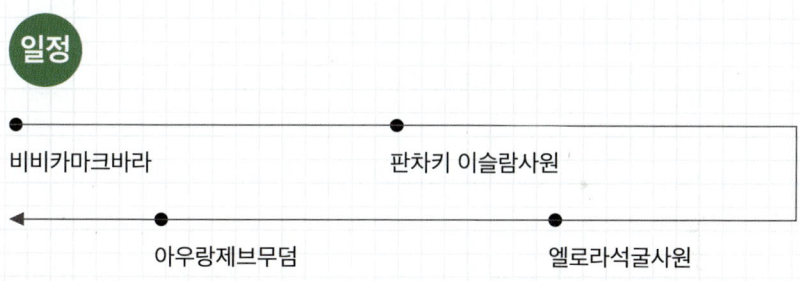

보이는 식당들은 먼지 가득한 길가에 그대로 실내가 노출된 형태라 애써 들어가서 아침을 먹고 싶지 않다. 엘로라 석굴은 멀지 않다고 하여 오렌지 몇 개를 가방에 넣고 릭샤를 타고 미니 타지마할이라고 불리는 비비카마크바라(Bibi Ka Maqbara)로 향했다.

미니 타지마할이라고 불리는 아우랑가바드의 비비카마크바라

◎ 데카의 타지, 비비카마크바라(Bibi Ka Maqbara)

　아우랑제브의 아내 라비아울(Rabia-ul)의 아름다운 무덤은 그들의 아들인 아잠샤(Azam Shah)에 의해 1651년~1661년에 건축되었다. 아잠샤는 아우랑제브의 유언에 따라 황제를 넘겨받을 뻔했지만, 후에 무굴 7대 황제가 된 이복동생 무쟘(Muzzam)과의 권력 분쟁에서 살해당한 왕자다.

　이 무덤은 건축학적으로 아그라의 타지마할과 비슷하여, '데카의 타지'라고 불렸지만, 아그라의 타지마할에 비하면 매우 소박하다. 무덤의 하단부는 꽃장식의 흰 대리석으로 되어있고 벽면의 대부분은 현무암 위에 고운 석고로 덮여 있다.

　남쪽의 정문으로 들어가면 지하에 놓여 있는 관을 볼 수 있고, 관

비비카마크바라, 엄청난 양의 지폐와 동전이 무수하게 관 위에 쌓여있다.

위와 주변에는 엄청난 양의 지폐와 동전이 무수히 쌓여있다. 인간의 두려움과 행운을 원하는 욕구를 이용하여 관 위에 지폐를 정확히 올리면 소원이 이루어진다고 소문냈을 듯싶다.

◎ 수력발전소로 유명한 판차키이슬람사원

다시 시내 쪽으로 와서 판차키이슬람사원(Panchakki Masjid)을 찾았다. 유구한 역사와 아름다운 건축물, 무엇보다도 중세에 만들어진 위치에너지를 이용한 수력발전소로 유명하여 충분히 방문할 값어치가 있는 곳이라고 한다.

하지만, 사원임에도 들어오라고 호객행위를 하는 이들을 보니 정나미가 떨어져 들어가고 싶은 마음이 사라진다.

사원 옆을 흐르는 나브칸다궁전(Navkhanda Palace)의 해자로 쓰였을 캄강(Cham River)의 시꺼먼 물 위엔 온통 생활 쓰레기가 가득 차 악취를 풍기고 있어 더 들어가기가 싫다. 한때 아우랑제브가 통치했던 아우랑가바드는 지금은 매우 초라한 행색이다. 성벽은 거의 무너져 있고 덩그렇게 남은 성문 사이로 분주하게 오토바이들이 오고 가고 있다.

◎ **불교·힌두교·자이나교 조화 엘로라석굴사원(Ellora Caves)**

　10시 20분, 버스터미널(CBS)에서 엘로라 석굴로 가는 흰색 버스는 아잔타 행보다 더 고급스러우나 거리가 짧다 보니 40루피다. 흔히 택시 투어는 엘로라 1,500루피, 아잔타 2,500루피를 요구하지만, 아잔타 투어에는 298루피다. 오늘 엘로라는 80루피에 불과하고 버스가 그리 불편하지 않으니 택시를 이용하지 않은 것이 다행이라는 생각이 든다.

　무슬림 노인의 옆에 앉았으나 의사소통이 어렵다. 꾸뜹미나르와 타지마할 사진을 보여주면서 이슬람에 호의를 표현하니 좋아하는 눈치다. 그는 힌두교 신자는 돈을 벌면 미국이나 유럽에서 사용하여 인도에 도움을 주지 않지만, 무슬림은 모든 돈을 국내에서만 사용하는 정직한 사람들이라 말하면서 정부는 가난한 이들을 위해 지원을 하지 않는다고 강하게 비판한다.

　거의 1시간 걸려 도착한 엘로라석굴사원은 5세기에서 10세기에 걸쳐 완성된 불교·힌두교·자이나교가 함께 있는 석굴 사원으로 1983년 유네스코 세계문화유산으로 등재되었다. 경사진 바위산을 깎고 뚫어 만든 정교한 사원들은 위대한 신앙의 힘을 확인할 수 있는 주목할 만한 기념물이다.

　100여 개의 석굴 중에 현재 34개가 공개되고 있다. 가장 오래된 12개의 불교 석굴(1번~12번)과 17개의 힌두교 석굴(13번~29번), 5개의 자이나교 석굴(30번~34번)로 구성되어 각 종교의 개별적인 건축 스타일과 사상을 나란히 보여주고 있다.

입구에 들어가면 눈앞에 바위산을 깎아 만든 시바의 사원인 16번 석굴이 보인다. 워낙 대작으로 소문난 곳이라 이곳부터 먼저 보면 다른 석굴들이 시시해질 수 있으니 오른쪽 끝의 1번 석굴부터 찬찬히 살펴보기 시작했다.

엘로라석굴은 1번부터 관람하는 게 좋다

◎ 불교석굴사원(Buddhist Monuments: Caves1~12)

8칸의 작은방이 있는 수도원 형태의 1번 석굴, 소박해 보이는 2번 석굴을 거쳐 5번 석굴에 오니 다른 동굴과 비교해 크고 독특하다. 20칸의 작은 방과 24개의 기둥이 있으며, 손님을 위한 공간 또는 설법하는 교실로 사용된 36m×17m의 중앙 홀의 가운데로 길게 두 줄의 벤치가 만들어져 있다.

건축과 장인의 힌두교 비슈바카르마(Vishvakarma)에 봉헌된 10번 석굴은 엘로라에서 유일한 둥근 천장 형태의 예배당(chairya)으로 불교뿐만 아니라 힌두교의 조각들을 볼 수 있다. 다양하고 많은 보살로 둘러싸여 있는 예배당 중앙의 부처는 정면의 창문으로 들어오는 태양빛으로 더욱 빛나 보인다. 아파트처럼 생긴 3층의 석굴인 11번과 12번 석굴의 벽에는 만다라(Mandala), 수많은 여신, 다양한 부처의 모습이 새겨져 있다.

엘로라석굴의 10번 석굴은 엘로라에서 유일한 둥근 천장 형태의 예배당이다

◎ 힌두교석굴사원(Hindu Monuments: Caves13~29)

이름이 암시하는 것처럼 16번 석굴인 카일라사사원(Kailasa

Temple)은 시바에게 봉헌하고 하나의 바위산을 깨뜨려 만든 세계에서 가장 큰 조각물이다. 100년에 걸쳐 20만 톤의 현무암 조각을 깨뜨려 완성하였다는 이 사원의 웅장함과 정교함은 말로 표현할 수 없을 정도로 대단한 인류사의 기념비적인 예술품이다. 대를 이어가며 망치와 정만으로 돌산을 위에서부터 깨뜨려가면서 거대한 신전을 만들겠다는 상상을 현실로 만든 인도인들의 집념이 경이롭다.

하지만, 왕으로 다시 태어나고 싶었던 지배자들의 탐욕과 신에게 경의를 표현해 해탈하고자 했던 노동자의 갈망이 만들어낸 합작품이라는 생각에 당시 고통받는 민중의 아픔이 느껴진다. 갖은 고생 끝에 만들어진 이 신전을 무굴제국의 아우랑제브 황제가 1,000명의 노동자를 투입하여 사원을 파괴하려 했으나 흠집만을 남긴 채 3년 만에 포기하였다는 이야기가 있다.

약 4,000㎡의 넓이와 33m 높이의 돌산을 깎아 만들어진 신전은 그 규모뿐만 아니라 수많은 정교한 조각품들에 크게 눈길이 간다. 입구로 들어가면 락슈미와 그녀의 코끼리, 왼쪽과 오른쪽 끝에 있는 실제 크기의 거대한 두 마리 코끼리를 볼 수 있다. 오른쪽 계단의 바깥쪽 벽면에 새겨져 있는 라마가 하누만과 함께 아내 시타를 구하는 라마야나 이야기가 섬세하게 부조로 묘사되고 있다. 벽면의 뒤쪽으로는 번영의 상징인 코끼리와 힘의 상징인 사자가 나란히 서서 카일라사 산을 형상화한 거대한 주탑을 등으로 떠받치고 있다.

아우랑가바드의 카일라사사원, 코끼리와 사자가 거대한 주탑을 떠받치고 있다

카일라사사원은 하나의 바위산을 깨뜨려 만든 세계에서 가장 큰 조각물이다

　신전의 삼면은 모두 긴 복도로 이어져 있고, 다양한 조각들이 벽면에 새겨져 있으며, 석굴에 있는 조각상들은 머리가 깨지고 팔이 잘린 채 훼손되어 있다.
　입구로 나와 오른편의 언덕으로 올라가면 내부에서 볼 수 없었던 수백 점의 환상적인 조각품과 함께 거대한 사원의 위용을 한눈에 감상할 수 있다. 특히 시바의 바하나인 난디와 코끼리 위에 앉아 있는 사자 등 독특한 조각품들을 눈길을 끈다.

◎ 자이나교석굴사원(Jain monuments: Caves30~34)

　매표소 근처에서 30분 간격으로 움직이는 셔틀 버스를 타고 자이나교 석굴로 향했다. 우선, 미완성 31번 석굴을 지나 32번 석굴로 들어갔다. 인드라사하(Indra Sabha)라고 불리는 이 석굴은 엘로라의 모든 자이나교 사원 중에서 가장 크고 2층으로 만들어진 최고의 사원이다. 1층은 오른쪽의 거대한 코끼리 석상·탑·벽면 등 16번 석굴 카일라사와 비슷하게 구성되어 있으며, 2층이 보다 화려하고 장식이 풍성하다.

사자와 코끼리로 장식된 2층의 입구를 지나면 천정의 연꽃과 같이 수많은 복잡한 조각품들이 사원을 장식하고 있다.

32번 석굴의 바로 옆에는 33번 석굴 자간나사사바(Jagannatha Sabha)가 있다. 2층으로 만들어진 이 석굴은 32번 석굴보다 조금 작은 규모이며 다섯 개의 성소가 있다. 34번 석굴은 왼쪽에 있는 입구를 통해 들어갈 수 있는 작은 석굴이다.

30분쯤 관람하다 보니 셔틀버스가 떠날 시간이다. 출구로 가는 도중에 대다수의 인도인 관광객들은 힌두교 사원을 보기 위해 중간에서 내렸지만, 더 구경하고 싶지 않다. 모든 것이 국보급 문화재 수준이지만 여러 개를 보다 보니 이제는 그 매력이 쉽사리 눈에 들어오지 않는다.

◎ 가장 소박한 황제 무덤, 아우랑제브무덤(Tomb of Aurangzeb)

큰길로 나와 릭샤를 타고 10분 거리에 있는 쿨다바드(Khuldabad)의 아우랑제브 황제의 무덤으로 왔다.

50년 동안이나 무굴제국을 통치했던 아우랑제브는 아버지가 세운 타지마할이나 다른 무굴 황제의 무덤과는 매우 대조적으로 시골 마을의 이슬람 사원에 있는 조그마한 무덤이다. 그는 자신의 책을 팔아 무덤을 건축하라고 했을 정도로 검소하고 독실한 이슬람 신자였다고 한다. 이슬람의 성스럽고 영적인 도시에 묻히는 것만으로도 만족했던 그는 진정으로 나라의 경제를 걱정했던 황제이었던 듯싶으나 힌두교를 매우 탄압했다고 한다.

아우랑가바드로 향해 가는 버스는 도중에 다울라타바드요새(Daulatabad Fort) 앞에서 잠시 정차한다. 델리 전체 인구를 강제로 2년 동안 이동시켰으나 물 부족으로 버려졌다는 이 요새는 독특하게 평지 위에 원뿔 형태의 언덕처럼 세워져 있다. 내릴까 잠시 고민도 했지만, 오늘 먹은 음식이 오렌지 몇 개뿐이라 지친다. 얼른 장미 식당으로 가는 것이 제일 나은 선택이다.

   저녁을 먹는 중에 아잔타에서 동행하면서 힌두교에 대해 알려주었던 사이레쉬 씨의 전화가 왔다. 공항에서 기다리고 있다는 그는 아우랑가바드 공항에 근무하는 에어인디아의 직원이었다. 퇴근 시간이 넘었는데 나를 만나고 싶어 기다렸다는 말이 고맙다. 그의 손에 들린 항공권은 발을 뻗어도 앞이 닿지 않는 제일 편안한 맨 앞 좌석 3F였다. 뜻밖의 선물을 받고 다시 뭄바이로 떠난다.

오른편의 언덕에서 바라본 바위산을 깎아 만든 카일라사 사원

제9장 우다이푸르(Udaipur)

아름다운 호수 도시, 화이트 시티
우다이푸르

- 2019년 1월 31일~2월 5일 -

피촐라호수 풍광, '호수 왕국' 우다이푸르라 부를만 하다

281

인도여행 24일차
1월 31일(목) 우다이푸르

방으로 들어온
피촐라호수(Pichola Lake)

일정

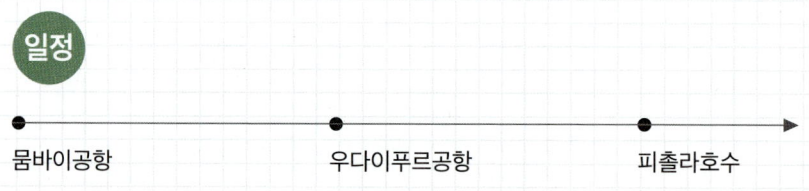

뭄바이공항 — 우다이푸르공항 — 피촐라호수

    엄청난 차량 정체다. 머리 아프게 하는 택시 기사의 독한 로션 냄새가 거의 느껴지지 않을 40여 분이 지나서야 겨우 1km 앞에 있는 교차로까지 갈 수 있었다. 정체가 아무리 심해도 자기 차선을 따라 계속 기다리며 조금씩 전진한다. 클랙슨 소리도 과하지 않다. 뭄바이공항 T2까지 4km에 불과했지만, 무려 1시간이나 걸렸다.
    델리와 뭄바이공항에서 갑자기 바뀐 게이트를 찾아 헤맨 경험이 있어 이번에는 모니터를 본 후 42B 게이트로 갔다. 게이트 상단에 우

우다이푸르 피촐라호수의 흔한 일상

다이푸르라고 적혀있으니 잘 찾아온 것이 맞다. 활주로로 움직일 때 잠들었는데 한참 잔 듯이 깨어 우다이푸르에 도착한 줄 알았다. 참 빠르게 왔다가 생각하는 찰나 비행기가 속력을 높인다. 잠깐이지만 단잠이었다.

　우다이푸르공항을 나서자마자 반기는 택시 기사들은 호젓하게 공항을 구경하고픈 여행자의 마음을 이해하지 못한다. 몇 명을 거절하고 공항 정문으로 걸어 나가니 젊은 남자의 택시가 또 기다리고 있다. 숙소가 있는 피촐라 호수까지는 500루피에 40분 정도 걸렸다.

　5박을 묵게 될 레이크페이스(Lake Face)게스트하우스는 싼 가격에 그냥 예약한 곳이었지만 우다이푸르에서 투숙객이 선호하는 곳인 피

283

촐라 호수에 접해 있어 가격 대비 만족도가 높은 숙소다. 창문을 여니 시원한 바람과 함께 호수가 방 안으로 들어온다. 하늘과 호수가 모두 푸르게 빛나는 평화로운 곳이다.

한글이 쓰인 리틀 프린스의 담장이 정겹다

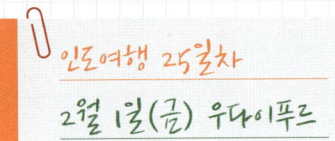

평화로운 호수 궁전,
시티팰리스(City Palace)

 일정

시티팰리스 ———————————— 바고르키하벨리 ——————▶

    살랑살랑 불어오는 부드러운 아침 바람을 맞으며 피촐라 호수가 내려다보이는 루프탑에서 먹는 아침 식사는 여유와 함께 상당히 낭만적이다. 바라나시에서도 갠지스가 보이는 전망 좋은 루프탑 레스토랑에서 아침을 먹곤 했지만, 풍경만큼은 이곳과 비교가 안 된다.
    눈앞에는 하루에 100만 원 하는 타지 레이크팰리스호텔(Taj Lake Palace Hotel)이 반짝거리는 호수 위에 평화롭게 떠 있고, 시선을 약간 돌리면 크고 작은 흰색의 건물들이 사방을 둘러싸고 있는 높은 산 안의 빈 곳에 가득 차 있다.

　의자를 수선하는 종업원, 루프탑을 쓸고 있는 아가씨, 루프탑에 누워 따뜻한 햇볕을 받으며 스마트폰을 만지고 있는 서양인 커플, 카메라 셔터를 눌러대는 여행자들이 눈에 들어온다. 근방에서 제일 높은 레이크뷰레스토랑(Lake View Restaurant)은 나와 테라스 난간을 오고 가며 기웃기웃 먹이를 분주하게 찾는 다람쥐들뿐이다.

◎ **밝은 색채와 화려한 문양, 시티팰리스(City Palace)**
　처음으로 방문한 곳은 라자스탄의 아름다운 건축물 중의 하나로 손꼽히는 시티팰리스이다.
　피촐라호수의 동쪽 둑에 웅장하게 서 있는 궁전은 16세기 메와르왕국(Mewar kingdom)의 우다이싱 2세가 무굴제국의 침략을 피해 천도한 우다이푸르에 만든 궁전이다.

호수에 쌍둥이 우다이푸르가 들어 있다

팰리스로드(Palace Rd)를 따라 궁전으로 이어지는 주요 관문인 바디폴(Badi Pole)과 트리폴라게이트(Tripolia Gate)를 지나면 푸른 잔디밭이 펼쳐져 있는 커다란 정원인 마넥초크(Manek Chowk)가 펼쳐진다.

시티팰리스의 주요 관문 트리폴라게이트

오른편의 화강암과 대리석으로 지어진 웅장한 마르다나마할(Mardana Mahal)은 라자스탄 특유의 건축 스타일인 자로카와 챠트리가 완벽하게 어우러져 있어 감탄할 만하다.

특히 밝은 색채와 화려한 문양은 다른 라자스탄의 궁전에서는 볼 수 없었던 시티 팰리스만의 독특함이다. 마넥 초크는 공개회의나 의식, 기병의 행진, 코끼리 퍼레이드 등으로 사용되었다고 한다.

궁전으로 들어가면 나타나는 가네샤초크(Ganesh Chowk)의 동쪽 끝에는 장애를 없애준다는 성공의 신 '가네샤'가 있다. 흰 대리석과 화려한 유리로 만들어진 매우 훌륭한 신상이다. 라즈야안간(Rajya Angan)으로 올라가는 계단에는 왕국의 시조인 바파라왈(Bapa Rawal)이 그의 스승인 하리트라시(Harit Rashi)로부터 왕국을 받는 모습이 그려져 있다.

라자야안간에는 할리가트(Haldi Ghati) 전투에서 전설의 왕 마하라나(Maharana)와 그의 말 체탁(Chetak)이 사용한 갑옷과 무기가 전시되어 있다.

전설에 따르면 코끼리들이 마하라나의 칼을 코로 잡고 적을 베었

우다이푸르 호수가 흰색의 건물로 둘러싸여 있어 화이트시티라고 한다

으며, 마하라나가 코끼리를 탄 무굴의 사령관을 공격하다 체탁이 크게 다쳤다고 한다.

정원궁전(Garden Palace)이라고 불리는 바디마할(Badi Mahal)로 들어가면 궁전의 가장 높은 곳에 있는 정원인 아마르발라스(Amar Vilas)를 볼 수 있다.

녹음이 우거진 커다란 나무, 매력적인 분수, 테라스가 있는 아름다운 정원으로 만들어진 이곳은 지친 여행자를 잠시라도 편안하게 쉴 수 있게 만드는 평화로운 곳이다. 예전에는 홀리·디왈리·두세하라, 그리고 왕실의 연회에 사용된 정원이라고 한다. 정원과 더불어 화려한 거울로 꾸며진 고급 객실과 화려한 천장, 매력적인 조각 벽과 멋진 초상화로 꾸며진 왕의 침실은 또 다른 볼거리들이다.

우다이푸르의 바디마할은 여행자가 잠시 쉬어 가는 곳이다

시티팰리스 박물관과 바디마할의 사이에 있는 바디초크(Badi Chitrashali Chowk)는 파란 중국 타일, 색유리 및 벽화로 인해 밝고 쾌적한 곳으로, 음악과 무용 공연 등 왕의 연회 공간으로 사용되었다고 한다.

한쪽 발코니에서는 우다이푸르 시내를 조망할 수 있

밝은 색채와 화려한 문양의 시티팰리스

고 다른 쪽의 창문에서는 피촐라호수와 타지레이크팰리스호텔이 보인다. 아름다운 유리 상감 세공 작업으로 만들어진 다섯 마리의 공작새로 장식된 모르초크(Mor Chowk)를 지나 좁은 통로가 따라가면 여왕의 궁전인 제나나마할(Zenana Mahal)이 나온다.

박물관으로 사용되고 있는 제나나마할에는 자이푸르의 암베르궁전처럼 락슈미초크(Laxmi Chowk)의 한가운데에 초우무카(Chowmukha)라고 불리는 정자 모양의 하얀 건물이 있다. 여왕은 왕실 결혼식이나 축제 기간에 왕실 여자들과 함께 이곳에서 행사를 개최했다고 한다. 아름다운 여왕의 방에는 가지각색의 미술품·공예품·벽화·발코니에 심지어 그네까지 있다.

금빛으로 빛나는 유리와 거울로 뒤덮여 있는 돔 형태의 천정이 있는 칸츠키버즈(Kanch ki Burj), 거울 벽과 스테인드글라스 창으로 둘러싸인 모티마할(Moti Mahal), '천상에서 온 여인' 수라순다이(Surasundaris)를 전시한 시티팰리스 갤러리를 빠져나오면 모티초크와 마넥초크로 이어지는 관문인 토란폴(Toran Pol)을 지나게 된다.

◎ 라자스탄 민속춤, 바고르키하벨리(Bagore Ki Haveli)

평화로운 피촐라 호수를 산책한 후에 낮잠까지 자고 일어나니 6시가 넘었다. 바고르키하벨리(Bagore Ki Haveli)에서 매일 저녁 7시부터 1시간 동안 열리는 라자스탄의 다로하민속무용(Dharohar Folk Dance)을 보러 갈 시간이다.

바고르키하벨리는 18세기 메와르왕조의 수상이었던 아미르찬드바드가 지은 궁전 규모의 대저택으로 지금은 낮에는 박물관, 밤에는 공연장으로 쓰고 있다.

'하벨리'는 라자스탄에서 '큰돈을 번 상인이 지은 주택'이라는 뜻이다. 관람료 150루피, 카메라 150루피, 참 좋은 가격이지만, 촬영 욕심이 생기면 공연에 집중하지 않을 것 같아 관람료만 내고 입장하였다.

강가우르가트(Gangaur Ghat) 옆의 하벨리박물관 2층 안뜰에 마련된 공연장에는 이미 많은 관객이 와 있었다. 인도인과 외국인이 반반쯤 되어 보인다. 좋은 자리의 의자에는 예약석 안내가 붙어 있고, 대부분 관객은 무대 앞의 카펫이 깔린 바닥에 앉는다. 무대를 눈높이로 만들면 보기가 편할 텐데 등받이도 없는 바닥에 앉아 잘 보이지도 않는 무대를 쳐다보니 여간 불편한 게 아니다.

간단한 악기 연주와 함께 여인들의 물동이 춤, 탈놀이, 꼭두각시 인형극으로 연출하는 라자스탄 지역의 전통공연 다로하가 시작되었다. 큐레이터의 안내에 이어 처음 등장한 이들은 화려한 옷을 입고 불이 붙은 항아리를 머리에 이고 있는 세 명의 여인이다. 그녀들은 항아리를 인 채 서서 또는 앉아서 현란한 손동작으로 관객들에게 즐거움을 준다. 경쾌한 음악과 함께 등장한 여섯 명의 여인들은 최대한 여성미를 강조하려는 듯 의상과 동작에서 화려함을 표현하려 했지만 미의 기준이 달라서 그런지 아름답게 느껴지지 않는다.

천하무적의 여신 드르가(Durga)가 악마 마히쉬아수라(Mahishasur)를 죽이는 탈놀이는 연출의 수준이 매우 낮아 실소가 나오며, 차라리 카트푸트리(Kathputri)라 불리는 꼭두각시 인형극의 연출자가 재미난 입소리로 흥미를 주고 있다. 72세의 여인이 6개의 물동이를 머리에 이고 추는 춤으로 마무리된다. 건조한 라자스탄 지역에서 물을 이거 날라야 했던 여인들의 고된 노동이 춤 속에 숨어있어 안타깝지만, 박수 소리는 여느 때보다 크다. 특별나게 재미있었던 것은 아니었지만 관람하지 않았다면 아쉬웠을 것 같다. 싼 가격에 라자스탄의 문화를 엿보았다는데 만족한다.

여인들의 고된 노동이 춤 속에 숨어있는 다로하 민속무용   출처 : wheelsonourfeet.com

291

우다이푸르 피촐라호수의 명물인 워킹 브릿지 일대 풍경

인도여행 26일차-1
2월 2일(토) 우다이푸르

인도의 만리장성,
쿰발가르요새(Kumbhalgarh Fort)

아침 일찍 쿰발가르 투어 동행자를 구했다는 나라얀 사장의 전화가 반갑다. 2,000루피 택시 투어가 부담스러웠는데 잘된 일이다. 열흘간 혼자 여행하는 한국인 아가씨 서와 변호사 은퇴 후 세계유람을 하는 스페인 중년 남자 파코(Paco) 씨가 동행이다. 새벽에 슬리핑 버스로 우다이푸르에 도착한 서는 늦은 밤에 조드푸르로 간다고 한다.

8시 40분에 출발한 택시는 2시간이 걸려 우다이푸르에서 북서쪽으로 82km 떨어진 메와르왕국의 쿰발가르요새에 도착했다.

쿰발가르요새는 2013년에 인도의 30번째 유네스코 세계문화유산으로 등재된 라자스탄구릉요새의 하나이다. 라자스탄구릉요새는 8~18세기에 걸쳐 라자스탄에서 번성했던 왕국 중에 6개 도시에 있는

우다이푸르의 쿰발가르 요새는 참 단단해 보인다

요새 유적인 쿰발가르요새(Kumbhalgarh Fort), 암베르요새(Amber Fort), 자이살메르요새(Jaisalmer Fort), 치토르가르요새(Chittorgarh Fort), 란탐보르요새(Ranthambore Fort), 가그론요새(Gagron Fort)를 말한다. 다채로운 구릉 지형을 이용하여 축조된 이 요새들은 라지푸트 왕국들의 통치기반과 정치적 독립성을 반영한다.

해발고도 1,100m에 15세기에 건설된 쿰발가르요새 정면의 성벽 두께는 4.6m이고 성곽의 길이는 36km로 치토르가르요새 다음으로 긴 성이다. 메와르왕조의 강력한 통치자였던 마하라자프라탑(Maharana Pratap Singh)의 출생지이기도 하여 인도인들이 사랑하는 곳이다.

택시에서 내리니 우선 바라나시의 다메크스투파처럼 생긴 둥근 여러 개의 치가 돌출된 거대한 성벽이 눈을 사로잡는다. 직사각형의 돌로 차곡차곡 쌓아 올려진 성벽을 보면 참으로 단단하다는 생각이 든다. 단순한 성곽이 아닌 적에게 위엄을 줄 수 있도록 축조한 방법이 감탄스럽다. 난공불락의 산성으로 보이지만 무굴제국의 악바르와 자

쿰발가르요새에서 돌을 나르고 있는 한 무리의 노새들이 힘겹게 보인다

항기르, 영국에 의해 함락되기도 했다.

적의 코끼리와 말들이 빠르게 오르는 것을 막기 만든 구불구불한 경사로를 따라 쿰발가르 요새의 가장 높은 곳에 있는 바달마할(Badal Maha)을 향해 오른다. 성벽을 보수하기 위해 돌을 나르고 있는 한 무리의 노새들이 힘겹게 보인다.

바달마할은 라지푸트 양식으로 지은 2층의 건물로 시티팰리스나 암베르팰리스 등 다른 지역의 궁전에 비해 소박하고 단조롭다.

궁전은 왕이 거주하는 마르다나(mardana)와 여왕이 거주하는 제나나(zenana)로 분리되어 있다. 제나나의 방에는 검은 코끼리 무리·악어·낙타가 그려져 있다. 전설적인 왕 마하라나가 탄생한 곳으로 믿어지고 있는 잘리아여왕의 궁전인 잘리아카마리아(Jhalia ka Malia)를 안내하는 표지판이 보인다.

요새의 꼭대기에 있어 구름 궁전으로 불리기도 하는 바달마할에서는 요새 전체와 주변 경관을 한눈에 볼 수 있다. 우기에 왔다면 녹음이 산과 계곡을 뒤덮고 있는 구름 밑의 아름다운 세상을 볼 수 있었겠지만, 지금은 온통 황량한 거친 산맥과 길게 뻗은 성벽만이 광대하게 펼쳐져 있다.

쿰발가르요새의 제나나의 방에는 검은 코끼리 무리, 악어, 낙타가 그려져 있다

다시 입구의 하누만폴(Hanuman Pol)로 내려오면 근처에 베디사원(Vedi Temple), 파르쉬와나트사원(Parshwanath Digamber Jain Temple), 마하데브사원(Neelkanth Mahadev Mandir)이 있다.

꼭대기에 커다란 돔이 있는 팔각형 형태의 3층으로 지어진 베디 사원은 요새를 지을 때 스스로 제물이 된 순교자의 희생을 기리기 위해 지어졌다고 한다. 그리스 사원 형태처럼 지어진 또 다른 자이나교 사원인 파르쉬와나트사원을 지나면 쿰발가르에서 가장 중요하고 존경받는 곳인 시바에게 헌정된 마하데브사원이다.

커다란 원형 돔, 24개의 굵은 기둥, 사방이 뚫린 성소의 안에는 1.5m쯤 되는 검은 돌로 만든 시바의 링가가 있다. 메와르왕국의 전설적인 왕인 마하라나는 여기에서 기도하지 않고는 하루를 시작하지 않았으며, 그가 앉았을 때 눈의 높이가 링가와 같은 높이이었을 정도로 신장이 컸다고 한다.

쿰발가르요새의 하누만폴에서 바라본 바달마할

인도여행 26일차-2
2월 2일(토) 우다이푸르

신의 조각,
라낙푸르자이나교사원
(Ranakpur Jain Temple)

　천천히 쿰발가르 요새 안의 마을도 살펴보고 싶으나 기사가 재촉한다. 라낙푸르 자이나교사원으로 가는 길은 쿰발가르로 올 때보다 더 험난하다. 구불구불 좁은 골짜기 길 주변은 다큐멘터리에서나 볼 수 있는 이국적인 산골 마을이라 쳐다보는 재미도 쏠쏠하지만, 언제 맞은 편에서 차가 튀어나올지 겁난다. 안전띠를 했지만 헐렁거리는 이 차는 세계에서 가장 위험한 자동차로 소문난 타타자동차이다. 언덕길이나 구부러진 길에서 클랙슨을 크게 울리는 기사가 고맙다.

◎ **재치있는 식당이 여행자를 웃게 하다.**

　여행자에겐 선택의 여지가 없이 기사가 이끄는 대로 밀밭에 물을 대는 물레방아 수차에 있는 암라이 레스토랑(Amrai Restaurant)에 왔다. 블로그에서 맛도 없고 값도 비싼 식당이라는 글을 본 적이 있지만, 외국인을 상대하는 식당이라 시내보다 고급스럽고 편안한 분위기다.

　개울을 건너오는 다리에 앉아 있는 파란색 킹피셔(물총새) 한 마리가 분위기를 더해준다. 밀밭에 둘러싸인 식당의 몇 개 테이블에는 우리처럼 쿰발가르요새를 들러 자이나교사원으로 가는 서양인들이 점심을 먹고 있다. 밥·과일·짜파티·달·치킨커리·가지·감자·스위트로 구성된 단출한 뷔페식 음식으로, 인도 음식의 독특한 향이 강하게 느껴지지 않아 인도 음식이 불편했다는 서도 맛있게 먹는다. 바가지를 쓸까 걱정했으나 시내보다 조금 비싼 400루피이다. 이 정도의 가격에 이런 수준의 식당이 숙소 근처에 있다면 자주 갈 수 있을 것 같다.

우다이푸르의 밀밭에 물을 대는 수차

우다이푸르의 탈리뷔페

　파코 씨는 눈썰미가 좋아 식당 앞의 수차가 손님을 끌기 위한 설치물이라는 점을 단번에 알아챈다. 개울 앞 공터에 차량이 도착하면 노인은 소에 채찍을 하여 손님의 이목

라낙푸르자이나교사원, 아름다운 조각으로 뒤덮인 기둥이 있어서 황홀하다

을 끌고, 손님이 그냥 가거나 식당으로 들어오면 소를 멈춘다. 연자방 아처럼 소가 둥글게 돌면 수차도 따라 돌면서 개울물을 밀밭에 보내는 것이지만, 개울가에는 물을 퍼 올리는 모터로 설치되어 있다. 비록 장사 수완이지만 유쾌하다.

　쿰발가르에서 출발한 지 3시간이 지나서야 라낙푸르자이나교사원에 도착했다.

　자이나교의 창시자 아디나타(Adinatha)에게 봉헌된 사원으로 1446년에 착공하여 50년에 걸쳐 만들어졌다. 17세기에 아우랑제브 황제에 의해 파괴와 약탈당하여 한동안 잊혔으나 20세기에 들어 재건했다고 한다. 인도 종교 인구의 0.4%를 차지하는 자이나교는 불교와 비슷한 시기에 브라만의 권력을 비판하며 창시된 종교로 불살생·불간음·무소유·금욕과 고행을 강조하고 있다. 브라만교의 업, 윤회 사상, 신의 존재를 인정하고, 힌두교나 불교처럼 윤회에서 벗어나 해탈하는 것을 목적으로 한다.

서쪽 출입구로 들어서면 웅장한 궁전 같은 사원이 눈 앞에 펼쳐진다. 당시 사람들은 신들이 전차를 타고 다녔다고 믿기 때문에 사원을 날아다니는 전차를 뜻하는 비마나(Vimana)의 무늬로 설계했다고 한다. 정면에서 가만히 보면 살짝 비행기 같다. 흰 대리석으로 화려하고 정교하게 3층으로 지어진 사원의 정면 중앙 계단을 올라 출입구에 들어서니 눈앞이 밝아지면서 아름다운 조각으로 뒤덮인 기둥이 줄지어 있는 황홀한 광경이 나타난다.

사원의 겉모습도 아름다우나 내부의 예술성에 놀라지 않을 수 없다. 어느 방향으로 눈을 돌려도 큰 기둥과 작은 기둥, 굵은 기둥과 가는 기둥과 마주친다. 전체가 하얀 대리석의 섬세한 레이스 모양으로 조각된 사원에는 1,444개가 넘는 기둥들이 천장을 지탱하고 있으나 그것들을 세는 것은 불가능하다.

라낙푸르 자이나교 사원, 1,444개가 넘는 기둥들이 천장을 지탱해준다

기둥들은 하나하나가 다른 모습으로 장식되어 있다. 사람·코끼리·꽃·기하학적 무늬들이 섬세하게 표현된 기둥의 조각들은 눈을 뗄 수 없게 만드는 완벽한 예술작품들이다. 기둥의 색이 낮 동안 빛에 따라서 황금색에서 연청색으로 변한다는 것은 매우 흥미롭지만 짧은 시간 동안 관람하다 보니 변화 모습을 알아채기 어렵다. 바닥부터 꼭대기에

까지 온통 호화로운 조각으로 장식된 기둥을 바라보다 보면 기하학적 무늬로 신의 세계를 표현한 황홀한 천정에 눈이 멈춘다. 사원에는 서로 다른 독특한 천정을 가진 80개의 돔이 있다고 한다.

사원 정중앙의 성소는 네 방향으로 출입구가 열린 구조로 설계되었으며, 그 안에는 흰 대리석으로 만들어진 4개의 아디나타신상이 각기 다른 방향을 보고 있다. 그 때문에 많은 기둥에도 불구하고 참배객들이 시야를 방해받지 않고 신상을 볼 수 있다고 한다. 신상 쪽을 향해 사진을 찍으려고 하면 경비원에 의해 바로 제지를 당한다. 신자가 아닌 관광객들은 신상에 접근할 수도 없으나 사제들이 기부를 요구하는 것으로 보아 원하면 관람할 방법이 있어 보인다.

내면의 평화·비폭력·관용 등 경전의 가르침과 다양한 설교자들의 삶을 통해 열반에 이르기까지의 다양한 이야기가 신의 작품인 듯 조각된 천정과 기둥, 벽면을 보고 있으면 비록 종교인이 아니더라도 천국이 존재할 것만 같은 분위기에 빠진다.

라낙푸르자이나교사원은 뛰어난 예술 감각과 독특한 건축 스타일

라낙푸르 자이나교 사원, 신의 작품인 듯한 아름답고 섬세한 조각

라낙푸르자이나교사원, 섬세하게 표현된 기둥의 조각들은 눈을 뗄 수 없게 만드는 완벽한 예술작품들이다

이 절묘하게 조합되어 있는 환상적인 작품으로 그동안 거쳐 왔던 인도의 문화유산들을 능가한다. 타지마할과 비교해도 손색이 없을 만큼 아름답고 섬세한 조각품들은 인도인의 압도적인 예술 감각을 느끼게 만든다.

고속도로를 이용했으나 우다이푸르로 돌아오는 데는 77km의 거리에도 불구하고 2시간 30분이나 걸렸다. 말만 고속도로이지 우리의 국도보다도 못한 수준이다. 어느새 어둠에 잠긴 평화롭고 고요한 피촐라 호수에 비친 우다이푸르의 또 다른 모습은 매혹적이다. 아름다운 우다이푸르의 밤이다.

우다이푸르의 라낙푸르 자이나교 사원, 정면에서 보면 비행기 같다

인도여행 27일차-1
2월 3일(일) 우다이푸르

여행 즐기는 최고 방법,
승마 사파리

일정

승마사파리 — 소니네하우스

　피촐라 호수의 아름다운 경치도 여러 번 보니 그저 그렇고, 한국 젊은이들이 많이 찾는 세밀화에는 관심이 없다. 내게는 특별히 매력적이지 않은 우다이푸르에서 5박을 계획한 것은 여행 경로에서 유일하게 승마할 수 있는 곳이었기 때문이지만, 바람과는 다르게 승마를 할 수 없었다.
　크리슈나랜치(Krishna Ranch)는 고가의 일주일 사파리 프로그램만 있으며, 프린세스테일스팜(Princess Trails Farm)은 주소지를 방문해도 찾을 수가 없었다. 갠지스강의 모래펄에서 잠깐 말을 탔지만 그건 10분간의 체험이지 승마가 아니었다. 아직 남은 이틀이 마땅치 않은 참에 나랴안 사장에게서 전화가 왔다. 혹시나 하고 들른 나랴안 사장의 트레블트립(Travel trip)에서 승마가 가능하다는 연락을 받으니 기쁠 수밖에 없다.

◎ **말을 타고 꿈에 그리던 오아시스를 다녀 오다**

오토바이의 뒤를 타고 도착한 곳은 프라탑컨츄리인(Pratop Country Inn)이었다. 4시간에 1,600루피, 6시간에 2,600루피이다. 4시간에 1,600루피(25,000원)면 꽤 괜찮은 가격이다. 한국 승마장에서 1시간 강습을 받으면 지방은 4~5만 원, 수도권의 경우 10만 원 선이다. 승마 사파리의 경우에는 꽤 가격이 나오는데 국내의 10분의 1에도 미치지 못하는 가격으로 개인 길잡이와 함께 승마할 기회가 내게 온 것은 행운이라는 생각하고 굿다칸의 뒤를 따랐다. 그는 7년 동안 이 농장에서 일한 20살의 청년으로 고향은 우다이푸르에서 700km 떨어져 있다고 한다.

오늘은 조기 탈랍(Jogi talab) 호수를 다녀오는 4시간의 사파리를 신청하였다. 태워주는 심레라(Cimrela)에게는 미안하지만 내게는 우다이푸르를 행복하게 즐길 기회이다. 군마로 길러졌던 마르와리(Marwari) 종은 인도 고유의 말로 호리호리하고, 체격이 크며, 힘이 넘친다. "신이 말을 창

우다이푸르의 스무 살 이슬람 청년 굿다칸이 조기 탈랍 호수를 바라보고 있다.

309

믿을 수 없이 아름다운 오아시스

조하지 않았다면 라지푸트를 창조하지 못했을 것"이라고 회자되는 것처럼 말은 매우 귀한 존재로 아직도 힘과 부의 상징이라고 한다.

걷거나 스쿠터로 다니기 어려운 바위산과 계곡 같은 시골길, 호수의 둘레길, 시냇물, 농로, 잎이 무성한 숲길, 넓은 신작로로 구성된 루트의 중간중간에서 전통적인 작은 마을들을 볼 수 있었다. 아이들은 "헬로"라 손을 흔들며 인사하고, 양지바른 담벼락에는 소똥이 말라가고 있다.

조기 탈랍(Jogi talab) 호수는 빗물로 만들어진 오아시스로서 반대편까지의 거리가 300m쯤 된다. 커다란 종려나무가 서 있는 호숫가의 주변은 온통 메말라 있어 바위와 날카로운 자갈들이 맨살을 보이고 걸을 때마다 흙먼지가 날린다. 우기에는 아름다운 낙원으로 변하겠지만 지금은 오는 내내 보았던 바위산들처럼 황량하다.

다시 인적이 없는 더 깊숙한 산속으로 한참을 들어가니 시냇물이 흐르고 종려나무가 사방을 둘러싸고 있는 널따란 초지가 나타난다. 아름답고 편한 오아시스이다. 이제야 구드칸은 말을 달릴 기회를 준다. 두어 번 짧게 달려보기는 했지만, 그는 쉽사리 달릴 기회를 주지 않았다. 네 시간 동안의 사파리다 보니 처음 본 승마 손님에게 말을 지치게 할 수는 없었을 것이다.

몽골의 초지처럼 탁 트인 곳은 아니지만, 충분히 달리는 것을 즐길 수 있는 곳이다. 박차를 가하면 달리지만, 이곳이 그녀의 놀이터인 양 신호가 없어도 방향을 갑자기 틀어서 나를 당황스럽게 한다. 한두 번 이곳에서 뛰어 본 솜씨가 아니다. 몇 번을 왕복해서 달리다가 결국 개울 앞에서 갑자기 멈추면서 나를 떨어뜨린다.

말은 처음 타는 사람들에게 이런 식으로 기 싸움을 한다. 떨어져서 뒤로 물러나면 말이 승리하는 것이지만, 다행히 다친 곳이 없으니 다시 올라타야 한다. 하지만, 하도 여러 명이 탔던 말이라 어떤 식으로 신호를 주어야 말과 교감을 가질 수 있을지 모르겠다. 이럴 때는 무리하게 달리면 위험하다.

다시 숲속 오솔길로 들어서니 종려나무의 뾰족한 잎사귀들이 팔을 찌른다. 다시 한참을 가니 우윳빛 시냇물이 흐르고 나무마다 눈꽃이 피어있다. 파라다이스가 아니다. 거대한 규모의 석회석 광산이다. 개발에 따른 어쩔 수 없는 산업이라고 하지만 막상 인간을 제외한 생명은 살 수 없는 심각한 환경 파괴의 현장을 보니 인간이라는 게 차마 부끄럽다.

농장에서 점심을 차려준다. 둥그런 빨간색 식판에 짜파티·난·밥·달·야채볶음·스위트가 차려진 소박한 밥상이다. 화려하지는 않지만 맛깔스럽다.

인도여행 27일차-2
2월 3일(일) 우다이푸르

아유르베딕 마사지 VS 킹피셔

　숙소에 오니 여태껏 4시간 승마 사파리를 해 본 적이 없어 마사지가 생각난다. 트립어드바이저의 상위에 매겨진 마사지숍을 찾았지만 내키지 않는다. 드라이마시지는 않고 아유르베딕마사지(Ayurvedic massage) 뿐이며 가격도 2,200루피~3,500루피를 요구한다. 지난번 카주라호에서 마사지를 받으면서 바가지를 썼다는 생각이 계속 남아 찜찜했었는데 우다이푸르의 마사지 가격을 알아보면서 오해가 풀렸다.
　인도 전통의 아유르베딕마사지를 체험하고 싶어라 하는 나에게 나라얀이 소개해 준 곳은 카이랄리(The Kairali Ayurgram)이었다. 우다이푸르의 마사지숍이 여관급이라면 카이랄리는 호텔급 수준으로 팔각형의 고급 건물 안에 아름다운 정원을 갖추고 있는 멋진 곳이었다.

아유르베딕마사지는 체내의 독소를 빼는 생명의 과학으로 5천 년 이상 일상생활에서 활용됐다고 알려져 있었기에 3,500루피를 기꺼이 냈지만 이내 실망스러웠다. 건물과 정원만 멋있었을 뿐 시설은 매우 열악했다.

차가운 대기가 흐르는 방 한가운데의 침대 위에 손바닥 크기의 천으로 앞만 가리고 누워야만 했고, 마사지하는 젊은 남성의 손은 어찌나 차가운지 닭살이 돋을 정도였다. 몸을 두드리거나 주물러서 근육을 풀어주고 혈액순환을 도와주기를 원했지만, 내 몸에 기름을 발라 문지르던 차가운 손의 불쾌한 느낌만이 기억에 남는다. 이곳이 정통 아유르베딕마사지를 하는 고급 스파라는 것을 홈페이지에서 확인하였으나, 몸은 전혀 개운하지 않고 바가지를 쓴 것 같아 찜찜하기만 했었다.

저녁을 같이 먹으며 언짢은 표정을 본 나라얀의 도움으로 다음날 1,000루피를 환불받았지만, 나라얀이 커미션을 받을까에 대해 의심하기도 했다.

하지만 사용료의 20%가 세금이 되기 때문에 카드를 사용하는 게 국가에 도움 된다는 그의 말에서 진심으로 도와주려고 했던 따뜻한 마음을 느낄 수 있었다. 우다이푸르 마사지샵의 시설과 가격을 보니 카주라호의 가격이 결코 비싼 것이 아님을 알게 되어 다행이다.

끈적거리는 인도 마사지보다는 맥주(킹피셔)가 피로 해소에 더 좋을 것 같아 소니네하우스로 향한다. 소니네 하우스의 압력솥으로 만드는 닭볶음탕은 일품이다. 우다이푸르에서 가장 유명한 맛집으로 소문난 데는 그만한 이유가 있었다. 아주 맛있는 저녁이다.

우다이푸르에서 닭볶음탕이 맛있는 소니네하우스

인도여행 28일차-1
2월 4일(월) 우다이푸르

적선을 안 할 수 없다

    라면 250루피를 생각하면 물 한 병값인 10루피 20루피는 하찮게 느껴지고, 거리에는 애처로운 눈빛으로 도움을 갈망하는 사람들이 많아도 너무 많다. 애써 시선을 회피하면서 지나가는 경우가 대부분이지만, 가끔은 나도 모르게 주머니로 손이 간다.
    걸인에게 적선하면 상대에 좋은 일 할 기회를 준 것이기에 고마워하지 않는다는 말에 동의하지 않는다. 적선은 내 마음이 조금 편해지자고 하는 행동이니, 푼돈을 주고 커다란 기대를 바라는 것은 매우 거만한 행동이다. 줬으면 그만이지 엎드려 절이라도 받고 싶은 것인가.
    물론 처음에는 애처로운 표정을 짓다가 돈을 받은 후에는 획 돌아

피촐라 호수에서 가까운 잭디시 사원은 매우 대중적인다.

서는 이도 있고, 아이를 안고 더 달라고 눈빛과 고갯짓을 하는 엄마도 봤지만, 단돈 10루피를 쥔 손을 몇 번이나 머리에 대고 축복하는 눈빛을 보내는 경우가 대부분이다. 오늘 아침 잭디시사원(Jagdish Mandir)에서 만난 걸인들이 바로 그런 사람이다.

잭디시사원은 시티팰리스 가는 길에서 멋진 스카이라인을 만들고 있는 비슈누사원으로 우다이푸르 시내에서 가장 크다고 한다. 가파른 계단을 올라 입구에 있는 두 마리의 거대한 코끼리에게 환영을 받으면서 사원에 들어가면 카주라호 사원과 라낙푸르 자이나교 사원이 합쳐진 듯한 경이로운 사원의 모습이 한눈에 들어온다.

자이나교사원을 보는듯한 아름답게 조각된 기둥과 천장이 인상적인 내부에는 네 개의 팔을 가진 비슈누신상이 있다. 밑에서 산 메리골드를 신상에 놓아두니 사람들이 좋아하는 것이 느껴진다. 그들은 오늘도 비슈누 앞에서 고요하고 평온하게 예배를 보고 있다. 맞은편에는 비슈누가 타는 바하나(Vahana)인 반(半)인간·반(半)독수리의 모습을 한 가루다(Garuda)가 비슈누의 문간을 지키고 있다.

가루다는 영화 아바타에서 나비족이 타는 신비한 새 아크란의 모태이다.

영화 아바타의 아크란

인도여행 28일차-2
2월 4일(월) 우다이푸르

달리고 싶다

앞으로 한 발자국만 나가도 새로운 것을 볼 수 있으나 제자리에 있거나 뒤로 물러나면 보았던 것만 볼 수 밖에 없다. 난 앞으로 달리고 싶다.

오늘도 다시 프라탑컨추리승마장을 찾아 6시간 사파리를 신청했다. 어제와 같이 굿다칸이 나의 안내인이고, 태워주는 말은 히세노이(Hisenoi)이다. 승마를 연상하면 대부분 채찍을 휘둘러가며 초원을 질주하는 장면을 떠오르겠지만, 진짜 승마를 좋아하는 사람들은 말을 여행의 동반자로 여긴다.

하지만, 갓 초보 딱지를 뗀 나는 무한정 달려보고 싶은 욕심에 500루피의 팁을 굿다칸에게 주면서 자주 달려보고 싶다는 의사를 분명하게 표현했다. 월급이 10,000루피인 그에게 하루 일당보다도 큰돈이라 나의 욕심을 충족할 수 있도록 도와줄 거라 예상했지만 말을 아끼는 그는 낯선 방문자의 질주를 쉽게 허용하지 않았다.

목적지는 어제와 같이 조기탈랍호수이지만 가는 길은 좀 다르다. 터를 닦아 놓은 대규모 주택 단지를 지날 때쯤에 300~400m 정도의 반듯하게 뻗은 비포장도로에서 달릴 기회를 준다. 박차를 가하고 질주하는 그의 뒤를 따랐다. 그는 엉덩이를 들고 경마하듯이 달린다. 매우 빠르다. 이 정도의 속력을 예상한 게 아니라 당황스럽다. 하지만 내가 달리고 싶다고 팁까지 쥐여 주며 부탁했으니 침착하게 따를 수밖에 없다.

두 번 왕복하고 다른 길로 나서려고 하니 히세노이가 매우 흥분되어 있는 것이 느껴진다. 고삐를 움켜쥐고 제지를 해도 계속 달리려고 한다. 고삐를 더욱 당기니 앞발을 들고 나를 떨어뜨리려고 한다. 농장에서 길러지기 때문에 한 번 뛰기 시작하면 지칠 때까지 뛰고 싶어라 하는 게 본능이라 등에 탄 어수룩한 나를 인정하지 않으려고 하는 거다. 어제도 떨어졌는데 또 떨어질 수 없어 긴장을 늦추지 않고 그녀와 싸우면서 겨우겨우 진정시킬 수 있었다. 다소 위험한 순간이었지만 승마의 쾌감을 충분히 느낄 수 있었다.

조기탈랍호수를 가는 도중에도 호시탐탐 기회를 엿보면서 달리기 좋은 길에서는 굿다칸을 추월하려고 했으나, 굿다칸은 앞을 열지 않고 걷기만 한다. 팁을 충분히 줘서 내 뜻대로 협조할 줄 알았는데 원칙대로만 하는 그가 조금 야속하다.

조기탈랍호수를 지나 어제처럼 시냇물이 흐르고 종려나무가 사방으로 둘러싸고 있는 오아시스에 도착했다. 인위적인 모습은 전혀 찾

우다이푸르의 조기탈랍호수

아볼 수 없는 순수한 자연의 모습 그대로이다. 굿다칸은 나에게 달려 보라고 하지만 네 시간째 말 등에 있다 보니 힘이 생기지 않는다. 두어 바퀴 도니 더는 앉아 있을 힘이 없다.

아무도 없는 외딴섬 같은 오아시스에서 먹는 도시락은 특별하지는 않으나 그냥 맛있다. 다시 기운을 차리고 길을 나선다. 어제처럼 우윳빛 시냇물이 흐르는 석회석 광산을 지나고 황량한 산길을 지나 농장에 도착했다. 저녁을 먹고 가라고 권유하나 점심을 먹은 지가 얼마 되지 않아 사양하고 오토바이 뒤에 앉아 숙소로 왔다.

> 인도여행 28일차-3
> 2월 4일(월) 우다이푸르

최고 선셋 뷰포인트,
암브라이가트(Ambrai Ghat)

늦은 오후 떨어지는 해를 천천히 맞이하러 암브라이가트로 향했다. 워킹브리지 앞에는 초등학교 5~6학년쯤 되어 보이는 소년, 열쇠고리를 파는 닐만과 화가 마니스를 만났다. 특히 자신이 그린 조잡한 그림을 20루피에 파는 마니스의 표정은 매우 해맑다. 많이 팔리지는 않겠지만 아이의 장사 수완이 좋아 성장하면 크게 성공할 듯이 보인다. 어제 한 장을 사주었더니 오늘은 아는 체를 한다.

우다이푸르에는 케이블카를 타고 올라가는 선셋뷰포인트가 있다고 하지만 쉽게 찾아갈 수 있는 암부라이가트의 낙조로도 매우 평화롭고 이국적인 아름다움을 느낄 수 있다. 더욱이 해가 지면 반대편의 시티팰리스의 불빛과 피촐라호수의 어우러짐은 환상적인 아름다움을 선사한다.

최고의 야경을 볼 수 있는 암부라이레스토랑에서 식사하면서 우다이푸르에서의 마지막 밤을 보내고 싶었지만, 어제 소니네하우스에서 신선한 양고기 요리를 해 주겠다는 말이 생각나서 발을 돌렸다. 하지만 역시 양고기는 입에 맞지 않는다. 어제 맛있게 먹은 닭볶음탕이 생각난다.

우다이푸르에서 자신이 그린 그림을 파는 마니스의 표정은 해맑다

우다이푸르의 암브라이가트는 최고의 선셋 뷰포인트이다

제10장 조드푸르(Jodhpur)

라자스탄 전사 도시, 블루시티
조드푸르

- 2019년 2월 5일~2월 8일 -

메헤랑가르요새, 푸른 카펫을 깔아놓은 듯한 조드푸르의 강렬한 색채가 인상적이다

인도여행 29일차
2월 5일(화) 조드푸르

여기도 인도다

　트레블트립에서 1시에 출발하는 조드푸르행 버스를 450루피에 예매했다. 나라얀 사장이 수수료를 원하지 않았지만 500루피를 내고 거스름돈을 받지 않았다.
　나라얀 사장은 한국 사람들이 트레블트립을 많이 이용하고 신뢰를 보내니 한국인에게 더 잘해주고 싶다고 한다. 한국인이 오면 99%가 원하는 계약을 한다고 하니, 한국인을 좋아할 이유가 충분하다. 중국인들에 관해 물어보니 그는 중국인들은 단지 비즈니스 대상일 뿐 신뢰하지 않으며, 중국이 티베트 지방에 미사일을 배치한 것에 대해 강하게 비난한다.
　함께 조드푸르행 버스 정류장까지 가는 여행자는 프랑스에 온 맥라이언을 닮은 내 나이 또래로 보이는 발레리이다. 4월 말에 귀국한다는 그녀는 세 번째의 방문이라고 한다.

1시 15분에 출발한 버스는 5시쯤에 20분 정도 휴게소에서 기사가 저녁을 먹기 위해 쉰 것을 제외하곤 10여 군데를 잠깐씩 정차하면서 사람들을 태우고 내리게 하더니 7시 30분이 되어서 조드푸르에 도착했다. 아름다운 사진들만 봐서 조드푸르는 다른 곳과 좀 다를 줄 알았지만 역시 여기도 인도다. 복잡하고 먼지투성이라 기분이 별로 좋지 않다.

다양한 이용자들의 리뷰에 언급된 것처럼 LG게스트하우스는 깨끗하다. 짐을 풀고 앞에 있는 '김모한식당'을 찾았다. '리틀프린스'에서 라면 밥을 먹은 것이 전부였기에 닭개장을 흉내 낸 닭국도 양파를 많이 넣어 달지만 나름대로 먹을 만했다.

높은 바위산에 단단하게 지어진 메헤랑가르 요새

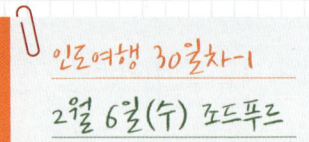

잊지 못할 블루시티의
강렬한 색채

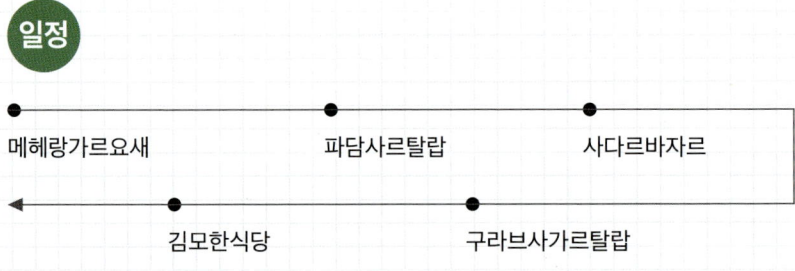

    거대한 바위산 위로 높게 솟아있는 메헤랑가르요새 아래의 게스트하우스 루프탑에서 따뜻한 햇볕을 받으며 아침을 먹는 재미가 쏠쏠하다.
    큰 머그잔을 가득 채운 따뜻한 밀크커피는 생우유를 많이 넣어 부드럽다. 양이 줄었는지 오믈렛과 토스트 세 조각도 많게 느껴진다. 그냥 이렇게 여기에 앉아서 따뜻한 햇볕을 받으며 쉬고 싶지만, 요새에서 블루시티 조드푸르를 봐야만 한다는 의무감으로 발걸음을 뗀다.

◎ 치열한 항쟁 역사, 메헤랑가르요새(Mehrangarh Fort)

 요새의 정문까지는 채 10분이 걸리지 않는다. 잘 다듬어진 돌로 만든 경사로 길은 조금 힘들지만 오르는 재미가 있다. 단체로 온 서양인과 중국인들이 많이 눈에 띈다

 한국인에게 조드푸르의 메헤랑가르요새는 영화 '김종욱 찾기'의 영향으로 매우 유명하게 된 곳으로 인도 여행하는 이들이 꼭 한 번씩 들르는 곳이다. 그래서인지 한국어로 된 오디오 가이드를 빌릴 수 있다. 중요한 장소마다 적혀있는 번호를 누르면 낭랑한 목소리의 한국인이 요새를 자세히 설명해준다.

 요새는 조드푸르의 창립자인 라오조다(Rao Jodha) 이후 500년에 걸쳐 후손들에 의해 궁전들과 구조물들이 확장되었다고 한다. 메헤랑가르는 '태양의 후예'라는 뜻으로, 조드푸르 왕가는 태양의 신수리아로부터 유래되었다는 신화를 갖고 있다. 요새가 건설되는 동안 산에 살고 있던 수행자에 의해 저주를 받았다는 이야기도 있다. 수행자는 가뭄으로 위협하며 조다를 저주했으며, 은둔자를 달래기 위해 조다는 재단을 만들고 현지인을 생매장했다는 유혈의 전설도 내려오고 있다.

 요새 입구에는 웅장한 일곱 개의 성문이 있는데 각각 다른 통치자에 의해 만들어졌다. 성문들은 자야폴(Jaya pol)·파테폴(Fatteh pol)·고팔폴(Gopal pol)·바론폴

조드푸르의 메헤랑가르요새, 로하폴의 성벽에는 사티가 있다

(Bhairon pol)·데드캄그라폴(Dedh Kamgra pol)·마르티폴(Marti pol)·로하폴(Loha pol) 등으로 불린다.

승리의 문으로 불리는 '자야폴'은 만싱(Maharaja Man Singh)이 자이푸르(Jaipur)와 비카너(Bikaner)를 상대로, '파테폴'은 무굴제국에 대한 승리를 기념하는 문으로 강인한 라자스탄의 기상을 보여주고 있다.

◎ 힌두교는 과연 누구를 위한 종교인가?

아이론게이트(Iron Gate)라고 불리는 '로하폴'의 성벽에는 1843년 만싱을 따라 장작불 위에서 사티(Sati)라는 이름으로 산 채로 죽임을 당해야만 했던 미망인들의 손도장이 찍혀 있다.

사티는 자신의 아버지가 시바의 명예를 훼손했다는 이유로 스스로 불길에 뛰어들어 죽음을 택하였으나 후에 시바에 의해 환생되었다는 시바의 첫째 부인이다. 사티는 힌두 여성이 의무를 행하는 신성한 관습이고, 불명예스럽게 사느니 차라리 명예로운 죽음을 택하는 라지푸트 특유의 강한 저항의 표현이라고 주장하지만, 이런 소름 끼치는 만행은 인간의 잔인성과 종교의 폐해를 극명하게 보여주는 잔혹사이다. 남편을 따라 죽어야만 하는 잔인한 사티 풍습이 1829년에 영국에 의해 불법화되었지만, 1987년 라자스탄의 데오랄라 마을에서 18세 과

조드푸르의 메헤랑가르요새, 산 채로 죽임을 당해야만 했던 미망인들의 손도장 사티

부에게 자행되었으며, 이 의식으로 마을과 가족들은 명예와 부를 얻은 말도 안 되는 사건도 있었다. 힌두교는 이해하기도 어렵다. 하지만 종교의 본질적인 가치인 인간을 위한 종교라고 인정할 수 없다.

요새 곳곳의 움푹 팬 포탄 자국들은 라자스탄에서 격렬했던 전쟁의 흔적을 말해주고 있다. 라자스탄(Rajasthan)은 '라지푸트(Rajput)의 땅(Sthan)'이라는 뜻이며, 라지푸트는 '무사 또는 왕'을 의미한다.

라지푸트는 수천 년 동안 라자스탄 지역 내 각자의 영토에 자신의 왕국을 세워 지배해온 세력으로, 다른 왕국의 침략을 막기 위해 자이푸르의 암베르요새, 쿰발가르요새처럼 엄청나게 높고 웅장한 성을 지었다. 16세기 무굴제국이 인도를 점령하기는 했으나 라자스탄만은 끝까지 저항했다고 한다. 전쟁에서 승리하지 못하거나 전세가 불리해질 때 여자와 아이들은 불 속에 몸을 던지고, 전사들은 죽음을 택했다는 조하르(Johar) 풍습이 있었던 것처럼 라지푸트의 자존심과 용맹함은 실로 대단했다.

메헤랑가르요새는 벽에 붙여진 번호에 따라 동선(動線)이 확실하게 설정되어 있어 관람하기에 편리하다. 요새는 모티마할(Moti Mahal)·풀마할(Phool Mahal)·다울라트카나(Daulat Khan)·쉬스마할(Sheesh Mahal)·실레칸(Sileh Khan) 등과 같이 웅장한 궁전과 훌륭하게 꾸며진 여러 개의 방이 있다. 모티마할은 '진주 궁전', 풀마할은 '꽃 궁전'이라고 불린다. '거울 궁전'으로 유명한 왕의 침실 쉬스마할은 거울 조각, 타일로 온 방 안이 아름답고 황홀하게 치장되어 있다.

현재 궁전들은 메헤랑가르박물관(Mehrangarh Museum)으로 사용되고 있다. 내부로 들어가면 1952년 현 국왕의 대관식을 거행했던 스링가르쵸크(Shringar Crowk)에서 수염을 멋들어지게 기른 남자가 라자스탄의 긴 터번을 쓰는 방법을 시연하고 있다. 6개의 구역으로 나뉜 박물관은 골동품·공예품·예술작품들로 가득하다. 왕이나 왕족을 위한 코끼리 의자 하우다(Elephant's howdahs)는 코끼리 등에 올려진 2칸의 나무 좌석으로 금과 은으로 된 시트가 덮여 있다.

왕족이나 귀족 부인들에게 인기 있는 여행수단이었던 팔랑킨스(Palanquins)에는 다양하고 정교한 가마들이 있다. 무기실(Armoury)에는 악바르와 같은 위대한 통치자들의 검과 에메랄드가 박혀 있는 방패와 금이나 은으로 덮인 총 등의 무기들이 전시되어 있고, 회화실(Paintings)에는 라자스탄의 남서쪽 지역인 마와르(Marwar)의 아름다

메헤랑가르요새의 궁전은 15세기에 만들어진 후 500년 동안 증축되었다

운 그림들이 전시되어 있으며, 터번갤러리(Turbans)에는 라자스탄 사람들이 착용하는 모든 종류의 터번을 볼 수 있다.

다울랏카나(Daulat Khana)는 메헤랑가르 미술관의 보물을 모아 놓은 방으로 회화·팔랑킨·하우다·직물·무기·생활용품 등 무굴 시대의 예술품이 잘 보존되어 있다.

꼭대기에서 서쪽 성벽의 끝에 있는 차문다사원(Chamunda Temple)으로 가는 성벽 길에서는 수천 채의 집들이 파란색으로 칠해져 있는 조드푸르의 멋진 전경을 볼 수 있다. 비록 임수정이 없으나 낭만적이었던 영화의 한 장면을 보기 위해 올라온 보람이 있다. 푸른 카펫을 깔아놓은 듯한 조드푸르의 강렬한 색채는 여행 후에도 오랫동안 기억에 남아 있을 것 같다.

◎ 멀리서 보아야 예쁘다!

늦은 점심 후에 인상 깊었던 푸른 건물들의 속살을 보기 무작정 서쪽 편으로 발걸음을 옮기다 보니 파담사르탈랍(Padamsar Talab)에 닿았다.

메헤랑가르요새 서쪽 성벽의 바깥쪽에 빗물을 모아 만든 저수지이다. 바위 언덕 위에 건설한 메마른 갈색의 사암 요새라는 이미지가 강하다. 푸른 하늘과 저수지가 데칼코마니처럼 펼쳐져 있는 색다른 풍경은 이곳의 모습이 메헤랑가르 요새인가 의심이 갈 정도이다. 참 아름다운 곳이지만 물속에서 갖은 생활 쓰레기가 보인다. 나태주 님은 풀꽃을 보며 "자세히 보아야 예쁘다. 오래 보아야 사랑스럽다. 너도 그렇다"라고 하였지만, 블루시티 조드푸르는 멀리서 보는 것이 더 예쁘다.

메헤랑가르요새의 파담사르탈랍은 성벽의 바깥쪽에 빗물을 모아 만든 저수지이다

> 인도여행 30일차-2
> 2월 6일(수) 조드푸르

사람 사는 맛 나는
사다르바자르(Sadar Bazaar)

　낮 동안 메헤랑가르 요새의 남서쪽의 골목길을 다니다 보니 해가 떨어질 무렵에는 골목길이 끝나는 곳에 있는 사다라바자르에 도착하게 되었다. 외성 안에 있는 시장으로 구시가지를 대표하는 랜드마크다. 그 중심에는 20세기 초에 지어진 중세 스타일의 멋들어진 시계탑 간타가르(Ghanta Ghar)가 서 있다.

　사람 사는 맛이 나는 활기찬 사다르바자르 광장은 생활용품·음식·채소·과일·향신료·인도 사탕·직물·은·수공예품을 파는 여러 개의 좁은 골목길로 이어져 있다. 구경을 나온 서양인들이 눈에 자주 보이지만 대부분은 우리들의 오일장처럼 현지인들이다.

조드푸르 구시가지를 대표하는 랜드마크 사다르바자르

　30루피의 입장료를 치르고 시장의 명물인 시계탑에 오르니 시장이 한눈에 들어온다. 북쪽으로는 멋진 자태의 요새가 떨어지는 낙조를 받으며 금빛으로 변하고 있다.

　탑 안으로 들어가니 시계가 아직도 움직이고 있는 이유를 알 수 있었다. 톱니바퀴와 와이어가 가득 차 있는 시계탑 속에서 3대째 시계를 작동시키고 있다는 다정한 모흐드 씨 부자를 만날 수 있었다. 그들만이 이 시계를 작동시킬 수 있는 유일한 사람이라고 말하는 모습에서 소박하지만 대단한 자부심을 느끼고 있음을 알 수 있었다.

　시계탑에서 멀지 않은 곳에 구라브사가르탈랍(Gulab Sagar Talab)이 있다. 150m×90m의 넓이의 연못은 멀리 떨어진 발사만드(Bal Samand) 호수에서 운하를 통해 물이 공급된다. 연못 주변으로 여러 개의 힌두교 사원이 있는 것으로 보아 중요하게 여기는 곳으로 보이나, 물은 더럽고 주변에는 쓰레기가 많다. 메헤랑가르요새가 잘 보이는 뷰포인트라 와 보았으나 스마트폰으로 감각적인 사진을 찍기에는 한계가 있다.

◎ '김모한식당'과 한국인 여행자들의 행태

김모한 식당을 찾았다. 맥주와 치킨을 즐기는 인도 대학생들, 소맥을 마시는 한국 청년들, 라면과 비빔밥을 먹는 6명의 백인, 인도 남편과 한국인 아내, 그리고 어린 남매, 중국인 애인과 함께 먹고 있는 백인 노인, 그리고 내가 여섯 개의 모든 테이블을 채우고 있다. 한국인 종업원이 한 명도 없는데 인도 아가씨는 "여기요"라며 종업원을 부른다.

즐겨 찾은 인터넷 인도 카페에서는 김모한식당에서 인종차별을 했다고 비난이 이어졌다. 인종차별 했다는 영수증을 자세히 살펴보니 인종차별이 아닌 게 확실해 보인다. C처럼 보이지만 두 번째 닭갈비볶음밥의 D와 밑의 C와 비교해보니 D로 판단된다. 모한 씨가 말한 대로 '칭챙총'이 아니라 된장찌개로 적은 것이다. 한국인이 자주 찾는 식당에서 어떻게 종업원들이 영수증에 칭챙총이라고 쓰겠는가. 이는 분명 한국인의 오해이다. 김모한 씨에 대한 비난이 꼬리를 물다 보니 부킹닷컴에 1,800루피로 나와 있는 커다란 방도 원래 가격이 600루피라며 사기를 쳤다고 비난한다. 인도를 잘 알고 있다고 자타가 공인하는 회원조차도 그 주장에 동조하고 있으니 안타까운 일이다.

카페에서 자신의 다른 의견을 밝히면 여러 명이 가차 없이 원색적인 표현을 사용하여 공격하는 경우를 여러 번 보았다. 사람마다 각기 다른 색깔이 있음을 인정하지 않는다. 인터넷 카페에서 한국인의 손가락에서 가장 많이 만들어진 단어는 '사기'이다. 그동안 만난 인도인은 대부분이 좋은 사람들이었는데 '사기'란 단어로 그들을 일반화하고 있는 한국인들의 행태가 몹시 못마땅하다. 김모한식당이 망하길 대놓고 바라는 한국인들이 여럿이 있지만 'K팝'처럼 한국의 브랜드 가치가 높아질수록 그것을 기대하기는 힘들 것으로 보인다.

하루에도 몇 번씩 이슬람 사원의 확성기에서 울려 퍼지는 독경 소리가 온 도시를 휘감고 있다. 대다수가 힌두교 신자인 사회에서의 대단한 아집이며 배타적인 습성이다. 시끄러운 소리를 참고 있을 혹은 무시하고 있는 힌두교 신자들이 더 대단하다. 힌두교와 불교는 이슬람이나 크리스트교보다 좀 더 수용적이라는 생각이 든다.

사다르바자르의 명물 시계탑 간타가르

제11장 자이살메르(Jaisalmer)

사막 도시·
골든 시티
자이살메르

- 2019년 2월 7일~2월 12일 -

자이살메르 석양이 가디사르호수를 붉게 물들이고 있다

인도여행 31일차
2월 7일 (목) 자이살메르

과연 기차를 탈 수 있을까?

　여행의 마지막 도시인 자이살메르로 가는 기차는 18시라 여유가 풍부하다. 어제처럼 눈앞에서 메헤랑가르요새를 감상할 수 있는 숙소의 루프탑에서 머그잔을 채운 따뜻한 커피를 마시며 스마트폰이라 불편하지만, 여행기를 작성하는 재미가 쏠쏠하다.
　여행을 계획할 때만 해도 글을 쓰리라 생각하지 않았다. 비록 아내가 흔쾌히 여행을 동의했지만, 인도 여행을 걱정하는 것을 느낄 수 있어 여행을 떠나면서 안심하라는 뜻으로 가족의 카톡방에 글을 올리기 시작했고, 글마다 보내주는 사랑스러운 댓글을 보면서 아내와 아이들이 안심하고 있음을 느낄 수 있었다.

인도의 기차역은 아직 부담스럽다. 확인할 수 있는 것은 챙겼지만 푸쉬카르 기차를 놓친 후유증으로 기다리고 있는 플랫폼에서 자이살메르로 가는 기차를 탈 수 있을지 의심스럽다.

하지만 한 시간 늦게 도착한 기차에 무사히 올라타고 자이살메르로 향했다. 5개의 방으로 구성된 1A 차량은 아무도 타지 않아 기차를 통째로 임차하여 가는 기분이다.

원빈사파리에서 픽업하러 올 줄 알았는데 아무리 찾아도 보이지 않아 사용하지 않아도 될 100루피를 주고 다른 차를 타고 숙소로 갔다. 하룻밤에 900루피인 원빈 사파리 더블룸의 상태는 최악이다. 자정이 넘은 시간이라 어쩔 수 없이 침대에 누웠지만 깨끗하지 않아 찝찝하다.

조드푸르역

자정의 자이살메르역

인도여행 32일차
2월 8일(금) ~ 9일(토) 자이살메르

사막에서의 하룻밤

    자이살메르에서 한국인을 대상으로 하는 낙타 사파리로 유명한 업체는 원빈사파리를 포함하여 가지네·포티야 등이다.

    원빈사파리를 선택한 이유는 인도 여행을 준비하면서 EBS의 2010년 [세계테마기행]에서 보았던 당돌한 12살의 어린 낙타 몰이꾼 원빈 때문이었다. '인도 원빈'으로 알려져 한국 여행객들에게 유명해지는 게 소원이고, 한 달에 1,000루피를 받고 싶다고 했던 원빈을 보고 싶었다.

    늦은 아침을 먹고 숙소로 오니 원빈의 형제들이 매우 여유롭게 담소를 나누고 있다. 원빈은 이제 갓 스물을 넘은 나이이지만 수염을 기

자이살메르의 '원빈' 가족과 친구, 뒷줄의 왼편이 '원빈'이다

른 무슬림이라 도무지 나이를 가늠할 수 없다. 학교에 가고 싶지만 8형제 중에 여섯째로 태어나 돈을 벌어야 했다는 원빈이 EBS의 촬영팀에게 선물로 받은 낙타 한 마리로 시작하여 지금은 호스텔까지 지닌 사업가로 변신하였으니 그가 한국인에게 친절한 이유로 충분하다.

어젯밤은 서운했었는데 카카오톡을 확인하지 않은 나의 불찰로 픽업 서비스를 받지 못한 것임을 알게 되었다.

◎ 최고의 사막 호텔, 샘샌드둔

2시 30분쯤 되자 여섯 명의 서양인을 2열과 트렁크에 태운 지프가 우연히 3번째 만나는 한국 청년 정과 나를 태우러 왔다. 두 명의 미국 아가씨, 상해에서 영어를 가르치는 미국인 부부, 프랑스 청년, 호주 청년이 1박 2일 낙타 사파리 투어의 일행들이다. 한국인은 1,150루피이지만 다른 이들은 2,000루피라고 하니 대접받는 기분이다.

우리가 가는 사막 샘샌드둔(Sam Sand Dunes)은 타르사막 한가운데

345

소돔애플 나무를 바람막이 삼아 저녁을 준비하는 낙타몰이꾼

에 있는 모래언덕으로 자이살메르에서 서쪽으로 약 40여 km 떨어져 있다. 10월부터 3월까지 낙타나 지프 사파리를 이용하여 일출과 일몰을 보기 위해 많은 관광객이 모여든다고 한다. 지프를 타고 가는 1시간 가까이 불편했지만 길 양옆으로 펼쳐진 넓은 평원을 감상하다 보니 어느새 샘샌드듄이 있는 카노이(Kanoi)의 작은 마을에 도착했다.

커다란 원통형 물탱크 밑에서는 아낙네들이 물을 긷고 있고, 멀리서는 낙타 몰이꾼이 오고 있다. 원빈의 형과 두 명의 중년 아저씨, 어린 시절 원빈 같은 꼬마 몰이꾼 섬세르가 사막의 밤을 경험시켜줄 고마운 이들이다.

낙타의 눈망울은 한없이 귀엽고 순진해 보인다. 낙타가 일어날 때 커다란 반동으로 등위에서 다들 놀라지만 이내 안장의

낙타몰이꾼이 저녁을 준비하고 있다

손잡이를 꽉 잡고 즐기려고 애쓴다. 그들의 몸은 뻣뻣하게 굳어있지만, 얼굴은 환하게 웃고 있다. 낙타의 발걸음에 익숙해지자 커다란 DSLR을 목에 걸고 두건과 선글라스로 얼굴을 가린 정은 뒤에 잔뜩 쌓아 올린 담요에 기대고 연신 셔터를 누른다. 몰이꾼이 모는 길든 낙타이고 말을 타는 방법과 거의 비슷하므로 나로서는 어려움이 없이 주변의 경치를 즐길 수 있었다.

샘 모래언덕에서 낙타 등 너머로 사막의 해가 지고 있다

사막은 끝없이 펼쳐진 모래언덕과 들판으로 이루어진 곳이라고 흔히 생각하지만, 이곳은 군데군데 검불과 나무들이 자라고 있는 모래로 뒤덮인 황무지이다.

1시간쯤 지나자 사막 호텔에 도착했다. 그럴싸해도 보이는 모래언덕 밑의 움푹 파인 널따란 모래밭은 낙타 똥으로 덮여 있다. 몰이꾼들은 그나마 똥을 안 보이는 곳에 담요를 깔고, 쉴 만한 공간을 만든다. 그들은 독성 때문에 아무도 찾지 않는다는 소돔애플(Sodom Apple) 나무를 바람막이 삼아 불을 피우고 저녁을 만들기 시작한다.

샘 모래언덕에서 커리·밥과 짜파티로 구성한 단출한 저녁 식사

여성들은 불결하다고 생각하는 듯 짜이를 맛보려 하지 않지만, 사막의 낙타를

보며 즐기는 짜이는 또 다른 추억을 만들어준다. 짜이를 즐기지 않는 일행들이 모래언덕에서 인생 최고 장면을 찍느라 여념이 없다. 맞은편 모래언덕의 꼭대기에는 한국인으로 추정되는 십수 명의 사람들로 보통 관광지 같은 느낌마저 든다.

◎ 사막의 밤은 시나브로 살포시 찾아 왔다

어둠이 짙게 깔리고 모닥불이 빛을 더욱 발할 때쯤 커리·밥과 짜파티로 구성된 단출한 저녁이 제공되었다. 다들 맛있게 먹는다. 프랑스 청년은 몇 번이나 더 달라고 한다. 한국인에게만 제공되는 닭 구이와 감자도 익어간다. 여덟 명이 먹기에는 충분하지 않지만 도착하면서 주문한 캔맥주와 함께 나누어 먹는 재미도 쏠쏠하다. 수년 동안 여행 중이라는 프랑스 청년은 일 년에 1,500만 원밖에 못 벌지만, 자신의 미래를 설계하는 중이라 행복하다고 한다.

저녁 후에 모닥불 근처에 담요를 깔고 덮을 것을 두 장씩 나누어준다. 어두워도 담요의 더러움을 느낄 수 있지만, 너무나 추워 몇 번씩 깼다는 여행자들의 글을 보았던지라 바람막이의 모자를 뒤집어쓰고 패딩을 입은 후 이불을 덮었다. 한낮의 햇볕을 머금은 모래라 잠자리가 따뜻하고 포근하다. 새벽에 깰 때까지 편안한 밤이 되었다.

◎ 역시 한국인은 어딜 가나 부지런하다

동쪽에서 여명이 비칠 때쯤에 약속이라도 한 듯이 깨어난 이는 나와 정이다. 정은 일출을 찍겠다는 일념으로 알람이 없어도 딱 적당한 시각에 일어난 것이다. 카메라 삼각대를 설치하고 떠오르는 태양을 기다리는 정은 무척 진지하다. 맞은편 모래언덕에서 한국말이 들린다. 일출을 기다리고 있는 한국인들이다. 역시 한국인은 어딜 가나 부지런하다.

  그림자의 윤곽이 명확해질 때쯤 일행들은 부스스한 눈을 비비며 일어난다. 잔가지를 주워 불을 피우니 다들 모여든다. 표정을 보니 미국인 아가씨들은 추웠던 것 모양이다. 수십 마리의 까마귀들이 근처에 내려앉아 있고 비루한 개 한 마리가 엎드려 물끄러미 우리를 바라보고 있다. 비스킷과 바싹 구운 식빵으로 요기를 하고 몰이꾼들을 만난 작은 마을로 다시 왔다. 올 때는 얼마 걸리지 않은 것으로 보아 어제는 우리를 위해 에둘러 뼁 돌아서 간 듯하다. 흥미로웠던 사막의 밤이었다.

샘 모래언덕 사막 일출은 부지런한 한국인만 볼 수 있다

인도여행 33일차
2월 9일(토) 자이살메르

황금의 성, 자이살메르요새(Jaisalmer Fort)

    점심으로 먹은 가지네 식당의 닭볶음탕은 맛있다고 소문날 정도는 아니지만, 낙타 사파리를 마치고 편안한 루프탑에서의 여유는 여행자의 행복이다.

    예약해 두었던 소피아나게스트하우스(Sofiana Guesthouse)를 찾았다. 자이살메르요새를 중심으로 형성된 크지 않은 도시이다 보니 어려움이 없이 걸어서 도착할 수 있었다.

    깨끗하고 넓은 방이 300루피에 불과하고 루프탑에서는 요새가 한눈에 들어오니 가성비가 최고인 숙소이다. 하지만 마리화나에 찌들어 검게 변한 사장의 치아가 눈에 거슬린다.

2,000명 정도가 아직도 자이살메르요새 안에 살고 있다

　자이살메르는 18세기의 중반까지 200년 정도 무굴제국의 통치를 받기도 했지만, 실크로드의 중요한 교역로에 있어 수 세기 동안 이집트·페르시아·인도의 상인들에게 세금을 부과함으로써 크게 번성하였었다. 영국 통치에 따른 뭄바이 항구의 성장은 자이살메르의 경제 쇠퇴로 이어졌고, 독립과 인도 분할 이후 고대 무역 경로는 완전히 폐쇄되었다. 현재는 파키스탄과의 국경을 맞대고 있는 분쟁지역이지만, 매년 50만 명의 여행자들이 찾는다고 한다.

　숙소에서 자이살메르요새의 성문까지는 5분이면 충분하다. 요새는 라자스탄의 다른 5개의 요새와 라자스탄의 언덕 요새(Hill Forts of Rajasan)로 2013년에 유네스코 세계문화유산으로 등록되었다. 세계에

351

서 극히 드물게 2,000여 명 정도가 아직도 요새 안에 사는 생동감 넘치는 성이다. 1156년 라왈자이잘(King Rawal Jaisal)에 의해 지어져 지진과 모래 폭풍을 천 년 동안 이겨온 요새는 50km 떨어진 곳에서 보더라도 깎아지른 듯한 황금빛 절벽으로 보인다고 하여, 황금의 요새, 소나르켈라(Sonar Kella)라고 불린다.

높게 솟은 동문을 지나 요새의 안마당인 두세라초크(Dusshera Chawk)로 가는 길은 다른 요새들처럼 구불구불한 통로로 되어있다. 하와폴(Hawa Pol)의 돌로 만든 벤치는 얼마나 많은 사람의 쉼터가 되었는지 파리가 미끄러질 정도로 만질만질하다.

동서 1km, 남북 1.2km의 성벽으로 둘러싸여 있는 삼각형 요새의 중심은 두세라 초크이다. 오른편에 솟아있는 웅장한 라지마할(Raj Mahal)은 라자스탄 특유의 건축 스타일인 아름다운 자로카(jharokhas)와 챠트리(Chhatri)로 시선을 끌고 있으며, 정면에는 사암으로 지어진 주택·게스트하우스·식당·기념품숍·사원들 사이로 좁은 골목길이 미로처럼 연결되어 있다.

걸어 다녀야 하므로 기념품 가게 주인들의 계속되는 호객행위에 다소 불편하지만, 관광이 주민들의 주된 수입원, 혹은 유일한 수입원이기 때문에 웃음으로 거절하곤 했다. 12세기의 자이나교 사원과 15세기의 락슈미 사원은 문이 닫혀 있다.

하와폴 위쪽으로 개방된 포대가 오르니 사막 위에 홀로 솟은 요새라는 것이 실감이 난다. 자이푸르나 조드푸르는 먼 산 밑자락까지 빼곡히 건물들로 가득 채워 있었지만, 이곳은 성 주변으로만 둥글게 시가지가 형성되어 있고 먼 쪽은 황량한 들판이다. 서쪽으로 일몰이 시작되니 황토색 건물들이 황금빛으로 서서히 변해간다.

성안에서 바라본 성벽 주변 마을. 자이살메르요새는 사막에 만들어진 도시이다

자이살메르요새의 안마당인 두세라초크

자이살메르요새의 좁은 골목길이 미로처럼 연결되어 있다

황금의 요새로 '소나르켈라'라고 불린다

인도여행 34일차
2월 10일(월) 자이살메르

스쿠터가 최선이다

일정

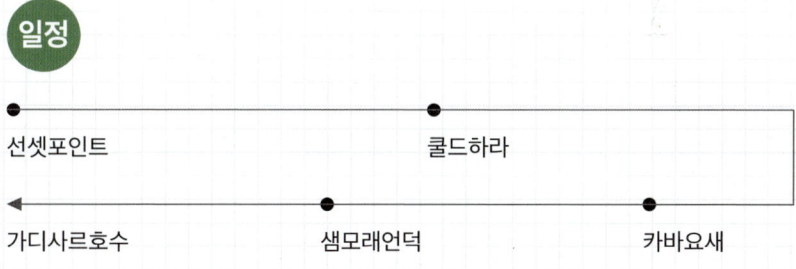

　사막에서 솟아오른 누런 사암으로 지어진 거대한 자이살메르 요새가 아침 햇살을 받아 금빛으로 빛나는 경치는 오랫동안 기억될 만한 광경이다. 더구나 지금까지 거쳐 왔던 인도의 다른 대부분 요새와는 달리 천 년 동안 살아 있는 생동감은 별개의 아름다움이다.
　2종 보통면허로 우리나라에서는 125cc까지는 오토바이를 탈 수 있으나 외국에서 50cc 스쿠터를 운행하더라도 불법이라 출국을 앞두고 2종 소형 면허를 획득하였다. 500cc 로얄엔필드(Royal Enfield)를 빌리고 싶지만, 현실적으로 100cc 스쿠터 혼다나비(Honda Navi)가 딱 적당하다.

맨 먼저 찾은 곳은 자이살메르 선셋포인트이다. 저녁에 고성능의 DSLR을 가지고 오면 좋은 사진을 얻을 수 있는 곳이지만, 스마트폰이 전부라 잠시 챠트리에 앉아 주변을 살펴보았다. 멀찍이 20명 정도의 사람들이 모여 있다. 사진을 찍으면서 가까이 다가가니 40대의 남자가 꽁지만 남겨둔 채 머리를 빡빡 깎고 있다. 주변을 둘러보니 불타고 있는 장작더미가 보인다. 여기는 화장터이다. 아뿔싸! 얼른 촬영하던 스마트폰을 내려놓고 출구 쪽으로 향했다.

지금은 폐허로 변했지만, 옛 라자스탄왕국의 영화를 느낄 수 있다는 쿨드하라(Kuldhara)와 카바요새(Khabha Fort)를 거쳐 낙타 사파리를 했던 샘샌드듄(Sam Sand Dunes)을 다시 찾고자 서쪽으로 액셀을 힘껏 당겼다. 오랜만에 타는 스쿠터 혼다나비는 운전하기 편하다. 경주용 바이크처럼 멋있게 생긴 나비는 시속 80km까지는 경쾌하게 치고 나간다. 도로 사정이 좋지 않아 마냥 달리는 것이 불안하지만 광활한 사막을 가로지르는 쭉 뻗은 아스팔트에서 혼자만의 질주는 매우 흥분되는 경험이다. 군데군데 덤불들이 있지만, 사방이 온통 황톳빛의 거친 황무지이다. 지평선의 끝인 저기쯤에 가면 새로운 풍경이 보일 것 같은데, 어느 정도 더 가봐도 똑같은 지평선이 다시 눈 앞에 펼쳐진다.

◎ 갑자기 사라져 버린 마을, 쿨드하라(Kuldhara)

쿨드하라로 들어가는 갈림길에서 오른쪽으로 꺾으니 다섯 명의 어린아이들이 길을 막고 돈을 달라고 떼를 쓴다. 많이 해 본 솜씨이다.

아이들과 다툴 수 없어 주머니를 뒤지니 100루피만 보인다. 건방진 아이들이 거슬러준다고 계속 쫓아다니니 주기 싫어진다.

13세기경 세워진 쿨드하라(Kuldhara)는 한때 팔리왈브라만족(Paliwal Brahmins)이 거주하던 번영된 마을이었으나 18세기에 지진으로 인하여 버려졌다.

마을 중심부에는 전통적인 라자스탄의 가옥을 재연한 꽤 괜찮은 집 한 채가 있다. 가족 단위로 나들이 온 이십여 명의 관광객이 둘러보고 있다. 라자스탄주 정부는 10년 전부터 이곳을 관광지로 개발하기 시작했지만, 한때는 유령이 나오는 곳으로 유명하였다고 한다. 마을 곳곳에는 수백 채의 지붕이 사라지고 무너진 벽과 담 들, 줄지어 선 부서진 흙집들, 그리고 군데군데 쌓여있는 돌무더기들에서 사람의

자이살메르 쿨드하라의 돌무더기들에서 사람의 온기는 찾을 수 없다

온기는 찾을 수 없지만, 이곳도 한때는 따뜻한 사랑을 나누던 행복한 보금자리이었을 모습을 떠올려본다.

◎ 유령도시 지키는 카바요새(Khabha Fort)

다시 황량한 사막을 가로질러 카바 요새로 갔다. 요새 마을은 18세기 갑자기 사라져 버린 쿨드하라에 살던 팔리왈브라만의 중요 지역이었다. 마을에는 사람들이 사는 수십 채의 건물들이 있고, 입구의 둥그런 우물에서는 낙타들이 목을 축이고 있다. 부서진 집이 늘어서 있고 사람의 활동이 정지된 유령의 마을을 따라가면 언덕 위에 요새가 있다.

비록 규모는 작지만 재건축되어 잘 관리되는 듯하다. 요새 위에 오르니 시간을 초월하여 멈추어 있는 듯한 유령 마을이 한눈에 들어온

자이살메르 카바요새에 오르면 유령 마을이 한눈에 들어온다

다. 일출이나 일몰을 보면 사막의 풍경과 어울려 꽤 장관일 것 같다.

◎ 몸 번쩍 들리고 쿵쿵 떨어지는 지프 사파리

카노이에 왔지만, 낙타 사파리를 했던 물탱크 마을을 찾을 수 없다. 다시 자이살메르 쪽으로 되돌아가다 지프가 눈에 확 들어온다. 1시간의 지프 사파리가 1,200루피이다. 노련한 장사꾼의 눈에는 스스로 들어온 먹잇감에 놓아줄 리가 만무하다. 비록 300루피는 깎았으나 이미 그에게 졌음을 인정하고 지프의 짐칸에 몸을 실었다. 큰길에서 조금 들어가니 바로 모래언덕이다.

두 손으로 쇠기둥을 꽉 잡지 않으면 그대로 차량 밖으로 떨어질 수도 있어 잔뜩 손에 힘이 들어간다. 몸이 번쩍 들리고 쿵쿵 떨어지면서 몇 개의 경사진 모래언덕을 거침없이 넘고, 때로는 거친 길을 힘차게

거친 사막을 달리는 사륜구동 마힌드라 타르는 정말 탐나는 차량이다.

쭉 내달리는 지프 사파리의 엄청난 스릴감이 만족스럽다.

1세대 지프 랭글러처럼 생긴 사륜구동 마힌드라타르(Mahindra Thar)는 정말 탐나는 차량이다.

자이살메르로 가는 길은 시원하게 뚫려 있다. 한 대의 차량이 고장으로 길가에 정차하고 도움의 손길을 요청한다. 외국이라 조심스러우나 아들을 자이살메르 초입에 있는 하누만서클까지 태워 달라고 부탁한다. 간절한 아버지의 부탁을 거절하지 못하고 아들을 태우고 자이살메르로 달린다. 뒤가 묵직하니 오히려 운전하기가 편하다.

◎ 환상적 선셋 조망 가디사르호수(Gadisar Lake)

스쿠터 반납 시간이 충분히 있어 가디사르호수(Gadisar Lake)에 갔다.

사막의 오아시스일 것이라고 상상해 봤지만, 자이살메르의 초대 통치자인 라왈자이살(Laja Rawal Jaisal)에 의해 건설된 인공 호수로서 한때 도시의 유일한 물 공급원이었다. 틸론기폴(Tilon Ki Pol)을 지나니 예술적 감각이 뛰어난 시바 사원과 챠트리, 그리고 가트가 호수를 둘러싸고 있다. 고요한 호수에 반쯤 잠긴 챠트리가 매우 독특하고 인상적이다. 남쪽의 개활지는 매우 넓어 스쿠터가 아니면 꽤 힘들다. 넓은 호수로 변해 꽤 아름다울 우기에 다시 오고 싶다. 수평선으로 내려앉는 석양이 호수를 붉게 물들이고 있다. 오랫동안 기억할 수밖에 없는 낭만적인 광경이지만 내 옆에는 아무도 없다.

◎ 어려도 남자라면 의자에 앉아 음식 먹는다

저녁을 위해 가지네로 와서 치맥을 주문했다. 아그라에서 엉터리

자이살메르 선셋포인트, 라자스탄 특유의 건축 스타일인 아름다운 챠트리

치킨에 실망한 적이 있어 우려했지만, 한국에서 먹는 맛과 같다.

　앞 건물의 넓은 정원에서는 얼추 100여 명이 넘는 사람들이 참석한 결혼식 피로연이 열리고 있다. 어린이더라도 남자라면 의자에 앉아 음식을 먹는데, 여자들은 귀퉁이의 바닥에 깔린 카펫 위에 여럿이 모여 손으로 먹는다. 우리나라에서 저런 모습이 없어진 지가 한참이 되었는데도 불구하고, 2018년 세계경제포럼(WEF)에서 149개국을 조사하여 발표한 세계 성(性) 격차 지수가 한국 115위, 인도 108위라니 이해할 수 없는 결과이다. 무대에서는 라자스탄 악공들이 돌락(Dholak)을 연주하면서 축하 노래로 흥을 돋우고, 한쪽의 화덕에서는 난과 바비큐가 익어가고 있다.

예술적 감각이 뛰어난 시바 사원과 챠트리, 가트가 가디사르호수를 둘러싸고 있다

인도여행 35일차
2월 11일(월) 자이살메르

사막을 달리다

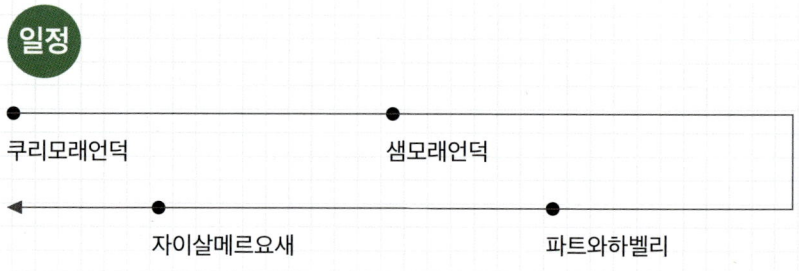

인도에서 흔히 볼 수 있는 500cc 로얄 엔필드는 19세기 영국에서 시작되어 꾸준히 생산되어 온 모터사이클 브랜드로 클래식 바이크의 기품을 간직하고 있어 눈이 먼저 가지만, 어제처럼 혼다나비가 멋진 선택이다.

◎ **사막의 로망, 쿠리모래언덕(Khuri Sand Dunes)**

자이살메르 시내를 벗어나면 흔하게 볼 수 있는 풍경이다

자이살메르 쿠리모래언덕의 초입에는 거대한 님나무가 위풍당당하게 들어서 있다

님나무가 얼마나 큰지 떨어진 나뭇가지로 시소를 탄다

　1시간 넘게 걸려 찾은 곳은 쿠리모래언덕이다. 쿠리는 자이살메르에서 남서쪽으로 약 50km 떨어진 곳에 있는 작은 마을이다. 점심때쯤인데도 중학생들이 하교하느라 왁자지껄하다. 짓궂은 아이들이 스쿠터를 태워달라고 조르고, 일부는 돈을 달라고 손을 내민다. 애써 찾지 않아도 쿠리에서 유명한 '아르준게스트하우스'가 쉽게 보인다. 아르준 사장은 인부들과 건물을 새로 짓느라 땀을 흘리고 있다. 식사를 포함하여 하루 숙박 300루피, 낙타 사파리가 600루피라고 한다. 매우 저렴하다.

　모래언덕을 향해 좀 더 안쪽으로 들어가니 리조트가 펼쳐져 있다. 라자스탄식의 흙집을 개량해 만든 현대식의 숙소들이 쭉 이어져 있지만, 사람들이 움직임이 보이지 않는다. 1~2월이 성수기라고 하지만 만난 사람은 인도인 투어가이드 1명, 영국인 2명뿐이다.

　사막의 초입에는 거대한 님나무(Neem tree)가 위풍당당하다. 유엔에서 21세기의 나무라고 할 정도로 인간과 동물에 해를 끼치지 않는 유익한 나무로 알려진 님 나무는 사막의 녹화사업에 적당한 속성수로 15m까지 자란다. 얼마나 큰지 떨어진 나뭇가지로 영국인들이 시소를 탄다.

스쿠터로 1분도 못 가서 눈앞에 온통 모래언덕이다. 천연기념물 제431호인 태안 신두리 해안사구 수십 개를 합쳐 놓은 광경이라 그 규모에 놀라지 않을 수 없다. 우리 머릿속에 정형화되어 있는 사막의 표본 그대로이다.

◎ [카쉬미르 소녀] 촬영지, 샘모래언덕(Sam Sand Dunes)

어지간하면 로컬 식당에서 점심을 먹으려 했으나 눈에 띄지 않는다. 아르준하우스의 점심을 마다한 것이 아쉽다. 어쩔 수 없이 콜라와 비스킷으로 허기를 달래면서 최대한 액셀을 힘껏 잡아당기면서 샘샌드듄으로 향한다. 황량한 사막의 카바 요새와 유령 마을을 가로질러 샘샌드듄에 가니 낙타나 지프 사파리를 호객하느라 스쿠터를 막는 이들이 여럿이다.

어쩔 수 없이 스쿠터에서 내려 10분에 50루피(750원) 낙타 체험을 했다. 앞에서 고삐를 잡고 모래사막 언덕을 뛰어오르는 몰이꾼에게는 미안하나 꽤 재미가 있다. 이곳에서 [카쉬미르의 소녀(Brother Bajrangi, 2015)]를 촬영하였다고 한다. 독실한 힌두교 신자인 파반이 어머니를 잃어버린 파키스탄 소녀를 돕는 여정을 통해 인도와 파키스탄의 종교분쟁을 이야기하며 두 국가 간의 갈등이 종식되기를 염원하는 주제의 영화다.

자이살메르까지 약 40분 정도 걸린다. 쭉 뻗은 한가한 도로를 거침없이 달리는 스쿠터를 경험하지 않은 사람은 그 즐거움을 알 수 없다.

자이살메르를 5km 앞두고 스쿠터가 멈춘다. 다행히 기름이 떨어진 것이다. 3ℓ도 채 들어가지 않는 스쿠터로 거의 150km를 달렸으니 대단히 좋은 연비다. 50m 앞에 조그만 가게가 보인다. 1ℓ에 주유소의 2배인 150루피이지만 이렇게 고마울 수가 없다. 난 참 운이 좋다.

◎ 자로카가 아름다운 파트와하벨리(Kothari's Patwa Haveli)

자이살메르 시내를 스쿠터로 돌아다니는 것은 부담스럽지 않으나, 파트와 하벨리를 찾아가는 좁은 골목길에서는 마주 오는 오토바이를 피하기가 쉽지 않다. 하벨리는 무굴제국 시절 대중화되었던 부유한 상인의 주택이다. 파트와 하벨리는 요새의 동문 성 밖에 형성된 도시의 중심부에 있는 고급 주택 단지로 특별하게 보존되면서 방문객들에게 열려있는 곳이다. 우아하고 섬세하게 조각된 기둥과 라자스탄의 특유의 발코니인 자로카로 만들어진 건물 자체가 예술작품이다. 내부는 박물관으로 사용되고 있으나 비둘기의 더러운 냄새와 먼지가 진동하여 더는 머물고 싶지 않다. 라자스탄에서 가장 아름다운 주택의 주인은 비둘기이다.

저녁을 먹을 시간이다. 다시 찾은 요새는 바람이 많이 불고 날씨가 좋지 않아 어제보다 생동감이 없다. 티베트 음식 땜뚝(Thantuk)와 모모(momo)를 먹기 위해 리틀티베트레스토랑(Little Tibet Restaurant)를 찾았다.

땜뚝은 수제비와 비슷하고 모모는 티베트식 만두이다. 루프탑에 오르는 순간 주방에서 행주 썩은 내가 코를 자극한다. 이미 입맛을 잃어버린지라 정성스레 준비했을 음식의 맛을 느낄 수 없다. 하지만 요새와 성 밖 도시를 시원하게 조망할 수 있는 루프탑은 식당의 단점을

티베트 만두 모모
티베트 음식 땜뚝은 우리나라 음식 수제비와 유사하다

충분히 상쇄시킬만하다.

   오늘도 이렇게 저물어간다. 어둠은 개들을 용감하게 만들어 숙소로 가는 길이 부담스럽다. 숙소 입구 옆에서는 십여 마리의 개들이 서로 짖어 대고 있다. 종업원이 얼른 들어오라고 손짓을 한다.

자이살메르요새와 성 밖 도시를 시원하게 조망할 수 있는 포대

제12장 다시 뉴델리(New Delhi)

공존의 도시, 뉴델리

- 2019년 2월 12일~2월 15일 -

낙조 속에 붉은빛으로 물들어가는 비하라 사원

인도여행 36일차
2월 12일 (화) 뉴델리

인도 여행의 종착지,
파하르간지(Paharganj)

일정

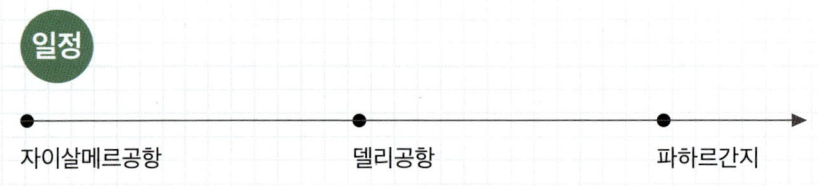

자이살메르공항   델리공항   파하르간지

    자이살메르공항은 2013년 모디 총리가 200억을 들여 국가 성장 촉진 동력을 위해 구축한 사회기반시설로서, 연간 30만 명의 여행객을 수용할 수 있고, 180석 규모의 여객기 3대가 머물 수 있는 규모라고 한다.
    사막 벌판에 지어져 있어 멀리서 볼 땐 작아 보인 공항에 막상 도착해 보니 생각보다 커다랗다. 하벨리에서 본 듯한 문양으로 한껏 멋을 부린 누런 사암으로 만들어진 외벽이 인상적이다.
    공항에서 아침을 먹으려고 좀 일찍 나섰는데 8시 30분이 넘어야 입장이 가능하다. 직원들이 이제야 하나둘씩 출근하더니, 9시부터 발권이 시작되었다. 피부색이 좀 익숙하여 쳐다보면 중국인이다. 얼굴에서도 티가 바로 나지만 멋을 부렸어도 뭔가 어색하거나 빛바랜 가방을 메고 있으면 분명 중국인이다. 다른 공항에서의 스파이스제트 (Spicejet) 항공사는 기내 배낭 반입이 문제가 되지 않았는데, 여기에서는 반입하려면 800루피를 내야 하니, 찾는 게 번거로우나 위탁 수화물로 보낼 수밖에 없다.

2층까지 있는 대합실이 1층 두 개의 게이트만 사용되고 있는 것으로 보아 규모보다 수요가 없는 듯하다. 델리(Delhi)·수라트(Surat)·아메다바드(Ahmedabad)·자이푸르(Jaipur)로 가는 항공기가 하루 1회씩 운행되고 있다.

10시 30분에 도착한 비행기에서 승객이 내리기 전부터 절반 이상의 승객들이 줄을 만들어 탑승을 기다린다. 어차피 한 대뿐인 50m 앞의 비행기로 걸어가면 그만이라 줄을 길게 만들어 미리 기다릴 필요가 없음에도 인도인·중국인·서양인을 가리지 않고 서두르고 있다. 한국 사람들이 급하다고 흔히 말하지만, 이번 여행에서 보면 조급함은 개인적 성향일 뿐 국적이나 민족과는 상관없다. 한국인이 동작이 빠르고 부지런한 것일 뿐이지 다른 나라 사람들과 비교해 급하다는 것은 일종의 고정관념으로 보인다.

다시 델리이다. 인도 국내선 T1에서 30루피에 T3까지 운행하는 셔틀버스에 올라 차장이 외치는 "Metro"에서 내렸더니 에로시티역 (Aerocity Metro)이다. 뉴델리 역으로 가는 표를 끊으니 잔돈을 일부러 적게 준다. 나머지를 요구하자 준비한 듯이 100루피를 건네준다.

인도의 지하철은 깨끗하며 진동도 거의 없고, 좌석의 4분의 1은 여성이나 노약자를 위한 배려석이다. 현대로템과 삼성물산이 2001년부터 2006년까지 함께 만든 것으로, 2018년 7월에 인도를 방문한 문재인 대통령이 모디 총리와 깜짝 '지하철 정상회담'을 갖기도 하였다. 옷을 잘 차려입은 두 명의 중년 여인이 탑승하자 일반석에 앉아 있는 젊은 이들이 벌떡 일어나 자리를 양보하지만, 여인들은 당연하다는 듯 고맙다는 표시를 하지 않는다. 신분 차별 때문인지 여성을 배려하는 것인지는 모르겠지만 꽤 어색한 장면이다.

첫날의 긴장감을 느끼고 싶어 무료 픽업을 거절하고 지하철을 통해 파하르간지로 갔던 낯설고 어색했던 한 달 전의 기억들이 머리를 스친다. 다시 만난 파하르간지는 여전히 더럽고 시끄러우며 혼잡하지만, 무척 반갑다. 도착한 날 시원하게 맥주를 마신 레오레스토랑(Leo's Restaurant)을 다시 찾아갔다. 첫날의 레스토랑에서 그동안의 여정을 되돌아본다. 마치 꿈속을 거닌 듯하다.

델리의 파하르간지는 언제나 인파와 쓰레기로 넘쳐난다

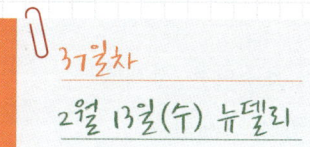

다양한 문화의 용광로,
델리(Delhi)

일정

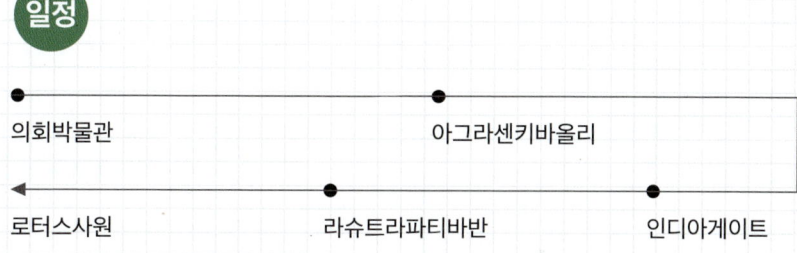

입술이 텄다. 집에 갈 때가 된 모양이다. 호텔 로비에서 중국인이 여행용 가방을 정리하고 있다. 한국인들만 음식을 싸서 가지고 다니는 것이 아니었다. 그의 가방은 온통 라면과 통조림으로 가득 채워져 있다.

◎ 인도의 자존심, 의회 박물관(Parliament Museum)

맨 먼저 찾은 곳은 의회 박물관이다. 주변의 도로는 잘 단장되어 있고 유명인의 동상이 곳곳에 있다. 높은 담장 위의 초소에는 경계병들이 총을 겨누고 있고, 무장한 병력이 곳곳을 삼엄하게 경계한다.

관람 신청을 하고 한참이 지나서야 직원을 따라 내부로 들어갔다. 2006년 대중에게 공개된 박물관은 2,500년의 인도 역사와 함께 주로 영국 제국주의 식민지를 거쳐 오는 과정에서의 인도의 독립과 민주주의 발전에 대하여 설명하고 있다. 1905년 영국의 벵골 분할 조치에 반대하는 대규모 시위, 1942년 8월 민중봉기, 찬드라 보스의 흥분된 연설 등 인도 독립투사들의 활동과 희생을 극적으로 표현하고 있다.

이야기마다 음향과 비디오 애니메이션이 미리 설정되어 있고, 유치한 수준이지만 가상현실과 파노라마 프로젝션이 설치된 부스도 있어 사티아그라하 운동을 펼치는 간디와 함께 노래하면서 걸을 수도 있다.

중앙 홀에는 인도의 초대 총리를 지낸 네루가 1947년 8월 14일 자정에 행했던 '독립에 관한 연설(Tryst with Destiny)'이 밀랍 인형의 입을 통해 흘러나오고 있다. 독립투사들의 밀랍 인형 옆에 나란히 앉아 인도인의 독립 의지를 새겨들으면서 일제와 싸웠던 우리의 선열들을 잠시 기리는 시간을 가졌다. 유명한 곳도 아니고 관람에 제약이 따르지만, 인도의 독립에 대해 존중을 표할 수 있는 곳에 온 것이 보람차다.

◎ 거대한 계단식 저수지, 아그라센키바올리(Agrasen Ki Baoli)

하루 두 끼만 먹는 것에 익숙해지다 보니 배가 고프지는 않지만, 코넛플레이스에 있는 맥도널드가 눈에 밟힌다. 인도에서의 햄버거는 언제 먹어도 맛있다.

간단히 배를 채우고 2km 정도 떨어진 곳에 있는 아그라센키바올

델리의 아그라센키바올리는 계단식으로 만들어진 거대한 물 저장창고이다

리로 향했다. 물 부족에 대비하기 위해 땅을 깊게 파고 건설한 14세기의 계단식 저수지이다. 거대한 요새 일부처럼 보일 뿐 저수지 같은 느낌이 들지 않는다. 인도인의 창의적인 예술성에 경이로움이 느껴진다. 밑으로 깊게 뻗은 계단의 양편에는 이완 모양의 회랑이 10여 개씩 4층에 걸쳐 있어 아파트 같은 느낌을 준다. 계단에는 시민들이 한가롭게 휴식을 취하고 있고, 데이트하는 연인이 다정하게 앉아 이야기를 나누고 있다. 108개의 계단을 따라 밑까지 내려갈 수 있으나 지금은 통제되고 있다. [PK, 별에서 온 얼간이(2014)]에서 아미르칸(Aamir Khan)이 계단에 앉아 종교를 고민하던 장면이 생각난다.

◎ 독립을 위해 희생, 인디아게이트(India Gate)

대통령궁 라슈트라파티바반으로 가는 길에는 인디아게이트가 있다. 파리의 개선문을 바탕으로 설계되어 1931년 완성된 기념비로, 제1차 세계 대전과 1919년 아프가니스탄전쟁에서 전사한 영국령 인도 제국의 군인 약 8만 5천 명을 추모하기 위해 만들어졌다. 높이 42m의 아치에는 전사한 인도 병사의 이름이 새겨져 있다. 인도의 자치 정부를 원했던 간디는 영국을 믿고 제1차세계대전에 연합군으로 참전한 영국에 협조했다.

하지만 영국은 약속을 배반하고 인도인의 자유를 제한했으며, 재판 없이도 투옥할 수 있는 롤래트법(Rowlatt Acts)을 통과시켰다. 간디는 영국에 대한 비협조 운동을 전개하면서 전국적인 파업을 주도했으나, 침략자인 영국을 위해 수만 명의 인도 젊은이들의 목숨을 잃는 데 동의했다는 비판을 면하기는 어렵다. 뭄바이의 게이트웨이오브인디아가 인도를 통치하는 영국 제국주의의 상징이었다면, 인디아게이트는 인도인의 독립에 대한 열망이다.

델리의 인디아게이트는 인도인의 독립에 대한 열망을 담고 있다

◎ 대통령궁, 라슈트라파티바반(Rashtrapati Bhavan)

약 2km 떨어진 대통령궁까지 차량이 통제된 4차선 도로가 반듯하게 뚫려 있다. 도로의 양편에는 잔디밭이 깔린 넓은 공원이 만들어져 있어 나들이하는 가족들, 소풍 나온 학생들, 크리켓을 즐기는 이들이 한가로운 한때를 보내고 있다.

대통령궁 500m 앞에서는 바리케이드를 설치한 채 무장한 군인들이 출입을 통제하고 있다. 3시가 넘어서 입장이 불가능할 줄 알았는데 다행히 나까지 허가하고 뒤부터는 차단한다. 하지만 궁까지는 입장할 수 없고 입구에서 모습만을 바라볼 수밖에 없다.

무굴제국과 서양의 건축이 혼합된 대통령궁은 영국의 영원한 인도 통치를 상징하기 위하여 영국 총독의 관저로 만들어졌다고 한다. 약 19,000㎡ 규모의 4층 건물로 340개의 방이 있으며, 약 130만㎡에 달하는 시내 중심가의 부지에 자리 잡고 있다.

영국과 무굴제국의 양식에 따라 설계된 궁의 서쪽에 있는 드넓은 무굴 정원에는 다채로운 색의 꽃, 분재, 관목, 장식용 분수와 이국적인 분위기의 장미로 가득하다고 하는 데 늦게 와서 들어갈 수 없어 아쉽다.

델리의 대통령궁, 라슈트라파티바반

◎ 거대한 연꽃, 로터스사원(Lotus Temple)

레일바완 역(Rail Bhawan station)에서 로터스 사원까지 지하철이 연결되어 있어 30분이면 도착한다. 칼카지 역(Kalkaji Mandir Station)에서 내려 10루피에 릭샤를 합승하면 쉽게 입구까지 갈 수 있다. 로터스 사원은 모든 종교가 하나이고, 인류는 한겨레이며, 지구는 한 나라라고 주장하는 바하이교의 사원으로, 그 외관을 따서 연꽃 사원(Lotus Temple)으로 부른다. 높이 40m의 거대한 연꽃은 흰 대리석으로 만들어진 27개의 꽃잎이 세 겹으로 덮여 있다.

독특하고 아름다운 외관과 타 종교를 배척하지 않는 종교관으로 무척 많은 인파로 북적거린다. 최대 2,500명을 수용할 수 있다는 중앙 홀에는 수백 개의 4인용 돌의자가 연단을 향해 둥글게 펼쳐져 있다. 수십 명의 관광객이 한꺼번에 밀물처럼 밀려왔다가 썰물처럼 빠져나가기를 반복한다. 수행하는 곳임에도 진지함이 전혀 느껴지지 않는다.

연꽃 위로 떨어지는 붉은 낙조가 정원의 종려나무와 어울리면서 매우 환상적인 장면이 연출된다. 사람들은 아름다운 광경에 감탄하며 사진 찍기에 여념이 없다. 오늘도 이렇게 날이 저물고 있다.

델리의 푸리

델리의 라씨

공존의 종교, 바하이교의 연꽃사원

연꽃사원의 머리 위로 해가 떨어지고 있다

인도여행 38일차-1
2월 14일(목) 뉴델리

거룩한 신의 집,
악샤르담(Akshardham Temple)

아침부터 천둥소리가 들리고 비가 내려 걱정했지만, 다행히 일찍 그쳐 첫 일정을 악샤르담 사원 단지로 잡았다. 파하르간지에서 사원으로 가기는 매우 쉽다. 메인바자르로드의 라마크리슈나역(RamaKrishna Ashram Marg)에서 지하철(Blue Line)을 타고 악샤르담역(Akshardham station)에서 내리면 그만이다. 요금도 40루피에 지나지 않는다.

◎ **최대 힌두교 사원, 악샤르담사원(Akshardham Temple)**

사원 단지 입구의 4차선 도로에서 순찰대 2대가 바리케이드를 치고 경비를 서고 있다. 모든 전자기기를 보관소에 맡겨야 하고 보안 검색할 때에는 허리띠까지 풀게 한다. 2005년 BAPS에 의해 건설된 악사르담 사원 단지는 기네스북에 등재된 세계에서 가장 큰 힌두교 사원으로 수천 년의 힌두교와 인도 문화 및 건축 양식을 보여주고 있다. BAPS는 고대 인도의 종교 지식과 제례 규정을 담고 있는 문헌인 베다(Vedas)에 뿌리를 두고 있는 힌두교 단체로서, 바그완스와미나라얀(Bhagwan Swaminarayan: 1781~1830)에 의해 만들어졌다.

사원 단지의 핵심은 거룩한 신의 집이자 힌두교의 예배당인 악사르담만디르(Akshardham mandir)이다. 만디르는 신이 아니면 창조할 수 없을 것 같은 화려한 디자인으로 섬세하게 조각된 234개의 기둥, 9개의 화려한 돔, 그리고 스와미나라얀의 신상을 비롯하여 BAPS의 교주와 힌두교 신을 표현한 2만여 개의 조각품으로 이루어져 있다. 순수함과 평화를 상징하는 분홍색 돌과 흰 대리석으로 만들어졌으며, 높이 43m·폭 96m·너비 109m에 이른다.

사원 하단부의 18m 황동 패널 '나라얀피스(Narayan Peeth)'는 신이 삶의 중심이 되어야 한다는 힌두교 신자의 신념을 강화하기 위해 만들어진 것으로 시계방향으로 걸어가야 한다. 가젠드라피스(Gajendra Peeth)처럼 인도의 사원은 항상 코끼리의 어깨 위에 서 있지만, 다른 사원들과 다르게 코끼리와 인간이 어떻게 가까운 관계가 되었는지, 어떻게 신성한 존재로 축복받았는지 등 코끼리와 관련된 인상적인 사건들이 정교하고 부드럽게 조각되어 있다. 웅장하면서 부드러운 코끼리를 묘사함으로써 평화와 아름다움의 메시지를 공유하는 위함이라고 한다.

계단식 우물 야그나푸르쉬쿤드(Yagnapurush Kund)는 중앙에 꽃잎이 8개인 연꽃 모양으로 되어있으며, 기하학적으로 대칭인 우물의 모양은 인도인들의 시대를 앞선 수학적 지식을 보여주고 있다. 매일 저녁 윤회를 뜻하는 환상적인 음악 분수 쇼가 열린다고 한다.

악사르담은 분명 매우 훌륭하고 아름다운 사원이다. 그러나 중앙 성소에는 시바나 비슈누가 없다. 물론 불교나 자이나교도 인간을 우상화했지만, BAPS의 역대 교주들이 우상화되어 있는 모습에 종교의 순수성이 의심스럽다.

국빈방문 중 악사르담을 찾은 문재인 대통령(2018년 7월)

인도여행 38일차-2
2월 14일 (목) 뉴델리

활기찬 골목길,
산자이콜로니(Sanjay Colony)

　악사르담 사원 단지가 얼마나 큰지 걸어 나오는 데도 한참이다. 산자이콜로니슬럼투어의 미팅 포인트인 나가르역(Nagar Okhla Station)으로 갔다. 뭄바이에서 다라비슬럼투어를 운영하는 리얼리티투어(Reality Tours & Travel)는 산자이콜로니를 1시간 30분 동안 도보 여행을 하는 프로그램이 있다.

　산자이콜로니는 뉴델리 남동부에 있는 작은 빈민가이다. 3,000개의 공장이 있는 이곳에서는 전자 제품에서부터 자동차 부품, 의류에 이르기까지 모든 것이 생산되지만, 특히 주된 산업은 의류이다. 헌 옷을 뜯고 종류별로 분류하여 자루에 담고, 분류된 옷감을 재활용하여 새로운 옷을 만들어내느라 모두가 바쁘게 일하고 있다. 재활용 옷은 보통 30루피이며, 옷감을 분류하는 노동자의 일당은 200루피라고 한다. 다라비는 주로 플라스틱을 분류하는 반면 이곳에서는 옷감을 재활용하기 위해 노력하고 있다.t

비록 더럽고 비좁은 환경이라 관광객의 눈에는 그들의 가난한 삶이 불쌍해 보이기도 하지만 매우 활기찬 골목길이다. 다라비처럼 시급한 과제인 식수와 화장실 문제가 잘 해결되기를 희망해본다.

밝게 크는 아이들은 산자이 콜로이의 희망이다

인도여행 39-40일차
2월 15일(금)~2월 16일(토) 뉴델리

얼른 집에 가고 싶다

집으로 가는 날이다. 사고도 없었고 흔한 장염도 걸리지 다행이다. 귀국하면 많이 그리울 것 같은 파하르간지의 혼탁함을 다시 느끼고 싶어 호텔을 나선다. 아침에 비가 왔어도 가시지 않는 먼지로 입안이 텁텁하다.

신발이 매우 더러워서 20루피에 신발을 닦아주겠다는 구두닦이의 제의에 응했다. 열심히 닦더니 벌어진 밑창의 수선을 묻는다. 밑창이 많이 닳아서 귀국하면 버리려고 했는데 마지막에 좋은 일 한 번 하자는 마음에서 오케이했다. 수선까지 해서 200루피는 기꺼이 낼 생각이었으나, 잠깐의 작업 끝에 그들이 원한 수고비는 650루피이다.

지난 40일간의 인도 여행에서 한 번도 타인에게 화를 낸 적이 없었는데, 너무나 심한 바가지에 순간적으로 화가 치밀어 오른다. 신발을 바닥에 벗어던지고 빤히 쳐다보는 개에게 소리를 질러 화풀이를 하면서 200루피를 주니 멀찍이 물러간다. 기분 좋게 여행을 마무리하려고 베푼 호의로 오히려 기분이 망가졌지만, 액땜한 것으로 생각하고 이내 툴툴 털었다.

파하르간지에서 출발하여 출국 수속까지 일사천리로 진행되었다. 시바지역(Shivaji Stadium station)에서 지하철을 타고 T3에 와서 많은 사람이 가는 곳으로 따라간다. 오랜 기다림이나 어려움이 없이 검색을 통과하고 출국장에 오니 마음이 편하다. 햄버거를 주문하니 1루피도 남지 않는다. 이제 다시 올 것을 기약하고 KE482에 오른다.

제2부
[부록] 인도 이해

자이푸르의 잔트라만트라 전경

제1장
개요(Summary)

국명	Republic of India
수도	뉴델리(New Delhi)
언어	힌디어(40%)외 14개 공용어, 영어(상용어)
면적	3,287,263㎢ 세계7위(CIA 기준)
인구	약 1,354,052,000명 세계 2위(18 통계청 기준)
민족구성	인도아리안 72%·드라비디안 25%·기타 3%
종교	힌두교(80.5%)·이슬람교(13.4%)·기독교·시크교·불교 등
GDP	2조 8,482억$ 세계 7위(18 IMF 기준)
1인당 국민소득	1,528달러(2018년)
산업구조	서비스업 65%·제조업 18%·농업 17%
기후	3월~6월 혹서기·7월~9월 우기·10월~2월 건기
시차	우리나라 시각에서 -3시간 30분
정부 형태	의원내각제
의회 구성	양원제
우리나라와 수교	1973년 12월
북한과의 수교	1973년 12월
교민 현황	약 1만 500명(2017년)
교역	약 200억달러(2017년)

(출처 네이버)

제2장

역사(History)

인도는 인더스 문명을 만든 드라비다족과 이주민인 아리아족이 결합한 민족으로 구성되어 있다. 땅이 넓어 수많은 소국이 흥망성쇠를 반복하였으며, 다양한 종교를 가지고 있다. 무굴제국이 멸망한 후 영국의 식민지가 되었으나, 1947년 8월 15일 영국의 지배를 벗어나 힌두권인 인도와 이슬람권인 파키스탄으로 독립하였다.

인더스 문명	BC 3000년~BC 2000년
베다 시대	BC 2000년~BC 1000년
도시국가	BC 1000년~BC 321년
마우리아 제국	BC 321년~BC 185년
쿠샨 왕조	78년~226년
굽타 왕조	320년~606년
팔라바·찰루키아·촐라왕조	3세기~13세기
무굴제국	1526년~1858년
영국 강점기	1858년~1947년
인도 독립	1947년

◎ 인더스문명(Indus Civilization)

인더스문명은 메소포타미아문명·이집트문명·황하문명과 함께 고대 문명의 발상지로 일컬어진다.

물이 풍부한 인더스강 유역에서 BC3,000년 무렵에 형성된 이 문명은 BC1,500년 무렵까지 번성했다. 특히, 1922년에 발굴된 모헨조다로(Mohenjo Daro)는 정교하게 만들어진 계획도시로 인더스 문명의 지배자들이 매우 높은 생활 수준을 누렸다는 것을 말해주고 있다.

드라비다족으로 추정되는 이 시대 사람들은 정교한 청동기와 금·은·상아 혹은 보석으로 만든 장식용품을 사용하였고 양털과 목면으로 짠 옷을 입었다. 모헨조다로의 사람들은 농업과 상업을 기반으로 상당히 발달한 도시 문화생활을 누렸을 것이라 추정되고 있다. 2018년 미국 우즈홀 해양학 연구원(WHOI)에 따르면 기후변화로 인한 인더스강의 범람이 인더스 문명을 멸망시켰다고 한다.

◎ 베다시대(Vedic Age)

인더스 문명의 멸망 후에는 이주해 온 아리아인들에 의해 베다시대가 시작되었다. 철기 문화를 가진 아리아인이 인도의 북서부에 거주하고 있던 청동기 문화를 가진 선주민들과의 침략 전쟁 과정에서 지배자와 피지배자를 구분하는 카스트 제도가 만들어졌다. 이 시기에는 인도 종교 철학에서의 핵심 개념들이 형성되었으며, 뛰어난 의술은 아시아와 고대 그리스에 전파되었다.

◎ 도시국가(City State)

잦은 전쟁에서 크샤트리아(Kshatriya)의 지배력이 강화되면서 도시국가들이 생겨났다. 석가가 활동했던 BC5~6세기경의 중인도에는 16개의 국가가 있었으며, 강력한 왕권 국가의 도시에서는 철학과 사상이 풍요롭게 발전하여 인도의 사상적 황금기가 된다. BC 6세기경 카시 왕국의 수도로 번성하였던 바라나시(Varanasi)는 오랫동안 인도의 문화·종교·학문의 중심지가 되었다.

◎ 마우리아 왕조(Maurya Dynasty)

남부의 일부 지방을 제외한 인도 대부분을 통일한 최초의 통일국가를 세운 왕조로, 아소카(재위 BC272년~BC232년) 왕 때 최고의 전성기를 이루었다. 아소카 왕은 불교를 국교로 삼고 석주와 불탑들이 건설하였으며, 불교를 동남아시아에 전파하였다.

부처가 깨달음을 얻었다는 자리인 보드가야의 마하보디 사원에는 아소카 왕이 세웠다는 55m의 대탑이 있다. 아소카 왕은 불교(자비·불살생·비폭력)를 바탕으로 재판의 공정성·보편적 법치를 실현하고자 했으며, 차별 없이 이용할 수 있는 제국의 인프라를 건설하려고 노력하였다.

인도의 국장(國章)
(출처: 위키피디아)

보드가야 아소카 왕 석주의 네 마리 사자상은 현대 인도의 국가 상징이 되었다. 또한, 차크라(법륜)를 형상화한 것으로 알려진 인도 국기의 파란색 문장은 법의 윤회를 뜻하며, 24개의 바퀴살은 24시간을 의미한다. 마우리아 제국은 BC 185년에 멸망하였으며, 이후 1세기 동안 통치했던 순가 왕조와 칸바 왕조는 브라만교와 결탁하여 반불교적인 정치를 했다.

◎ 쿠샨왕조(Kushan Dynasty)

이란계 쿠샨족이 아프가니스탄 북부의 고대 그리스인이 세운 나라였던 박트리아를 정복하고 인도 북서부와 중앙아시아를 5세기까지 지배하였다. 쿠샨왕조는 동서양의 문화를 포용하여 그리스 문화와 불교 문화가 융합된 형태의 불교가 융성하였으며, 이는 중국에 대승불교로서 전해졌다. 인도 불교 미술과 그리스 헬레니즘 미술이 융합된 간다라(Gandhara) 미술이 나타났다.

쿠샨왕조는 226년 페르시아에 의해 멸망했으며, 이후 인도는 많은 소국으로 분열되었다. 브라흐마 중심의 힌두교 경전인 베다에 시바나 비슈누가 나타나고, 갠지스강과 히말라야산맥의 신격화가 일어났으며, [마하바라타]나 [라마야나]처럼 서사시로 된 대중적인 종교 문헌이 등장하는 등 힌두교가 민간 신앙과 결합하였다.

◎ 굽타 왕조(Gupta Dynasty)

320년부터 550년경까지 북인도를 지배한 통일왕조로 동서 무역으로 경제적 전성기를 누리면서 인도 문화를 풍성하게 만들었으며, 이때 힌두교가 확실하게 성립되었다. 특히, 강해진 왕권을 바탕으로 지배 체제를 유지하기 위해 지배층은 계급과 불평등을 당연한 것으로 여기게 하는 힌두교를 이용하였다.

자신의 카스트에 따른 의무를 성실하게 수행해야만 구원을 얻을 수 있다는 종교적 교리는 자비와 평등사상의 불교보다는 지배층에 유리하게 작용하였으며, 현재까지도 매우 강력하게 개인의 삶을 결정하는 신분의 벽을 넘어서 인도인이 당연하게 여기는 생활방식이 되었다.

이후 북인도는 하르샤(Harsha)왕조·팔라(Pala)왕조·푸라티하라(Pratihara)왕조·라슈트라쿠타(Rashtrakuta)왕조 등 많은 지방 왕조들이 있었으며, 13세기에는 이슬람 세력을 침입을 받게 되었다.

◎ **팔라바·찰루키아·촐라왕조(Pallava·Chalukya·Chola Dynasty)**

드라비다(타밀)인의 남인도는 BC 1세기경부터 로마와 무역으로 경제적으로 풍요로웠으며, 마우리아와 굽타 왕조에도 정복당하지 않고 독자적인 왕국을 이루었다. 팔라바왕조는 3~9세기까지 남인도의 동쪽 해안지방을, 찰루키아 왕조는 6~13세기에 걸쳐 중부 인도의 데칸고원을, 촐라왕조는 9~13세기 중엽까지 남인도를 지배하였다. 그들의 종교는 오랫동안 토테미즘에서 불교·자이나교를 받아들였으나 이후 왕실을 지원을 받는 힌두교가 남인도인의 삶 속에 흡수되었다.

◎ **무굴제국(Mughal Empire)**

11세기부터 인도를 본격적으로 침략한 아프가니스탄의 이슬람 세력은 12세기 말에 북서 인도를 점령하면서 인도 최초의 이슬람 정권인 델리술탄(Delhi Sultan) 왕조를 수립하였다. 계속된 이슬람의 인도 정복 전쟁으로 16세기 전반에서 19세기 중엽까지 인도 전역을 통치한 이슬람 정권인 무굴제국이 탄생하였다.

무굴제국은 초기에는 비이슬람교도에 대한 차별을 폐지하고 종교적 관용과 화합의 정치를 실현하고자 노력하였으나 이후에는 힌두교를 심하게 탄압하였다. 또한, 페르시아 이슬람 건축 양식을 인도 건축문화에 도입하여 후마윤의 묘, 타지마할 등 찬란한 건축문화를 일구었다. 영국 제국주의에 의해 1858년에 멸망하였다.

◎ **영국 제국주의 강점기(British Colonial Period)**

17세기부터 경제적 침탈을 자행하던 영국은 1763년 프랑스를 인도에서 몰아낸 후 동인도 회사를 앞세우고 본격적으로 식민지화를 진행했다. 무자비한 경제적 침탈은 한때 세계 2위의 경제 대국이었던 인도의 경제를 피폐하게 만들고, 영국의 산업혁명 이후 급격히 늘어난 상품 시장, 원료 공급지가 되고 말았다. 세포이항쟁(1857~1859)을 무력으로 진압을 하면서 1858년 무굴제국을 멸망시키고 빅토리아 여왕을 인도의 황제로 즉위시켜 영국령 인도 제국을 선포하였다.

영국은 1947년까지 오로지 영국인의 번영을 위한 잔혹한 방식의 지배했다. 10년 동안 이어진 세포이 항쟁에 대한 보복 학살, 암리차르 평화 시위대 4,000명 학살(1919년), 쌀 수출로 300만 명이 아사한 벵골 대기근(1943년) 등과 같은 대규모 살육을 자행했다. 영국의 식민 지배로 인도는 독립한 후에도 매우 가난한 나라로 전락했지만, 영국은 식민 지배 시절의 잘못을 인정하거나 사과, 보상도 하지 않았다.

"나는 인도인들을 증오한다. 그들은 추잡한 종교를 가진 추잡한 족속들이다."

- 윈스턴 처칠 -

◎ **인도 공화국(Republic of India)**

1885년 결성된 인도국민회의(Indian National Congress)가 스와라지(Swaraj : 자치·독립), 스와데시(Swade Shi: 국산품 애용운동)를 펼치는 등 주도적인 민족해방운동을 하였다.

제1차 세계대전 이후 인도국민회의의 간디·네루는 인도 국민의 지지를 받으며 사티아그라하 행진 등 비폭력 불복종 운동을 전개하는 등 인도인의 강력한 저항운동은 아시아와 아프리카 식민지들이 전개한 독립운동의 모범이 되었다.

1947년 인도는 200년간의 식민지 시대를 끝내고 독립을 이루게 되지만, 영국의 분할 지배 방식의 식민 통치로 종교 갈등이 심화하여 스스로 힌두교 중심의 인도와 이슬람 중심의 파키스탄으로 분단을 택했다. 동서로 나누어져 있던 파키스탄에서는 서파키스탄에 의해 독립을 요구하는 동파키스탄인 100만 명이 학살당하는 등 잔인한 피의 내전을 거쳤으며, 결국 동파키스탄의 독립을 지지하는 인도와 파키스탄이 전쟁을 거친 후에 동파키스탄이 방글라데시로 분리되어 독립되었다.

인도 국기와 인도의 상징인 아소카왕의 사자상

제3장

종교(Religion)

신화나 종교는 논리적으로 이해할 수 없다. 갠지스에서 목욕하는 힌두교 신자, 시간 맞추어 예배하는 무슬림, 교회나 절에 가는 사람들, 또는 정화수 떠 놓고 비는 예전 어머니들의 모습은 비 종교인의 처지에서는 똑같게 보인다. 인도인에게 신앙은 종교가 아니라 삶의 방식이다.

◎ 힌두교(Hinduism: 80.5%)

힌두교는 아리안의 브라만교(베다교)가 오랜 세월을 거쳐 인도의 토착 신앙과 융합하면서 발전한 종교로 인도인 10억 명이 믿고 있다. 브라만교는 마우리아 왕조의 불교 정책으로 쇠퇴하였으나, 왕의 권력이 강해진 굽타 왕조에서 브라만교 사상을 정치적으로 이용하면서 현재의 힌두교 모습을 갖게 되었다.

브라만교는 브라만 계급을 중심으로 베다 성전에 따라서 발달한 종교이다. 힌두교는 불교가 중흥하면서 베다 문화의 틀이 붕괴하여 브라만교가 토착 민간 신앙 등을 흡수해서 크게 변모한 형태를 가리킨다.

힌두교는 업(karma)·다르마(darma)·윤회(Samsara)·해탈(Moksha) 사상이 큰 특징이다. 현생은 자신의 업에 의해 필연적으로 발생한 것이므로 올바른 삶인 다르마를 실천하여 윤회의 속박에서 벗어나 해탈한다면 다음 세상에서는 더 나은 삶을 가질 수 있다는 교리를 갖고 있으며, 이에 따라 개인이 속하는 카스트에 따른 의무의 성실한 수행인 다르마를 강조한다.

힌두교의 3대 신은 우주 창조의 신 '브라흐마', 유지의 신 '비슈누', 파괴의 신 '시바'이다. 힌두교 신자는 개인의 취향, 카스트, 지역에 따라 자신의 신을 고를 수 있어 숭배하는 신이 다르다. 힌두교는 오랜 역사를 두고 만들어진 인도인들의 생각과 삶의 방식인 셈이다. 종교가 아니라 그들의 일상이다.

☞ 브라흐마(Brahma)

우주 창조의 신으로, 네 방위를 향하고 있는 네 개의 머리와 팔을 갖고 있으며 지혜의 상징인 거위나 백조를 타고 다니는 모습으로 묘사되고 있다. 브라흐마는 사람들에게 인기가 없어, 푸쉬카르에 인도 유일의 브라흐마 사원이 있다. 불교에서는 부처가 깨달음을 얻자 제일 먼저 불법에 귀의하여 부처를 보좌하고 있는 범천으로 표현하고 있다.

☞ 비슈누(Vishnu)

우주 보호의 신으로, 네 개의 팔을 갖고 있다. 차크람·곤봉·소라고둥과 연꽃을 들고 있고, 이마에는 U자 모양의 표식이 있다. 크고 아름다운 새인 가루다를 타고 다니며, 평소에는 뱀 세샤(Sesha)의 똬리에 누워 있다. 비슈누는 세상

비슈누 (출처: https://www.pinterest.co.kr)

의 질서와 도덕이 무너질 때 아바타(Avatar)를 보내 세상을 구원한다. 대표적인 열 가지 아바타는 마쓰야(물고기)·쿠르마(거북이)·바라하(멧돼지)·나라싱하(사자 인간)·바마나(난쟁이)·파라슈라마(도끼를 가진 라마)·라마·크리슈나·부처·칼키(미래의 백마 탄 영웅) 등이다.

☞ 락슈미(Lakshmi)

비슈누의 아내로 비너스처럼 여성미를 상징하는 여신이다. 사람들에게 부와 풍요를 가져다주기 때문에 상인들에게 널리 숭배되고 있다. 매년 10~11월경에 락슈미를 기념하는 디왈리 축제를 열고 있다.

☞ 라마(Rama)

비슈누의 7번째 아바타이다. 종교적 가치와 의무인 다르마를 지킨 인물로 존경받는다. 코살라 왕국의 장남으로 태어난 라마는 자신의 아내인 시타(락슈미의 화신)가 아수라에게 납치당하자 그들과 싸워 이기고 황제가 된다. 시타는 남편에 대한 정절과 순종을 상징하는 인도의 이상적인 여성상이다.

☞ 크리슈나(Krishna)

비슈누의 8번째 아바타이다. 검푸른 피부의 아름다운 남성으로 손에는 대나무 피리를 들고 있으며 아내 라다와 함께 하고 있다. 크리슈나와 라다는 영원한 연인의 상징으로 이들의 아름다운 사랑 이야기가 시·노래·그림 등으로 남겨져 있다.

☞ 하누만(Hanuman)

인간이 원하는 것을 빨리 얻게 해준다고 믿기 때문에 대중적인 인기가 높은 원숭이 형상의 신이다. 매우 강력한 시바의 아바타로서 라마를 헌신적으로 도와 충성심의 상징이 되었기에 사람들은 악을 막아주는 보호자로 믿고 있다. 손오공의 모델이 된 것으로 추측되고 있다.

☞ 부처(Buddha)

비슈누의 9번째 아바타이다. 인도 불교의 몰락 또는 불교와 힌두교의 융합이라 볼 수 있다. 불교에서는 비슈누를 보통 사찰 입구에서 부처를 수호하고 있는 금강역사인 나라연금강으로 표현하고 있다.

☞ 시바(Shiva)

시바신 (출처: shrikashivishwanath.org)

우주 파괴의 신으로, 갠지스강을 머리에 이고 있고, 손에는 삼지창을 쥐고 있으며, 세상을 파멸시킬 수 있는 독을 마셔 목이 검푸르다. 이마의 제3의 눈에서 나오는 불로 세상을 불태워버릴 수 있다. 시바는 비슈누와 더불어 가장 대중적이고 널리 숭배되는 신으로, 남근을 상징하는 링가(Linga)라 불리는 돌기둥으로 표현된다. 생산과 파괴의 양면적인 성격을 갖고 있다. 우리나라 탱화에서 흔히 볼 수 있는 흰 소를 타고 다니는 대자재천이 시바이다.

☞ 사티(Sati)

시바의 첫째 부인으로 자신의 아버지가 시바의 명예를 훼손했다는 이유로 스스로 불길에 뛰어들어 죽음을 택했다. 죽은 남편을 화장할 때 산 채로 부인을 불태워 죽이는 힌두교 장례풍습인 사티가 생겨난 배경이다.

남편을 위해 죽음을 택한 사티는 힌두교 신자에게 이상적인 아내상이 되었으며, 평생 멸시 속에서 살아야 하는 인도의 과부들이 택할 수 있는 가장 명예로운 죽음이 되었다. 1987년 라자스탄에서 가족들에 의해 강제로 자행된 사티로 인해 8개월 된 어린 신부는 남편의 시신과 함께 산 채로 화장당했다. 마을은 힌두교 성지가 되어 순례자들이 찾는 곳이 되었고, 그로 인해 마을과 가족들은 명예와 부를 얻게 되었다.

반(反)사티운동이 인도 전역으로 퍼졌으나 더 큰 규모의 사티 옹호 시위가 여성들에 의해 이어졌다. 이들은 "사티는 남편을 신처럼 섬기는 힌두 여성의 의무를 행하는 신성한 관습"이라고 주장한다.

두르가(Durga)

시바의 아내 파르바티의 화신으로 붉은색의 옷을 입고 있다. 여덟 개의 팔을 가지고 있으며, 손에는 시바의 삼지창, 비슈누의 원반, 검을 들고, 호랑이를 타고 있는 전사의 모습으로 묘사된다.

두르가는 부정적인 것을 파괴하는 여신이므로 어려움과 위험에 처했을 때 도와주는 신으로 대중적인 인기도가 높다. 하지만 두르가는 락슈미나 사티처럼 인도의 일반적인 여성상의 모습과 다르다. 남성의 보호가 없어도 충분히 여성 스스로 자신의 역할을 충분히 할 수 있다는 새로운 여성상의 반영으로 보인다.

☞ **가네샤(Ganesha)**

시바의 아들로 인간의 몸에 코끼리의 머리를 하고 있다. 시바의 오해로 목이 잘렸는데 코끼리의 머리를 붙여주어 살아가게 했다고 한다. 장애를 제거하는 신, 장사를 번성하게 하는 신으로 크게 숭배받고 있으며 쥐를 타고 다닌다.

☞ **강가(Ganga)**

갠지스강을 상징하는 여신으로 힌디어로 강가라고 한다. 강가는 비슈누의 연꽃 모양의 발에서 솟아 나와 은하수 형태로 하늘을 흘렀다가 시바의 머리 타래를 타고 땅으로 내려왔다고 한다. 강가는 죄를 씻어내는 힘이 있어 그 물로 목욕하면 업이 씻겨나가고, 죽어서 재를 뿌리면 영혼이 구원받을 수 있다고 믿는다.

◎ **이슬람교(Islam: 13.4%)**

7세기 아라비아의 예언자 무함마드가 창시한 종교로 크리스트교, 불교와 함께 세계 3대 종교로 일컬어진다. 이슬람이란 "절대 순종한다"라는 뜻이며, 이슬람 신도를 무슬림(Muslim)이라고 한다.

이슬람교는 창조주 알라(Allah)의 가르침이 대천사 가브리엘을 통해 무함마드에게 계시가 되었으며, 유대교, 크리스트교를 완성한 종교라고 주장한다. 크리스트교와 같은 신을 믿으나 이슬람교는 예수를 신의 사도로 보고 있는 반면에, 크리스트교는 예수를 구원자로서 신과 동일시하고 있다. 두 종교는 11세기 말에서 13세기 말 사이에 서유럽의 크리스트교도들이 예루살렘을 공략하는 십자군 전쟁으로 충돌하였으며, 현재도 갈등이 이어지고 있다.

이슬람교가 인도에 본격적으로 전파된 것은 아프가니스탄의 이슬람이 델리 술탄 왕조를 수립한 12세기 말부터였으며, 이슬람 국가였던 무굴제국이 16세기부터 인도 대부분을 지배하면서 그 영향력이 커졌다. 이슬람교도는 힌두교와 불교의 유적을 파괴하고 힌두인의 이슬람 개종 정책을 폈다. 돼지고기를 불결한 것으로 보지만, 힌두교 신자가 신성시하는 소를 식용으로 삼아 갈등이 매우 크다.

1947년 영국의 지배를 벗어났지만, 이슬람권인 동·서 파키스탄과 힌두교권인 인도로 각각 분리·독립하였다. 특히, 카슈미르 지역에서는 두 종교의 갈등으로 파키스탄과 인도는 대규모 전면전을 치렀으며, 2008년에는 뭄바이에서 이슬람교도에 의한 대규모 테러가 일어난 등 두 종교 간 냉전 상태는 계속되고 있다.

◎ **크리스트교(Christianity: 2.3%)**

예수를 유일신 하나님의 아들이자 구원자로 여기는 종교로, 유대교의 선민사상에 반대하며 1세기 팔레스타인에서 예수에 의해 창시되었다. 예수가 태어난 해를 기점으로 연도를 BC와 AD로 나눈다. 크리스트교는 로마제국의 국교가 되어 유럽으로 퍼져나갔으며, 16세기 종교개혁으로 가톨릭과 신교로 분리되었다. 신교를 흔히 기독교, 크리스트교라 하지만, 일반적으로 크리스트교는 가톨릭을 포함한다.

BC55년 토마스에 의해 인도에 크리스트교가 최초로 전래하였지만, 본격적으로 세력을 갖게 된 것은 영국식민지 시대이다. 주로 남부 지방인 케랄라, 타밀나두 지역을 중심으로 세력을 확장했으며, 현재는 동북 지방에 많이 분포되어 있다.

특히, 크리스트교는 힌두교의 차별에 반대하는 달리트를 중심으로 퍼져나갔으며, 그들은 인도 크리스천의 60%로 추정되고 있다. 달리트는 크리스트교로 개종하는 것이 자신의 계급에서 벗어날 수 있는 유일한 방법으로 보고 있다.

　인도 헌법에서는 차별을 금지하고 있지만, 2008년에 오리사 칸드하말에서 100여 명의 크리스천이 힌두교 신자에 살해당하고 400개의 교회가 불태워졌으며, 2018년에도 개종했다는 이유로 9살 여아가 집단 성폭행 뒤 살해당하기도 하는 등 힌두 근본주의를 표방하고 있는 현 집권당인 인도국민당(BJP)에 반(反)크리스트교 정서가 팽배하고 있다. 한국 크리스트교는 2015년 바라나시에서 무분별한 포교활동을 해서 현지 경찰의 조사를 받는 등 물의를 일으키기도 했다.

◎ 시크교(Sikhism: 1.9%)

　이슬람과 힌두교가 혼합된 종교로 16세기 펀자브에서 나나크에 의해 창시되었다. 개인적 수양을 통한 해탈을 목적으로 하며, 성실한 노동과 금욕적인 생활을 강조한다. 이슬람의 유일신 세계관을 갖고 있고, 힌두교의 화장 장례 문화와 해탈을 믿고 있으나 카스트 제도와 여성 차별을 거부한다. 대다수가 암리차르 등 펀자브에서 살고 있으며, 남자는 싱(사자), 여자는 카우르(공주)로 동일한 성씨를 사용하고 있다. 2004부터 2014년까지 인도의 총리를 지낸「만모한 싱」도 시크교도이다.

　시크교도는 1.9%에 불과하나 인도 군인의 20%를 차지할 정도로 용맹하다고 한다. 무굴제국에 항거했던 모습이었던 터번·긴 수염·단검과 쇠팔찌는 시크교도의 종교관이자 그들의 상징이 되었다. 또한, 그들은 매우 부지런하여 인도 전체 세금의 20%를 낼 정도로 막강한 재력을 갖고 있어, 시크 사원인 구루드와라는 종교에 관계없이 사원을 방문하는 모든 이들에게 음식과 쉴 곳을 제공한다.

무굴제국에 항거하면서 만들었던 시크 왕국은 2차례의 시크전쟁을 벌이면서 영국 제국주의에 항거하였지만 멸망하고 영국의 식민지로 전락하였다. 1919년 암리차르에서는 인도 차별법 반대를 요구하는 인도인들이 영국 군대에 의해 수천 명이 학살당하기도 했다.

1984년, 자치와 독립을 추구하는 과격 시크파와 인도 정부 간에 충돌이 발생했다. 인도군의 황금 사원 공격으로 인한 수천 명의 시크교도가 사망했고, 이후 시크교도들에 의한 인디라 간디 암살사건, 인도 항공 182편 폭파 사건 등의 보복 테러가 발생했다.

◎ 불교(Buddhism: 0.8%)

BC 6세기경 인도의 고타마 싯다르타에 의해 창시된 종교로, 진리를 깨달아 부처(깨우친 사람)가 될 것을 가르친다. 부처는 바라나시 인근 보드가야에서 깨우친 후 죽을 때까지 50년 가까이 브라만교와 카스트 제도에 의해 고통받은 이들의 현실을 타개하기 위하여 평등사상을 전파하였다. 불교에서는 고행을 강조하지 않으며, 누구나 깨달음을 얻으면 부처가 될 수 있다고 한다.

BC 3세기 마우리아 왕조의 아소카 왕은 정복 전쟁으로 인도 대부분 영토를 차지하여 인도 최초의 통일국가를 만들고 불교를 국교로 정했다. 이로 인해 동남아시아까지 불교가 전파되는 등 번성하였으나 마무리아 왕조의 멸망으로 오래 가지 못했다. 1세기의 쿠샨 왕조의 적극적인 불교 정책으로 중국에 전파되기도 하였지만 이후 정복자들, 특히 굽타 왕조(AD 4C~6C)에서 브라만교를 지배의 방법으로 이용하면서 불교가 인도인의 정신세계와 삶에 영향을 미치지 못하게 되었다. 이후 탄드라 밀교처럼 인도의 불교는 힌두화되었으며, 12세기 말~13세기에 걸쳐 이슬람교 박해를 받아 거의 소멸하였다. 평등과 고통으로부터의 해방을 외치며 출발했던 불교가 세속화하여 민중적인 종교로 되지 못한 것이다.

1956년, 인도 건국 헌법 제정을 주관했던 '빔라오 람지 암베드카르'는 불합리한 카스트 제도의 원인이 힌두교라고 보고 수십만 명의 불가촉천민들과 함께 힌두교를 버리고 불교로 개종하였다. 불교를 통해 천민들의 사회적 지위를 개혁하고자 했던 이 사회 운동으로 이후 달리트 출신의 불교 신도가 많이 증가하였다.

◎ 자이나교(Jainism: 0.4%)

'지나교'라 불리는 자이나교는 불교와 비슷한 시기에 브라만의 권력을 비판하며 아디난타(Adinatha)에 의하여 창시된 종교로서, 불살생·불간음·무소유·금욕과 고행을 강조하고 있다. 브라만교의 업·윤회 사상, 신의 존재를 인정하고 힌두교나 불교처럼 윤회에서 벗어나 해탈하는 것을 목적으로 하며, 해탈은 아힘사(ahimsa)라는 윤리적 실천을 통해 가능하다고 보고 있다.

아힘사, 즉 불살생의 원칙은 자이나교의 핵심이다. 생물과 무생물이 영적으로 교류하는데 영적 요소가 인간에게 들어오면 인간은 영적 요소를 빠져나가지 않게 카르마를 만들어지게 된다. 악한 카르마는 인간의 해탈을 막기 때문에 악한 카르마가 들어오는 것을 막고 이미 들어온 카르마를 제거해야 한다고 주장한다. 해충이나 가축을 죽이지 않아야 하고, 미생물을 죽이지 않게 입에 수건을 가려야 하며, 벌레를 밟지 않도록 빗자루로 쓸면서 길을 걸어야 한다. 생명을 최소한으로 해치는 범위에서 식량을 구하도록 하고 있으며, 무소유의 계율에 따라 옷도 입지 않고, 단식하다 굶어 죽는 것을 해탈을 위한 최고의 고행으로 보고 있다.

생명을 존중하는 사상에 따라 신도들은 농업 외의 산업, 특히 상업으로 진출해서 큰 세력을 형성하였다. 축적된 막대한 부는 무굴제국의 탄압도 피해서 갔다. 영국 제국주의 식민 지배 시기에는 인도 경제의 절반을 자이나교가 장악하고 있었으며, 현재는 인구의 0.4%에 불과한 자이나교도가 국가 세금의 24%를 낸다고 한다. 쌍용자동차를 인수한 마힌드라(M&M)도 자이나교도가 주인이다.

매년 4월 인도 전역에서 벌어지는 시크교 최대 축제인 바이사키(Baisakhi)

제4장

카스트 제도
(Caste System)

인도 정부는 독립하면서 카스트 제도의 악습을 타파하고자 했으나 아직도 종교적 교리로서 또는 관습적으로 남아 있어 사회적 불평등이 계속되고 있다. 주어진 계급의 일을 충실해야 다음 생에 좋은 계급으로 태어날 수 있다는 인도인의 믿음이 바뀔 때 카스트는 없어질 것이다.

카스트는 출생·혈통·순수를 뜻하는 포르투갈어지만, 영국 강점기를 거치면서 인도의 신분제도를 의미하는 말로 사용하고 있다. 인도에서는 색깔을 의미하는 바르나(Varna), 출생을 의미하는 자티(Jati)로 불리어진다. 즉, 4개의 바르나와 약 3,000개의 자티가 있으며, 카스트는 이

두 가지 개념을 포함하는 말이다. 결혼은 바르나와 자티가 맞아야만 가능하다.

카스트는 아리안족이 인도를 지배하면서 지배계급과 피지배계급을 구분하기 위해 만들었던 지배방법으로, 베다시대를 거치면서 힌두교의 사상과 결합하면서 현재까지도 강력한 영향을 미치고 있는 신분제도이다.

힌두교에 따르면, 브라만은 창조의 신인 브라흐마의 입에서, 크샤트리아는 팔, 바이샤는 허벅지, 수드라는 발에서 각각 나왔다고 하며, 카스트 밑에는 불가촉천민으로 불리는 달리트(스스로를 핍박받는 자라고 불렀다)가 있다. 불가촉천민은 카스트제도 밖의 구성원(Outcaste)으로 인간사회를 유지하기 위한 집단으로 여겨진다. 가장 더럽다는 직업에 종사하고 있으며, 일반인들은 그들과 접촉하거나 그림자가 스치기만 해도 오염된다고 생각했다. 과거에는 이들은 사원 출입이 금지되고, 마을 공동우물을 사용할 수도 없었으며 신발도 못 신었다고 한다.

카스트의 계급은 자신의 전생에 쌓았던 카르마(인과응보의 업)에 의해 결정된 것이기 때문에 현세에서는 그 계급을 바꿀 수 없다고 한다. 개인에게 부여된 사회적 규범인 다르마(의무)을 지켜야만 윤회를 반복하면서 해탈을 통해 자신의 카스트를 바꿀 수 있다는 사상을 주입하면서 사회적 불평등과 계급적 억압을 지속하고 있다. 카르마와 윤회의 개념으로 소수의 지배계층은 다수의 피지배계층이 자신의 신분의 굴레를 벗어나지 못하게 하면서 그들의 지배를 정당화하고 있다.

카스트제도에 대한 반발로 불교·자이나교·시크교가 발생하였지만 인도에서는 힌두교의 위세에 밀려 힘을 발휘하지 못했다. 현재 카스트제도는 교육의 근대화와 자본주의의 영향으로 대도시를 중심으로 많이 약화하였으나, 인도인 대다수가 믿는 힌두교와 연결되어 있으므로 아직도 사회적 불평등이 상당히 존재하고 있다.

　인도 대통령인 코빗이 불가촉천민 출신인데, 이는 '평등과 통합'을 지향하는 인도 정치의 한 단면일 뿐, 그들은 아직도 천대받으며 살해당하고 있다. 2018년 인도 대법원은 "카스트는 출생으로 정해지며 결혼으로 바뀌지 않는다"고 판결했다.

천민과 결혼 이유로 임신한 딸 앞에서 장인에게 살해당한 사위 프라나이와 그의 아내 암루타 (2019년 8월)

제5장

인물(Personage)

　인도의 모든 지폐에는 간디의 초상화가 있을 정도로 인도의 정신을 상징하는 인물이다. 비록 그의 비폭력주의가 인도의 독립에 부정적인 영향을 끼쳤다는 비판을 받지만, 그가 실천한 무욕의 사상과 무소유의 공동체 정신은 물질만능주의의 자본주의 세상에서 사는 우리에게 주는 시사점이 있다. 지금은 간디 이외에도 다른 인물을 조명하려는 움직임이 나타나고 있다.

◎ 마하트마간디(Mahatma Gandhi: 1869~1948)

　간디는 남아프리카 공화국에서 인권이 유린당하는 인도인에 대한 부당한 현실을 자각하고 인종차별 반대투쟁인 사티아그라하 운동을 펼쳐 인도인에 대한 차별법을 1913년 모두 폐지하게 했다. 귀국한 후 무소유의 공동체 아쉬람(ashram)을 만들고 비폭력 저항을 하기 시작했다.

　인도의 자치 정부를 원했던 그는 제1차 세계대전에 영국에 협조하였으나 영국이 배신하자 납세거부·취업거부·상품불매 등을 통한 비폭력 저항을 전개하였다. 1930년에는 소금세에 저항하는 사티아그라하 운동을 펼쳐 몇 차례 투옥이 되었다. 제2차 세계대전 이후에는 대규모 반영 불

물레를 짜는 간디(출처: abc.net)

복종 운동에 돌입하며, 힌두·이슬람의 화해에 따른 인도 통일의 필요성을 주장하였다.

인도가 파키스탄과 분리되어 독립한 후에도 힌두·이슬람의 융화를 위해 계속 활동을 했지만, 반이슬람 극우파에게 암살당했다. 그의 비폭력·무저항주의는 세계인들에게 큰 감명을 주었으며, 인도인의 정신적 스승이자 최고의 독립 영웅으로 남아 있다. 인도의 모든 지폐에는 간디의 초상화가 실려 있다.

◎ 자와할랄네루
(Jawaharlal Nehru: 1889~1964)

네루 (출처: Indian National Congress)

영국식민지 시절에 '인도국민회의' 의장을 맡았으며, 9차례의 투옥이 되는 등 간디와 함께 인도 독립 투쟁의 상징이다. 독립 후 17년 동안 총리를 맡아 사회주의적 경제 정책과 민주주의적 정치 제도를 추구하면서 인도의 기틀을 만들었다.

◎ 사르다르발라브바이파텔
(Sardar Vallabhbhai Patel: 1875~1950)

힌두교·이슬람교의 화합을 강조했던 간디, 사회주의자인 네루와 다른 노선을 걸었던 파텔은 인도 독립을 주도하고 초대 부총리를 지낸 힌두 민족주의자이다. 힌두 민족주의는 힌두교를 중심으로 인도 사회를 통합하려는 우파 이념을 말한다.

2018년 10월 구자라트 주에서 세계 최대(182m)의 파텔 청동상 제막식이 열렸다. 지역 경제 활성화를 명분으로 '화합의 동상'이라고 이름 붙였지만, 나렌드라 모디 총리가 이끄는 인도국민당(BJP)이 야당 쪽인 파텔을 재조명함으로써 간디와 네루 중심의 정치 지형을 변화시키려는 의도로 보인다.

파텔의 청동상(출처: munsifdaily.in)

◎ 찬드라보스
(Chandra Bose: 1897~1945)

인도의 친독·친일 정치인으로 간디의 비폭력 저항과는 다르게 무력투쟁으로 인도의 독립을 이루고자 하였다. 1941년 일본은 싱가포르와 홍콩을 함락하고 영국군(인도군) 6만 5천 명을 생포하면서 1942년 인도국민군(INA)을 창설하였으며, 찬드라 보스는 1943년 일본의 지원 아래 만들어진 '자유인도임시정부'의 수반이 되었다.

그는 일본군과 함께 인도 국민군을 이끌고 미얀마에서 인도로 진격하는 임펄 전투를 벌였으나 실패하였고, 이후 스탈린의 도움을 얻고자 소련으로 가다가 비행기 사고로 사망했다. 일부에서는 영국이 인도에서 떠난 것은 간디의 영향보다는 찬드라 보스의 무력투쟁으로 인해 영국군의 큰 동요가 있었던 탓이라고 주장하기도 한다. 그의 독립운동을 기리기 위해 콜카타에는

군 시찰 중인 찬드라보스(출처: culturalindia.net)

찬드라보스국제공항이 있다.

◎ 마더테레사수녀(Mother Teresa: 1908~2002)

가난한 자들의 어머니, 테레사 수녀는 콜카타에서 아프고 가난한 사람들, 버려진 아이들과 노인을 위해 평생 헌신을 한 알바니아계 인도 국적의 로마가톨릭 교회 수녀이다. 그 공로

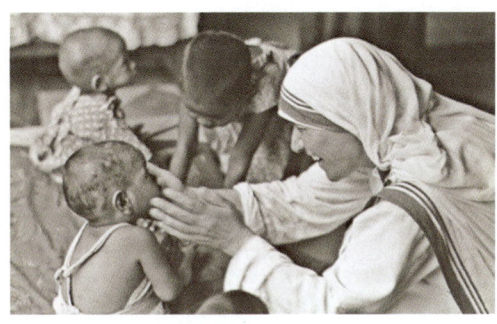

테레사 수녀 (출처: themissiondrivenmom.com)

로 1979년 노벨평화상을 수상했으며, 전 세계인들에게 참봉사가 무엇인지를 몸으로 실천하면서 일깨워주었다. 2016년 교황청은 그녀를 성인으로 추대하였다.

◎ 라빈드라나드타고르 (Rabindranath Tagore: 1861~1941)

시집 '기탄잘리'로 1913년 노벨 문학상을 받은 인도의 시인이다. 그는 학교와 농업 공동체를 설립하여 농민 계몽 운동에 헌신했으며, 세계 각국을 순방하면서 동서 문화의 융합에 노력하였고, 벵골 스와라지 운동의 이념적 지도자가 되는 등 독립운동에 힘을 쏟았다. 타고르가 한국을 소재로

타고르 (출처: indianewengland.com)

쓴 '동방의 등불'은 잘 알려져 있다.

> In the golden age of Asia
> Korea was one of its lamp-bearers
> And that lamp is waiting to be lighted once again
> For the illumination in the East.

◎ 나렌드라모디(Narendra Modi: 1950~)

구자라트 주 출신인 모디는 2014년 인도의 총리에 당선되었으며, 2019년 재선에 성공하였다. 힌두 민족주의 단체인 라쉬트리야 슈와 암세바크 상(RSS) 소속으로 인도국민당을 이끌고 있다. 모디 행정부는 인도 경제에 대한 외국인 직접 투자를 늘리고 의료 및 사회복지 프로그램에 대한 지출을 줄이려고 노력해왔고, 화장실을 늘리는 등의 위생 캠페인을 시작

모디 총리 방한(2019년 2월)

했다. 2019년 2월 한국을 국빈 방문하면서 인도의 '신동방정책'과 한국의 '신남방정책'에서 전략 동반자 관계를 맺기로 했다.

제6장

음식(Food)

인도의 역사처럼 음식도 지역별 전통 요리, 문화, 종교가 뒤섞여있어 매우 다양한 맛을 지니고 있고, 힌두교로 인해 채식이 발달하였다. '마살라'라 불리는 다양한 맛이 섞여 있는 향신료의 조합이 인도 요리의 핵심이다. 유럽인들이 좋아하는 후추로 인해 인도는 제국주의 침략의 희생양이 되었다.

◎ 탈리(Thali)

인도 가정식 백반인 탈리는 접시(쟁반)을 뜻하는 말로, 보통 큰 쟁반에 빵(로티), 밥(차왈) 등의 주식과 치킨, 달(콩스프)을 담아 커리와 함께 손으로 찍어 먹는 음식 또는 식사법을 말한다. 후식으로는 달콤한 라씨가 나온다.

탈리

◎ 탄두리 치킨(Tandoori chicken)

생닭을 요구르트와 매콤한 향신료를 발라 하루 정도 재워 두었다가 긴 쇠꼬챙이에 끼어 진흙으로 빚은 인도 전통 화덕인 탄두르(tandoor)에서 구워낸 인도 전통의 닭 요리를 말한다. 흔히 난이나 짜파티같은 밀가루 음식과 함께 먹는다.

탄두리치킨

◎ 커리(Curry)

커리

혼합 양념인 마살라를 넣어 만든 소스형 음식으로, 커리의 음식 명칭은 주재료의 이름이나 만드는 방법으로 부른다. 커리는 주로 밥에 조금씩 섞어가며 먹거나 인도의 빵인 로티에 찍어서 먹는다. 우리나라에는 20세기 초반에 일본을 통해 전해졌으며, 강황을 많이 사용해 노란색을 띠며, 우리 입맛에 맞춰 국물이 걸쭉한 편이다.

◎ 비리야니(Biryani)

마살라를 잰 고기, 생선, 달걀과 채소를 넣어 쌀과 함께 찌거나 볶아서 만드는 인도의 쌀 요리로 무굴제국의 황제와 귀족들이 즐겨 먹었다.

◎ 짜파티(Chapati)

정제되지 않은 통밀 반죽을 숙성과정이 없이 부침개와 같이 납작하게 만든 뒤 팬이나 화덕에 붙여 구워낸 빵으로, 커리를 찍어 함께 먹는다.

◎ 난(Naan)

짜파티보다 질 좋은 밀가루를 숙성시켜 화덕에 구워낸 촉촉하고 담백한 맛을 지닌 빵으로, 짜파티처럼 손을 사용해 조금씩 떼어서 카레와 함께 먹는 것이 일반적이다.

◎ 푸리(Puri)

　기름에 튀겨 바로 조리되는 튀김 빵으로 겉 부분은 바삭바삭하며 속은 공갈빵처럼 부풀어 오른다.

◎ 달(Dhal)

　콩으로 만든 수프로서, 밥이나 짜파티에 섞어서 먹는 음식이다.

◎ 사모사(Samosa)

　속이 향신료로 버무린 감자, 완두, 다진 고기로 채워져 있는 만두처럼 생긴 튀김 요리이다. 길거리 음식으로 많이 즐기고 있다.

◎ 짜이(차이: Chai)

　중국의 Cha(茶)에서 이름이 유래되었다는 짜이는 인도식 밀크티로 인도인은 짜이와 함께 하루를 시작한다. 짜이는 영국의 식민시절 영국식 차 문화를 따라하면서 생긴 음료로, 인도인이 마시는 낮은 품질의 차에 우유·설탕·향신료를 넣어 인도식 맛을 내었다고 한다.

짜이

◎ 라씨(Lassi)

　우유를 발효시킨 유산균에 우유와 설탕을 넣어 맛을 내는 인도식 플레인 요구르트이다. 한국인이 많이 찾는 바라나시의 블루라씨·시원라씨·바바라씨에는 석류·바나나·망고 같은 과일을 넣어 여행객의 입을 행복하게 만든다.

영화(Movie)

[발리우드]로 불리는 인도영화는 종교적·문화적 다양성이 영화 속에 잘 나타나 있으며 춤과 노래가 필수다. 주로 신화와 전설을 소재로 권선징악과 해피엔딩으로 결말을 맺지만, 요즘은 빈부격차·종교·교육·성차별 등 사회 불평등에 관한 소재가 많아지고 있다.

① 필수: 김종욱 찾기(Finding Mr. Destiny, 2010)

인도 여행을 다녀왔거나 계획 중인 사람은 한 번쯤은 보거나 들어봤을 공유와 임수정의 로맨스 영화다. 인도 여행 중에 만난 첫사랑을 잊지 못하는 임수정과 첫사랑 찾아주는 흥신소를 하는 공유가 만들어가는 풋풋한 사랑 이야기이다. 영화의 무대인 메헤랑가르 요새에서 푸른빛의 아름다운 블루시티를 보기 위해, 또는 그들의 공유와 임수정을 찾기 위해 많은 한국 여행자는 조드푸르를 찾고 있다.

[김종욱 찾기] 영화 한 장면

② 추천 1위:
슬럼독 밀리어네어(Slumdog Millionaire, 2008)

인도 영화의 특징인 종교·사랑·액션·춤·노래·권선징악이 마살라처럼 잘 버무려져 있는 발리우드의 대표적인 영화로 아카데미 8개 부문을 수상하였다.

　뭄바이 빈민가 출신의 자말이 참가한 거액 상금의 퀴즈쇼를 통해 변해가는 인도의 종교분쟁, 빈부격차와 인권 문제를 여과 없이 보여주면서 희망을 이야기한다. 여행하기 전에 인도의 속살을 볼 수 있는 탄탄한 영화다.

[슬럼독 밀리어네어] 포스터

③ 추천 2위:
피케이: 별에서 온 얼간이(PK, 2014)

　집으로 리모컨을 잃어버린 PK가 신의 도움으로 되찾기 위한 여정을 그린 영화이다. PK는 신의 이름으로 돈을 갈취하는 사이비교주의 모습을 통해 종교를 노골적으로 조롱한다. 신의 존재를 인정하면서도 전통적인 종교관을 부정하고 하면서, PK를 통해 맹목적으로 믿음을 요구하는 현대 종교의 실태와 폐해를 생각해보게 만든다.

[별에서 온 얼간이 피케이] 포스터

④ 추천 3위:
행복까지 30일(The Crow's Egg, 2014)

　심각한 빈부격차의 문제를 피자를 먹기 위해 한 달 동안 고군분투하는 빈민가 형제의 시선을 통해 풀어나간다. 소소한 행복을 찾는 맑은 눈동자를 가진 해맑은 형제의 순수한 동심은 관객을 행복하게 만들지만, 바닥에 깔린 내용은 무겁고 씁쓸하다. 할머니

[행복까지 30일] 포스터

와 손자의 사랑을 그린 한국영화 '집으로(2002)'의 닭백숙이 떠오르면서 진정한 행복이 무엇일까를 생각하게 한다.

⑤ 추천 4위:
지상의 별처럼(Like Stars on Earth, 2007)

가부장적인 가정과 학교에서 버림받았던 어린아이의 눈을 통해 출세지상주의 인도의 모습을 비판하고 있다. 영화의 무대를 한국으로 옮겨도 충분한 공감을 받을 수 있는 영화다. 개인마다 색깔이 다름이 인정할 때 영화를 이해할 수 있다. 비록 행복한 결말로 끝났지만, 그것은 영화 이야기일 뿐이지 우리의 문제가 해결된 것은 아니다.

[지상의 별처럼] 포스터

⑥ 추천 5위:
카쉬미르의 소녀(Brother Bajrangi, 2015)

독실한 힌두교 신자인 파반이 어머니를 잃어버린 파키스탄 소녀를 돕는 여정을 통해 인도와 파키스탄의 종교분쟁을 이야기하며 두 국가의 갈등이 종식되기를 바라는 영화다. 힌두의 [다르마]에 대한 인도의 종교관과 삶의 모습을 잘 나타내주고 있다. 특히, 원숭이 신 [하누만]을 찬미하는 의식은 힌두교와 발리우드 영화의 특징을 잘 나타내고 있는 매우 볼만한 장면이다.

[카쉬미르의 소녀] 포스터

⑦ 그 외 의미 있는 영화

세 얼간이(3 Idiots, 2009)·마운틴맨(Manjhi: The Mountain Man, 2015)·당갈 (Dangal, 2018)

[세 얼간이] 포스터

[마운틴맨] 포스터

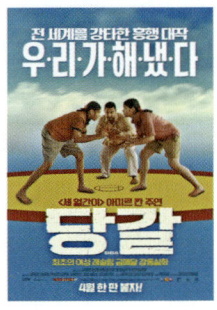

[당갈] 포스터

제8장

Q & A

　인도의 문화는 이해하기 어렵다. 갠지스강에서 목욕하는 것이 이상하게 보이고, 손으로 밥에 걸쭉한 커리를 비벼 먹는 것은 더러워 보이며, 길에서 소를 만나고 싶지 않다. 하지만 우리와 다른 세상을 여행하기 위해서는 서로의 문화를 존중하는 글로벌마인드가 먼저 필요하다.

Q1. 왜 힌두교 신자는 갠지스강에서 목욕하는가?
A. 힌두교 신자들은 갠지스강이 비슈누의 발뒤꿈치에서 흘러나온 물이기 때문에 천국으로 이어진다고 믿고 있다. 그들의 성스러운 갠지스강에서 목욕하면 모든 업이 씻겨나가고, 강물에 유해를 흘려보내면 윤회를 끊고 극락에 갈 수 있다고 믿는다. 2019년 1월부터 3월초까지 열린 인류 최대 종교축제 '쿰브멜라'에서는 1억 2000만 명이 갠지스강 물에 목욕했다고 한다.

Q2. 왜 힌두교 신자는 소를 먹지 않는가?
A. 부처는 인도 사상의 중심인 바라나시에서 헤게모니를 장악하고자 농사를 짓는데 필요한 소를 여전히 음식과 종교 제물로 도살하는 브라만을 향해 불살생의 계율을 제시하였다. 이는 농사에 필요한 소를 보호해야 하는 민중의 요구에 부응하는 것이었다. 이후 불교의 개혁성이 떨어지면서 지배층은 민중을 통제하는 수단으로 힌두교의 사상을 적극적으로 활용하면서 소는 시바가 타고 다니는 신성한 가축을

사람이 먹을 수 없다는 종교관을 내세웠다. 2019년 4월에는 인도 동부 자르칸드 주에서 죽은 소의 가죽을 벗기던 사람들이 힌두교도들에게 집단 폭행을 당해 1명이 숨지고 3명이 중상을 입었다.

Q3. 왜 인도는 강간으로 악명이 높은가?

A. 인터넷에서 인도 여행을 검색하면 인도는 강간의 천국이기 때문에 정신 나간 여자들이나 인도에 간다고 비난하는 글을 쉽게 접할 수 있다.

매우 잔인했던 2012년 집단 강간 사건을 비롯하여 강간당한 피해자가 경찰에 신고했다고 피해자를 산채로 불태워 죽인 사건(2018년), 인도 모녀가 집단 성폭행 저항하다 오히려 삭발당한 채 동네를 끌려다니는 수모를 당하는 사건(2019년) 등 엽기적인 성폭력들이 언론에 보도되면서 인도의 모습을 강간이 만연된 나라로 보고 있다.

어느 나라이든 성범죄가 있지만 "강간을 피할 수 없다면 즐겨라"라고 했던 2012년 강간 살인 사건 중앙조사국장의 망언이 인도인이 성범죄를 보는 잣대임을 드러낸 것이기 때문에 인도를 더욱 성범죄의 나라로 여기고 있다. 대개 관광객들은 유명 관광지 위주를 다니기 때문에 여성이라고 특별히 위험하지 않지만, 중앙조사국장처럼 그릇된 인식을 가진 인도인들이 많다는 것은 잊지 말아야 한다.

Q4. 왜 인도에는 원숭이가 많은가?

A. 원숭이 형상의 하누만이 시바의 아바타로서 인도인에게 인기가 많으므로 원숭이에게 해코지하지 않는다. 하누만은 납치되었던 라마의 아내를 구출하고 라마를 왕위에 올리는 데 헌신하여 충성심의 상징이 되었기 때문에 악을 막아주는 보호자로 믿고 있다. 하누만은 열정과

헌신을 다하면 불가능을 가능하게 할 수 있다는 희망의 메시지를 주기 때문에 보통 사람들에게 위안과 희망을 주는 존재이다.

Q5. 왜 인도인은 손으로 음식을 먹는가?

A. 촉각을 느끼는 손으로 먹으면 오감을 다 느끼면서 음식을 먹을 수 있고, 각각의 손가락이 상징하는 불·공기·하늘·세계·물의 요소가 음식에 섞여 몸으로 들어온다고 여겼다. 또한, 인도의 쌀은 찰기가 없어 몇 가지 음식을 비비는 데는 숟가락보다 손가락이 훨씬 효과적이기 때문에 손을 사용한다고 한다. 하지만 식기를 사용할 만큼 충분한 음식을 섭취하지 못했던 대부분 사람의 식습관이 현재의 모습으로 굳어진 것으로 보인다.

Q6. 왜 인도 여성들은 이마에 붉은 점을 찍는가?

A. 힌두 전통에서는 기혼 여성들은 양쪽 눈썹 중간 부분에 빈디라는 붉은 점을 찍는다. 차크라(Chakra)라 불리는 그 자리는 생명의 기운이 모이는 곳으로, '제3의 눈'으로 불린다. 이곳에 에너지를 보존하면 집중력을 높이고 갑작스러운 불행으로 지켜준다고 믿고 있다. 지금은 장식적인 성격이 강해지면서 결혼 여부나 성별, 인종에 상관없이 널리 퍼져 있다. 바라나시 가트에 가면 빈디를 찍어주고 돈을 요구한다.

Q7. 왜 인도인은 쓰레기를 함부로 버리는가?

A. 사람들이 버리는 음식물 쓰레기를 가축에게 주던 습관과 함께 쓰레기를 처리할 수 있는 사회적 기반 시설의 부족으로 보인다. 이의 원인으로 공무원과 정치인의 부정부패 때문이라는 지적이 있는데, 국제

투명성기구(Transparency International)가 발표한 2017년 인도의 부패지수가 세계 81위(40/100)인 것을 생각하면 충분히 신빙성이 있는 주장이다.

Q8. 왜 인도인은 노상 방뇨·배변을 하는가?

A. 소의 똥은 신성시하면서 사람의 배설물은 부정한 것으로 간주하는 힌두 사상과 화장실의 부족 때문이다. 모디 총리는 2014년 취임 후 '클린 인디아(clean India)' 캠페인을 벌이면서 2019년 초까지 9,000만 개의 화장실이 건설하면서, 농촌 지역의 화장실 보급률이 39%에서 98%까지 수준으로 높아졌다고 한다. 유니세프 조사에 따르면 인도에서는 5억 2천만(2015년) 명이 야외에서 배변하는 것으로 알려져 있다.

Q9. 왜 인도에는 거지가 많은가?

A. KOTRA의 '인도의 주요산업 동향'에 따르면 농업부문의 GDP는 15%지만 인구의 60%가 농업에 종사하기 때문에 극빈층이 형성되고 있다고 한다. 이런 산업구조는 일자리 부족과 저임금 구조를 양산하고 있으며, 세계 최고 수준의 「개인 간 자산 불평등」은 부의 양극화를 가속하고 있다. 이러다 보니 정부에서 거지들의 구걸 행태를 묵인하는 것으로 보인다. 일부는 적선하면 자비를 베풀 기회를 줬기 때문에 오히려 거지에게 고마워해야 한다는 인식 때문에 구걸하는 행태가 없어지지 않는다고 하지만 사회 불평등 구조를 종교에 기대어 합리화하는 것에 지나지 않는다.

Q10. 왜 인도는 파키스탄과 싸우는가?

A. 인도와 파키스탄이 분리·독립하면서 대부분이 이슬람교도인 카슈미르의 주민들은 파키스탄으로 편입을 원했지만, 인도에 속하게 되었다. 이로 인해 인도와 파키스탄은 카슈미르를 사이에 두고 전쟁을 하였다. 동서로 나누어져 있던 파키스탄에서는 서파키스탄에 의해 독립을 요구하는 동파키스탄인 100만 명이 학살당하는 등 잔인한 피의 내전을 거쳤으며, 결국 동파키스탄의 독립을 지지하는 인도와 파키스탄이 전쟁을 거친 후에 동파키스탄이 방글라데시로 분리되어 독립되었다. 2008년 뭄바이에서는 파키스탄 이슬람 테러단체가 자동화기와 수류탄으로 500명 정도의 무고한 일반인들을 죽거나 다치게 만든 테러를 일으키기도 하였다.

뭄바이 테러를 그린 영화 '호텔 뭄바이'의 한 장면(출처 네이버)

제9장

힌디어 여행 회화
(Hindi language)

인도에서 많은 듣는 말은 "My friend"처럼 장사꾼의 말이다. 영어를 사용하면 충분히 소통할 수 있으나, 인도를 존중하는 의미로 몇 가지 문장이나 단어를 말하면 더욱 친절한 반응을 얻을 수 있다. 무슬림에게 나마스테라고 인사할 수 있으나, 그들식의 인사말로 표현하는 것이 좋다.

◎ 안녕하세요? (힌두)
나마스테, 나마쓰카(존칭)

◎ 안녕하세요? (이슬람)
오른손을 자신의 왼쪽 가슴에 대면서 "알 살라무 알라이쿰"이라 하면, "와 알라이쿰 알 살람"으로 화답한다.

◎ 고맙습니다.
단야와드(단야밧)

◎ 좋습니다. 괜찮아요.
띠-끄헤

◎ 당신의 이름은 무엇입니까?
앞 까 남 꺄 해?

◎ 제 이름은 ○○입니다.
메라 남 ○○ 해

◎ 당신은 어디에서 오셨어요?
앞 까항 쎄 행?

◎ 한국인입니다.
매 꼬리야 훙

◎ 근처에 은행이 어디에 있나요?
아-쓰바-쓰 멩 뱅끄 까항 해?

◎ 병원에 데려다주세요.
무제 아쓰바따-ㄹ 레 자-이예

◎ 구급차 불러주세요.
엠블런스 불라 -이에

◎ 경찰서 알려 주세요.
크리파야 무제 뿔리쓰 쓰떼이션 바따인

◎ 도와주세요.
마다드 끼-지예

◎ 사진 좀 찍어주시겠어요?
꺄- 아-쁘 메라-포또 키-ㄴ쯔 뎅

◎ 얼마입니까?
끼뜨나 해?

◎ 메뉴를 보여 주십시오.
멘유- 디카-이에

◎ 계산서 부탁합니다.
빌 짜-히예

◎ 버스정류장이 어디죠?
버쓰 쓰땁 까항 해?

◎ 릭샤 왈라, 버스정류장으로 갑시다.
릭샤 왈라, 버쓰 쓰땁 뻬 짤로

◎ 요금이 얼마입니까?
끼라야 끼뜨나 호가?

◎ 설사를 합니다.
다쓰뜨 아-라헤 행

◎ 약국
다와-카-나

◎ 갑시다
짤리에

◎ 멈추세요
루끼에·루꼬

◎ 왼쪽
바잉 오르

◎ 오른쪽
다잉 오르

◎ 직진
씨다

◎ 이쪽
이다흐

◎ 저쪽
우다르

◎ 앞
아-게

◎ 뒤
삐-체

◎ 빵
로띠

◎ 양념
마살라

◎ 힌두사원
힌두 먼디르

◎ 이슬람사원
마스지드

◎ 자이나교사원
잰 먼디르

◎ 시크교사원
구루드와라

◎ 예쁘다
쑨다르 해 뜨 해

◎ 맛있다
쓰와디쉬

◎ 화장실
구쌀카-나-

◎ 숫자

0 야
1 에끄
2 도
3 띤
4 짜르
5 빤~츠
6 체~ㅎ
7 싸뜨
8 아뜨
9 노우
10 다쓰

11 갸라흐
12 바라흐
13 떼라흐
14 쪼우다흐
15 빤드라흐
16 쏠~라흐
17 싸뜨라흐
18 아타라흐
19 운니쓰
20 비쓰
30 띠쓰

40 짤리쓰
50 빠짜쓰
60 샤트
70 따르
80 앗씨
90 납베
100 쏘우
500 빤츠 쏘우
1,000 하자르
10,000 다쓰 하자르

제10장

여행 방법
(Route·Transportation & Lodgment)

여행의 방법은 다양하지만 가장 중요한 것은 자신을 가장 행복하게 하는 것이 무엇인지를 명확하게 아는 것이 필요하다. 자신에 대한 고민 없이 다른 사람의 방법만을 따른다면 오류는 생기지 않더라도 행복한 여행은 될 수 없다. 여행은 행복을 찾아 떠나는 일상의 일탈이다.

◎ 루트(Route)
　☞ 자신만의 여행 루트 선정 기준을 세운다.
　　- 나는 무엇에서 행복을 느끼는가?
　　- 가장 인도다운 곳은 어디인가?
　　- 유네스코 세계문화유산이 있는가?
　　- 도시 간 이동이 편리한가?
　　- 계절에 맞는 도시인가?

　☞ 여행이 가능한 날짜에 맞게 국제항공권을 예약한다.
　　- 네이버, 스카이스캐너를 검색한 후 직항으로 구매한다. 단지 항공권이 싸다고 경유를 선택하면 처음부터 몸과 마음이 지칠 수 있다. 델리의 경우 대한항공은 저녁에, 아시아나항공은 밤늦게 도착하기에 대한항공이 안전과 편리성에서 좋으나 다소 비싸다. 늦게 도착하여 파하르간

지로 갈 때 택시와 여행사가 짜고 여행자를 협박하여 비싼 가격의 티켓이나 숙박을 강매하는 때도 있으므로 될 수 있으면 늦은 시간에 도착하는 항공권을 구매하지 않는 것이 좋다.
- 일반적으로 IN, OUT을 델리로 하지만, 여행 가능한 일정과 루트를 고려하여 뭄바이, 콜카타를 IN과 OUT중의 하나로 잡는 것도 현명한 방법이다.

☞ 계절을 고려하여 여행 지역을 선정한다.
- 델리를 기준으로 인도 여행의 최적기는 11월~2월이다. 한국의 가을 날씨와 비슷하여 자이살메르 사막 사파리를 하더라도 얇은 패딩만 있으면 충분하다.
- 인도는 매우 넓은 나라이기 때문에 지역에 따라 날씨가 크게 다르다. 맥로드간즈(McLeod Ganj)·라다크(Ladakh)처럼 히말라야산맥의 근처를 여행하려면 1월~2월은 폭설과 추위로 교통편을 구하기 어렵거나 위험하다. 또한, 3월~7월에는 거의 인도 전역에서 섭씨 50도에 달하는 살인적인 더위로 사망하는 사람들이 속출하기 때문에 남인도 여행은 좋지 않다.

◎ 교통(Transportation)
☞ 자신의 여행 스타일과 일정을 고려한다.
- 배낭여행자들은 흔히 도시 간 이동을 하면 숙박 비용을 아끼면서 야간 기차나 버스를 이용하지만, 여행 일정에 변동 사항이 없으면 비행기로 이동하는 것이 효율적이다. 비싸지만 체력과 시간적인 면에서 훨씬 유리하다. 기차의 경우 1A와 2A는 간단한 식사를 할 수 있고 물품을 도

난당할 가능성이 적기에 비용 부담이 없다면 애써 SL을 탈 필요가 없다.
- 트립닷컴·클리어트립을 활용한다. 트립닷컴은 인도 국내선 예약, 클리어트립은 인도 기차 예약에 매우 효과적이다.

버스를 이용하려고 흔히 레드버스 앱을 다운받는데 자주 사용하지 않는다면 지역의 여행사를 통하는 것이 더 편리하다. 트립닷컴의 이용은 간단하지만, 클리어트립을 이용하기 위해서는 먼저 인도 기차시스템인 IRCTC에 우선 가입해야 한다. 인터넷 익스플로러나 스마트폰을 이용하면 오류가 나서 가입을 할 수 없으므로 반드시 크롬을 사용하여 IRCTC 가입을 한다. 이때 자신의 핸드폰 번호와 G메일 주소를 정확하게 적어야 인증을 받을 수 있다. 가입 신청한 지 하루가 지나면 핸드폰과 G메일로 오는 인증번호(OPT)를 다시 사이트에 접속하여 입력하면 된다. IRCTC를 가입하기 위해서는 122루피의 수수료를 내야 하는데 VISA나 MASTER만 가능하다. 카드번호·유효기간·CVC 등을 입력하면 된다. 클리어트립을 앱스토어에서 내려받아 트립닷컴처럼 인증번호를 받아 입력하면 앱을 사용할 수 있다.

☞ 일정이 변경되지 않는다면 한국에서 대부분 예약할 수 있다.
- 인천공항 → 뉴델리 공항 / 대한항공 (왕복) 776,000원
- 뉴델리 공항 → 바라나시 공항 / 에어인디아 42,460원
- 바라나시 공항 → 카주라호 공항 / 제트에어웨이즈 43,600원
※ 바라나시에서 카주라호로 가는 기차(12시간)도 있다.
- 카주라호(KURJ) → 잔시(JHS) / AC2 Tier(2A) 753Rs.
※ 잔시 표가 매진되면 다음 역인 Datia로 구입한다.

- 잔시 ↔ 오르차, 50분 / 릭샤 250Rs. ~ 300Rs.
- 잔시(JHS) → 아그라(AGC) / AC First Class(1A) 1,307Rs.
- 아그라(AF) → 자이푸르(JP) / AC Chair Car(CC) 478Rs.
- 자이푸르(JP) ↔ 아즈메르(AII) / AC2 Tier(2A) 753Rs.
- 자이푸르 공항 → 뭄바이 공항 / 에어인디아 47,869원
- 뭄바이 공항 ↔ 아우랑가바드 공항 / 에어인디아 (왕복) 87,050원
- 뭄바이 공항 → 우다이푸르 공항 / 에어인디아 49,181원
- 우다이푸르 → 조드푸르 / 버스 450Rs. ※ 트레블트립 여행사에서 구입
- 조드푸르(JU) → 자이살메르(JSM) / AC First Class(1A) 1,226Rs.
- 자이살메르공항 → 뉴델리 공항 / 스파이스제트 98,361원
- 뉴델리(인디라 간디) 공항 → 인천공항 / 대한항공

◎ 숙소(Lodgment)

☞ **하나의 예약 사이트를 이용하는 것이 편리하다.**

- 하나의 사이트를 기본으로 하여 다른 사이트와 가격 비교를 하되 가격의 차가 크지 않다면 하나의 사이트를 이용하는 것이 관리하기 편리하다. 처음에는 일정의 변동이 있을 수 있으므로 무료 환불이 가능한 숙소로 예약을 해야 하며, 일정이 가깝거나 바꾸지 않을 생각이면 환불 불가를 이용하는 것이 저렴하다. 조식의 제공 여부는 크게 중요하지 않으며, 가격에 따라 부가세가 다르므로 하루씩 예약하면 비용을 줄일 수 있다.
- 호텔이나 게스트하우스나 큰 차이가 없으며, 한국식의 서비스를 기대할 수 없다. 숙소를 결정할 때 중요한 것은 가격, 위치, 평점이며 한국인의 리뷰는 꼭 읽어보아야 한다.

- 현지에서 발품을 팔아 더 싼 숙소를 찾을 수 있으나 예약을 하면 숙소를 찾는 스트레스를 줄이고 시간을 절약할 수 있다.

☞ 호텔 리뷰를 작성하여 다른 여행자에게 정보를 제공해야 한다.

장소	기간	숙소		만족(10)
		룸	가격 rs.	
뉴델리	01.08~01.10(2박)	Hotel Shanti Villa		6.0
		디럭스룸	4,500	
바라나시	01.10~01.16(6박)	Lake View Hotel		7.0
		킹룸_발코니	7,500	
카주라호	01.16~01.18(2박)	Hotel Marble Palace		9.2
		디럭스 더블룸	2,000	
오르차	01.18~01.20(2박)	Hotel Sunset		9.0
		디럭스 더블룸	800	
아그라	01.20~01.22(2박)	Hotel Sidhartha		8.8
		더블룸 Non AC	1,900	
자이푸르	01.22~01.25(3박)	Vinayak Guest House		8.5
		더블룸 Non AC	2,000	
뭄바이	01.25~01.28(3박)	The Fountain Inn - Fort		9.2
		싱글룸	7,500	
아우랑가바드	01.28~01.30(2박)	Hotel Chhaya		9.6
		디럭스룸 Non AC	2,700	

도시	기간	숙소	가격	평점
뭄바이	01.30~01.31(1박)	FabHotel Lotus Grand Andheri		8.0
		디럭스룸	1,850	
우다이푸르	01.31~02.05(5박)	Banjara Hostel		9.0
		도미토리룸_4베드	2,000	
조드푸르	02.05~02.07(2박)	L.G. Paying Guest House		9.0
		저예산 더블룸	2,000	
자이살메르	02.07~07.08(1박)	Wonbin Safari Hostel		5.0
		디럭스 더블룸	700	
	02.08~02.09(1박)	원빈 낙타 사파리		10.0
		쿠리사막	1,300	
	02.09~02.12(3박)	Sofiana guest house		9.0
		디럭스 더블룸	900	
뉴델리	02.12~02.15(3박)	Treebo Natraj Yes Please		9.0
		스탠더드 더블룸	4,800	
			42,450	

"여행을 마치며"

 그냥 한 번쯤 인도를 가고 싶다는 생각이 항상 머릿속에 있었다. 특별한 이유는 없었으나 교과서에서 보아왔던 타지마할과 아잔타 석굴, 신비로움을 주는 갠지스강, 그리고 해맑은 어린 눈망울을 보고 싶었다.

 기회는 뜻하지 않은 때에 왔다. 2019년, 승진을 못하니 여유 있게 여행을 할 기회가 생겼다. 내 처지를 속상해하지 않고 이참에 한 번 떠나 보고 싶었다. 그랬더니 오로지 인도만이 떠올랐다. 하나를 놓친 대신 다른 하나를 선물 받은 셈이다.

  마음먹기가 어려운 것이지 시작이 반이라고, 항공권을 결제한 뒤로는 여행 준비가 순조로웠다. 여행 기간만큼 여행을 준비하는 시간이 필요했지만 준비하는 내내 낯선 문명을 경험할 수 있다는 기대감에 하루하루가 즐거웠다. 인도는 위험한 나라라는 말도 있었지만 실제로 가보니 인터넷에 널려 있던 인도의 낭설들은 대부분 과도하게 편향된 시각으로 만들어진 것이었다.

  인도는 분명히 다른 나라보다 독특한 곳이지만 그곳 역시 사람들이 사는 곳이었다. 힌두의 신화는 도저히 믿을 수 없을 정도로 허무맹랑하다. 온갖 정성을 다해 신의 숭배하는 인도인의 모습에서, 정화수를 떠놓고 나의 미래를 위해 손을 모으셨던 어머니의 정성을 떠올릴 수 있었다. 사는 방식이 다를 뿐이지 결코 이상한 사람들은 아니었다. 그들은 단지 우리가 상상치 못할 정도로 신을 숭배하는 것뿐이다.

  '대체 무엇이 그들을 이토록 애타게 신을 경배하게 하는 것일까?'

  여행하는 내내 생각해보았다. 고통스러운 현실의 삶, 미래에 대한 불확실과 공포가 그들의 삶의 방식을 만들어낸 것으로 보인다. 다시 반복될 현실이 두려워 그들은 시바에게 엎드려 절하고, 갠지스에서 몸을 씻으며 모든 죄가 함께 씻겨나가길 기원하고, 평생을 바쳐 바위산을 깨뜨리면서 신의 축복을 받으려 한다. 대개의 종교가 그렇듯이 어떤 종교들은 소수의 권력층이 만들어낸 신의 이름으로 다수의 민중을 억압하기도 한다.

  하지만 인도인들은 그것마저 신의 뜻에 따라 주어진 삶의 모습이라고 생각하면서 수천 년을 살아왔고 또 살아가고 있다. 영화 [PK]에는 이런 말이 나온다.

"신이 존재한다면 그들이 사랑하는 사람들에게는 고통을 주지 않는다"

아직도 신의 이름으로 고통받는 대다수의 가난한 사람들, 특히 여성의 억압된 삶이 더 나아지기를 희망해본다.

어쨌든 행복한 여행이었다. 음식이 입에 맞지 않아 몸무게가 5kg이 빠졌지만, 인도를 찾는 여행자들이 흔히 걸린다는 장염도 없었다. 가장 인도다운 바라나시와 델리, 뭄바이를 다녀왔고, 12곳의 유네스코 세계문화유산을 구경했으며, 말과 오토바이로 깊숙한 시골과 사막을 다녀왔다. 최고의 여행이었다.

가족들에게 안부를 전할 겸, 일기를 남길 겸, 하루하루 썼던 카카오톡 메시지들이 어느덧 이렇게 한 권의 책이 되다니 뿌듯하기 그지없다. 나의 여행을 전폭적으로 지지해 주고 여행기를 기다린 사랑하는 가족에게 이 책을 바친다.

"잘 다녀왔습니다."

2020년 2월
저자 오석근

그냥 한번쯤은 인도

인쇄·발행	2020년 4월 21일

지은이	오석근
펴낸 곳	글로벌마인드지엠(주)
발행·편집인	신수근
편집디자인	나래

등록번호	제2014-54호
주소	서울 관악구 관악로 105 동산빌딩 403호
전화	02-877-5688(대)
팩스	02-6008-3744
이메일	samuelkshin@naver.com

ISBN 978-89-88125-48-9 부가기호 03910
정가 22,000원